课程思政优秀教学案例库

应用经济学
课程思政
教学案例集萃

首都经济贸易大学经济学院 编

首都经济贸易大学出版社
Capital University of Economics and Business Press
·北京·

图书在版编目（CIP）数据

应用经济学课程思政教学案例集萃/首都经济贸易大学经济学院编. -- 北京：首都经济贸易大学出版社，2022.7
ISBN 978-7-5638-3350-4

Ⅰ. ①应… Ⅱ. ①首… Ⅲ. ①思想政治教育-教案（教育）-高等学校 Ⅳ. ①G641

中国版本图书馆CIP数据核字（2022）第069204号

应用经济学课程思政教学案例集萃
首都经济贸易大学经济学院　编
YINGYONG JINGJIXUE KECHENG SIZHENG JIAOXUE ANLI JICUI

责任编辑	晓　地
封面设计	风得信·阿东 FondesyDesign
出版发行	首都经济贸易大学出版社
地　　址	北京市朝阳区红庙（邮编100026）
电　　话	（010）65976483　65065761　65071505（传真）
网　　址	http：//www.sjmcb.com
E - mail	publish@cueb.edu.cn
经　　销	全国新华书店
照　　排	北京砚祥志远激光照排技术有限公司
印　　刷	北京九州迅驰传媒文化有限公司
成品尺寸	170毫米×240毫米　1/16
字　　数	379千字
印　　张	20.5
版　　次	2022年7月第1版　2022年7月第1次印刷
书　　号	ISBN 978-7-5638-3350-4
定　　价	66.00元

图书印装若有质量问题，本社负责调换
版权所有　侵权必究

首都经济贸易大学"课程思政优秀教学案例库"编审委员会

主　　编：韩宪洲
副 主 编：徐　芳　王永贵
委　　员（按姓氏笔画排序）：
　　　　　于　鹏　王　军　尹志超　石　刚　付　琳
　　　　　冯喜良　任　韬　刘重霄　刘　强　关　鑫
　　　　　李百兴　李红霞　李鲲鹏　张世君　张国山
　　　　　张宝学　陈　炜　陈　磊　周宇宏　周明生
　　　　　郝宇彪　柳学信　姚东旭　贺　慨　陶　盈
　　　　　商筱辉

总序

在专业思政框架下深化课程思政建设

习近平总书记强调,"培养什么人,是教育的首要问题"。全国高校思想政治工作会议以来,在习近平总书记关于教育重要论述指导下,高校课程思政建设全面推进,为我国高等教育实现高质量发展注入了新的活力和动力,促进了高校"三全育人"体制机制的完善。持续深化课程思政建设是进一步推动中国特色社会主义教育理论体系不断形成新的生动实践的客观要求。当前,要进一步明确课程思政建设的内涵、路径、方法,既要坚持从为党育人、为国育才的政治高度强化思想认知,更要回归教育本质推进实践探索。要牢牢抓住全面提高人才培养能力这个核心点,始终坚持人才培养的内在逻辑,锚定"专业"这一人才培养的基本单元,着力于在专业思政的框架下健全完善课程思政的工作体系、教学体系和内容体系,以此不断深化课程思政建设,提升专业人才培养质量。

人才培养的内在逻辑是专业思政和课程思政的基本遵循。从高等教育人才培养规律看,专业是人才培养的基本单元,课程是人才培养的最小单元。专业思政和课程思政作为新时代中国共产党人对高等教育人才培养规律的新认识,是新时代高校构建高水平人才培养体系的重要实践,是学校对专业内涵的丰富和拓展,为新时代专业建设提供了重要遵循。

专业思政是深化课程思政建设的基石和平台。专业思政是对专业人才培养功能的新认识,强调所有专业都要在学校办学总体目标定位的基础上明确本专业的育人目标和规格,把育人要求细化到本专业的人才培养方案中,落实到人才培养全过程,在课程体系(含实践教学)、教学规范、师资队伍、教学条件、质量保障等各环节中有机融入本专业所蕴含的思想政治教育元素,实现思想政治教育与知识体系教育的有机统一。

专业与课程的逻辑关系决定了专业思政与课程思政具有天然的一体性。专业思政是指在本专业人才培养方案中对本专业所培养人才应具备的核心素养进行总体设计、提出要求和实施的途径;课程思政是指依据专业思政的目标，把"做人做事的基本道理""社会主义核心价值观的要求""实现民族复兴的理想和责任"细化落实到每门课程的教学大纲、教学设计、课堂教学、考试测验等全过程各方面各环节，使每门课程达到"守好一段渠，种好责任田"的要求，把所有课程聚合起来，发挥育人主渠道的功能。专业思政不仅为课程思政建设聚焦了育人方向、规定了工作目标、营造了浓厚氛围，而且搭建了本专业课程共享的思政资源平台，同时，也为本专业的非专业课程（公共基础课程等）开展课程思政提供了体现"因专业而思政"这一教育观念的专业思政资源。

近三年来，首都经济贸易大学按照高等教育人才培养的内在逻辑，在专业思政框架下不断深化课程思政建设，逐步形成了党委统一领导、党政齐抓共管、教务部门牵头抓总、相关部门联动、院系落实推进、自身特色鲜明的课程思政建设工作格局。

2020年，学校完善了课程思政建设的顶层框架，出台了《关于推进"三全育人"综合改革的实施意见》《关于深化课程思政建设的意见》等文件，统筹推进"三全育人"综合改革和课程思政建设，制定了《首都经济贸易大学全面落实立德树人根本任务 打造新时代一流本科教育实施方案》和专业建设规划，开展本科人才培养方案的全面修订，给出了课程思政建设的行动指南，在全校进一步明确和统一了课程思政"是什么，为什么，怎么做，怎么做好"的认识。

2021年，学校成立了课程思政教学研究中心，课程思政建设在学校继续全面推进，在全校范围内打造了一批具有示范引领作用的专业、课程、教材、案例、教研成果、实践教学成果，以及教学名师和教学团队；组织了学校课程思政教学设计大赛，开展了"课程思政工作坊"系列讲座；与"新华网"实现共建并搭建了新华思政"课程思政资源库平台"，形成了"课程门门有思政 教师人人讲育人"的良好氛围。

2022年，学校专业思政建设全面推进。在学校党委和行政部门的全力推动下，采用"重点推进"与"全面铺开"相结合的方式，通过7个试点学院和3个试点专业的先行先试，全面推进专业思政建设。打造了经济学、法学、会计学3个专业的专业思政资源库，并以此为基础，将专业思政建设的理念与做法推广到25个国家级一流专业建设中，推广到全校34个在招专业建设中，探索制定专业思政与课程思政建设标准，进一步完善学校课程思政建设体系。

此次统一规划出版的"课程思政优秀教学案例库"系列丛书，是学校开展课程思政建设的阶段性成果。"课程思政优秀教学案例库"系列丛书将贯彻学校在专业思政框架下深化课程思政建设、坚持专业育人的理念，聚焦专业核心素养养成、提升专业人才培养质量的实践探索。

今后，学校将牢牢把握在专业思政框架下深化课程思政建设的着力点，优化人才培养方案和教学大纲，完善课程思政的工作体系、教学体系和内容体系，落实专业负责人的主体责任，注重发挥教师个人的能动作用，提升教师教育教学能力，不断提高学校专业建设、课程建设的水平和专业人才培养质量。

首都经济贸易大学党委书记
韩宪洲
2022 年 3 月 12 日

序

2016年12月7日至8日,全国高校思想政治工作会议在北京召开。这次会议是新时代具有开创性意义的一次重要会议,是新时代高校党的建设历史上的里程碑。习近平总书记在会上的重要讲话是中国特色社会主义教育理论的重大创新成果,是指导做好新时代下高校思想政治工作的纲领性文献。

全国高校思想政治工作会议后,全国高校掀起了课程思政建设的热潮。课程思政是新时代的新理念、新要求、新任务。课程思政的含义,简单说,就是所有课堂都要成为育人主渠道。五年来,高校围绕课程思政建设,进行了积极的思考和探索,形成了落实立德树人根本任务的生动实践。

在全国高校思想政治工作会议召开五周年之际,大家都在关注、讨论几年来课程思政建设的成效是什么,有哪些不足,下一步如何深化和提升。我把自己的几点思考提出来,作为建议,和大家一起探讨。

第一,不能就"课程思政"说课程思政。不能"就事论事",要"就事说理",把课程思政的意义说出来,即课程思政和新时代、课程思政和高水平人才培养体系、课程思政和"三全育人"体制机制是什么关系?

必须看到,全国高校思想政治工作会议召开五年来,高校对课程思政的认识在不断提升,今天的认识已经很明确。课程思政的高度:课程思政是落实立德树人根本任务的战略举措;课程思政的深度:课程思政是把思想政治工作体系贯穿人才培养体系的基本载体;课程思政的广度:课程思政是健全"三全育人"体制机制的重要抓手。

一定要从这样的高度、深度、广度来认识、推进课程思政建设,这也是今天对中国特色社会主义教育制度体系的应有认识。

第二,不能就"课程"说课程思政。在操作上,课程思政是在什么逻辑框架下设计、实施的?我们知道,专业是人才培养的平台,课程是人才培养的最小单元,那么,课程思政与专业、与专业人才培养目标是什么关系?

在制定专业人才培养方案时,我们依据专业人才培养方案中设定的专业人才培养目标(包括专业能力和核心素养)来确定在哪些课程模块中选定哪些课程，以此来实施本专业人才培养，而专业人才能力、核心素养的养成要分解到具体的课程群和课程之中。也就是说，我们是在专业平台下确定课程，在专业培养目标的规定性下实施课程。因此，课程思政的设计、实施，要依据专业人才培养目标中对人才核心素养的规定来一体化设计实施，这是课程思政应有的基本遵循。

第三，课程思政、专业思政的设计必须要考虑能落地、可实施。现实中，有的同志纸上谈兵，抽象地赋予专业课太多的思政功能，专业课教师理解不了，也承担不起。通常我们讲学校的大思政格局包括思政课程、课程思政、日常思想政治工作三部分，这三部分的职责、体系、功能是不同的，其中，思政课是落实立德树人的关键课程，承担着全面系统地对学生进行马克思主义，特别是习近平新时代中国特色社会主义思想理论传授的职责，是显性教育，要有"惊涛拍岸的声势"。马克思主义学院是专门的机构，思政课教师是专职的队伍。课程思政则不然，它的主角是专业课教师，其特征是"自然而然"，强调要有"润物无声的效果"。教师结合专业的特点和课程的内容，把自己对"做人做事的基本道理、社会主义核心价值观的要求、实现民族复兴的理想和责任"的真实感悟在课堂上传递给学生，起到专业课与思政课育人的"协同作用"。我们强调，课程思政的重音在课程，专业思政的重音在专业。专业教育、专业课程传授首先要遵循的是本专业人才培养的逻辑、体系，而不是思政的逻辑和体系。课程思政的主角是专业课教师，要用通俗的语言向专业课教师讲清楚，课程思政是什么、为什么、怎么干，需要时还要和大家一起学习思考探索，这样，课程思政才能落地、才能落实。

第四，不能忘记课程思政的基本特征什么。"自然而然""润物无声"是课程思政的基本特征，课程思政的最高境界就是教师的专业知识的讲授与思政内容浑然一体、无缝衔接。让大家感受到，这样的思政教育是课程自身所蕴含的，而不是添加的。这一要求，应该体现在教师备课、课堂讲授、教学比赛等各个环节中。有教师问，是不是每节课都要有思政的设计？怎么回答？举例来说，教师在授课中，什么时候需要因材施教？教师在备课时肯定有相关的设计，但在教学时，如何实施？我以为一定是"随机应变"。课程思政作为一种教育教学理念，就像因材施教一样，思政的理念应该融入整个教育教学设计中。至于每节课有多少个思政点，完全不是课前设计出来的，"你的课堂你做主"，这样的课程思政才可能是鲜活的、生动的，而不是刻板的。这也是在对教师课程思政进行评价时，应该遵守的一个原则。

以上，是在全国高校思想政治工作会议五周年之际，借我校经济学院《理论经济学课程思政教学案例集萃》《应用经济学课程思政教学案例集萃》

编辑出版之际，和大家做个交流。

经济学院是我校最早开展课程思政试点的学院之一，几年来，学院从课程思政入手，把专业思政、课程思政一体化设计实施，整体营造学院的育人氛围，注重发挥学院党委、教师党支部的引领推动作用，取得了突出的成绩和明显的成效。

经济学院将课程思政建设作为推进学院国家级一流专业建设的重要抓手和重要任务，根据不同专业的特点，突出专业特色，分类推进，实现课程思政全覆盖。引导教师围绕学习习近平经济思想，把握中国特色社会主义经济理论体系和话语体系，强化中国视角、中国立场，讲好中国故事。这两本书是他们开展课程思政建设的一个阶段性成果，凝聚着教师和学院的努力和心血，在此，向他们表示祝贺，也希望他们在此基础上再接再厉，继续深化实践探索，取得新的更大的成绩，在学校课程思政的推进中继续发挥表率作用。

首都经济贸易大学党委书记
韩宪洲
2021年11月22日

目 录

国际经济学

关税的经济影响	郎丽华	3
分工与国家利益	李 婧	9
国际收支调整的吸收分析方法：中美对比	李 婧	17
经济增长与贸易	王佃凯	23
要素跨国界流动与高水平对外开放	王佃凯	29
区域经济一体化的实践：以 RCEP 为例	赵家章	35

计量经济学

一元线性回归模型的基本概念与估计	杜永潇	45
一元线性回归模型的估计原理及统计检验	杜永潇	49
绿色信贷政策实施效果评价 ——基于企业层面表现的实证分析	贺小丹	53
中国各省区人均消费与收入的关系分析	蒋雪梅	56
关注中国现实需求，研究有意义的选题	孔晓旭	68

国际贸易

进口保护政策 ——关税	闫云凤	85
国际商务中的国家差异	闫云凤	93

发展经济学

构建中国特色发展经济学视角下的经济增长理论	王 琨	103
民族要复兴，乡村必振兴	王少国	111
经济不平等与贫困	王 钰	119

经济增长理论 …………………………………………… 王　钰　124

世界经济

经济全球化的作用与反全球化运动 ……………………… 李晶晶　133
生产国际化与国际直接投资 ……………………………… 李晶晶　140
"和而不同"的全球气候治理 …………………………… 申　萌　149
全球可持续发展 …………………………………………… 申　萌　157

产业经济学

产业组织：市场结构分析 ………………………………… 李春梅　165

国际贸易实务

商品品质条款 ……………………………………………… 于晓云　175
运输方式的选择与运输单据的使用 ……………………… 于晓云　183

期货贸易

构建中国金融安全体系
　　——以香港金融保卫战为例 ………………………… 陈建先　193
汇率及汇率期货的价格决定机制
　　——以人民币保卫战为例 …………………………… 陈建先　199
期货市场在实体经济 ……………………………………… 徐　雪　205

商业政策

马克思主义经济学与课程分析方法 ……………………… 董烨然　215
马克思主义经济学与课程学习的逻辑起点 ……………… 董烨然　221

现代商业技术

商业管理信息系统概念及演进和商业管理信息系统结构 ……… 宋丕丞　229

零售学

零售竞争优势 ……………………………………………… 张　弘　247

品牌学

红色品牌的整体架构设计 ……………………………… 关冠军　255

商品学

商品质量管理 …………………………………………… 李春梅　263

商业伦理学

伦理经营是企业最佳的长期战略 ……………………… 关冠军　271

投入产出技术

构建以国内大循环为主体、国内国际双循环相互促进的新发展格局
　　——基于产业关联和产业转移测度的解读 ……… 李鑫茹　279

消费经济学

"双循环"背景下内需与经济增长的关系 …………… 汪　洋　287

中国商业史

中国历史上的商业、商人及治理 ……………………… 苏　威　297

博弈论

公共物品过度使用 ……………………………………… 王　俏　303
声誉模型 ………………………………………………… 王　俏　307

国际经济学

课程性质：专业课
课程类别：理论课
授课对象：经济学类、经济与贸易类专业本科生

"国际经济学"课程体系的指导思想是在从西方经济学引进基本理论框架、在马克思主义关于国际化大生产理论、国际价值决定理论的基础上,以毛泽东、邓小平"实事求是""洋为中用""面向世界、面向未来"的思想作为方法论的指导,借鉴和吸收相当成熟的国际贸易和国际金融理论,总结分析并研究发达国家经济政策成功经验和失败教训;针对经济全球化过程和中国改革开放不断深入的现实,根据国内外国际贸易、金融和国民经济运行出现的新情况、新问题和新经济制度安排,不断补充和修订课程体系,将之建设成理论框架完整先进、符合国际经济发展实际,具有"本土化"和"国际化"特点的课程。

本课程的教学目标是,通过教学使学生对国际经济方面的基本概念和基本理论有正确的理解和较为深刻的认识,对国际贸易理论、国际贸易政策、经济全球化、要素在国家间流动、汇率、国际收支、宏观经济运行等基本范畴有较为系统地掌握,掌握观察和分析国际经济问题的正确方法,初步培养具有扎实的国际经济理论基础和理解、分析、解决国际经济实际问题的能力。

"国际经济学"课程体系的教学定位于为我国的对外开放提供基本的理论、政策和方法的支持,为我国企业合理利用国内外资源和市场起指导作用,为维护我国国家利益提供学理依据;为培养了解国际贸易体系、国际金融理论,通晓国际经济体制规则,能从事国际贸易、国际金融业务、国际企业经营管理和国际经济研究的高素质专业人才服务。

关税的经济影响

郎丽华

一、课程思政元素发掘

本课程在授课时可能包含以下思政元素。

元素1 引导学生准确理解经济高质量发展和高水平对外开放，开拓合作共赢新局面的含义。党的第十九次全国代表大会首次使用"高质量发展"的表述，表明中国经济由高速增长阶段转向高质量发展阶段。十九大报告提出的"建立健全绿色低碳循环发展的经济体系"为新时代下高质量发展指明了方向，同时也提出了一个极为重要的时代课题。2020年国家领导人在第七十五届联合国大会上向世界宣布"中国将提高国家资助贡献力度，采取更加有效的政策和措施，二氧化碳排放力争于2030年前达到峰值，努力争取2060年前实现碳中和"。十四五规划提出：实行高水平对外开放，开拓合作共赢新局面，坚持实施更大范围、更宽领域、更深层次对外开放，依托我国大市场优势，维护多边贸易体制，积极参与世界贸易组织改革，积极参与多双边区域投资贸易合作机制，推动新兴领域经济治理规则制定，提高参与国际金融治理能力；实施自由贸易区提升战略，构建面向全球的高标准自由贸易区网络，实现互利共赢。高质量发展离不开深层次对外开放和国际合作。

元素2 引导学生准确把握贸易强国战略的内容。虽然我国是全球最大的货物贸易出口国，但是我国的对外贸易呈现出大而不强的特征。十四五规划提出，立足国内大循环，发挥比较优势，协同推进强大国内市场和贸易强国建设，以国内大循环吸引全球资源要素，充分利用国内国际两个市场、两种资源，积极促进内需和外需、进口和出口、引进外资和对外投资协调发展，促进国际收支基本平衡。建设贸易强国，必须坚持全面提高对外开放水平，推动贸易和投资自由化、便利化，推进贸易创新发展，增强对外贸易综合竞争力。

元素3 通过学理训练和对经济现实的观察，引导学生理论联系实际，解释国际经济贸易现实问题并尝试给出解决方案。

二、教案设计

（一）教学目标

1. 知识目标

通过本节课程的学习，学生要了解关税的种类、结构和经典关税理论，进而结合中美关税战，分析关税的经济影响。

2. 能力目标

通过知识的学习，掌握关税的种类、结构，马克思、恩格斯关于关税的理论，结合中美关税战的案例，分析关税的经济影响，以及大国和小国征收关税影响的差异。打破课堂沉闷氛围，鼓励学生表达观点，提供"五分钟教师"体验的机会。

3. 价值目标

激发学生探索热情和深层学习的动力，培养学生经济学素养和问题意识，了解经济全球化背景下贸易保护的成本与收益，让学生认识到合作共赢与贸易政策不确定的影响。

（二）教学内容和教学重点与难点

1. 教学内容

关税的界定与种类；马克思、恩格斯关于关税的理论和观点；关税的经济影响；关税结构理论。

2. 教学重点和难点

关税结构；关税的经济影响。

（三）教学方法与手段

1. 研讨式教学

本课程主要实施研讨式教学，力求调动学生学习的主动性，促进朋辈学习。

课前教学准备：推荐学生阅读《国际经济学》教科书、马克思、恩格斯关于关税理论的论述。

课堂时闻分享准备："五分钟教师"。阅读本周内国际经济要闻，特别是关于中美关税战的经济新闻。

学生准备5分钟公共演讲，培养学生问题意识、用经济学思维观察解释中美贸易摩擦的能力；把经济学原理和现实经济实践相结合，打破课堂沉闷氛围，让学生做5分钟教师。演讲者通过设疑、答疑等方式，引发思考，促进朋辈学习。教师可以通过点评，促进学生通过课外答疑等形式形成教与学的互动，激发学生的学习兴趣，调动学生的学习积极性。

教师准备：做好课堂设计，设计课程流程，做好相关理论知识储备，及时回应学生关切的问题，促进学生问题意识的提升。

2. 让学生体验教学，打破课堂沉闷氛围

为加强学生的学习体验和教学体验，黑板与多媒体教学相结合，增加书写内容，通过"边讲边练""边讲边评"，跟踪理论发展前沿和最新的世界经济实践，促进学生的深层次学习和高质量学习，激发学生探索的精神，享受学习乐趣，激励学生主动学习。

三、教学过程

（一）教学思路设计

（1）课前给学生布置阅读教科书、参考书的核心章节，要求学生"带着问题"阅读材料，课前进行基础知识学习。

（2）提出"五分钟教学"要求，有问题、有事实、有观点、有互动。

（3）教师总结和答疑，师生互动。

（二）教学过程安排

1. 布置课前阅读任务

通过班级学习 QQ 群，布置学习内容。

2. 教材导读

《国际经济学》第八章的核心内容：关税的界定、关税的经济影响、关税结构理论。

3. 马克思、恩格斯关于关税的论述

（1）保护关税制度是各国资本相互斗争的武器。

（2）保护关税制度是资产阶级在国内建立大工业和实现国内自由贸易的手段，是反封建主义和专制政权的武器。

（3）关税是各国政府财政收入的重要来源，成为国家机器的重要支柱。

（4）保护关税制度是不能忍受的镣铐。

（5）要建立一套完善的关税制度。

（三）课程思政的体现

1. 目标

让学生认识和理解马克思、恩格斯关税理论的时代和当前时代的关系。马克思主义关税理论自问世后以来，生产力、生产关系、科学技术、国际贸易、各国关税制度、世界经济格局、各国经济发展水平都发生了翻天覆地的变化，部分关税观点随着客观条件的变化已经过时，因此不能教条主义地照搬，比如，关税已经不再是发达国家财政收入的主要来源，但是仍然是部分发展中国家财政收入的主要来源。其关于关税的一般性分析还是有现实指导意义的，比如，关于关税是各国资本相互斗争的武器的理论，关于保护关税制度是资产阶级在国内建立大工业和实现国内自由贸易的手段的理论，关于关税的财政功能的理论，关于减轻或废止进口原材料关税的理论，关于适度关税和差别关税的理论等。历史总是有惊人的相似。国际贸易的历史是一部自由贸易和保护贸易此消彼长的历史。利用关税战开展贸易战是最典型的方式。例如，历史上，欧美之间、美日之间的关税战，近年来中美之间的关税战都说明了马克思、恩格斯的关税理论依然有现实指导意义。WTO多边贸易规则框架下关税减让谈判，使全球范围内关税水平大幅度下降，并要求削减非关税壁垒，但是在非关税壁垒关税化的过程中，又出现了新的"关税化"的倾向，即减少关税壁垒，增加非关税壁垒。但是，关税战依然不断发生，2018年以来的中美关税战就是典型案例。

2. 课程知识点介绍（30分钟）

关税，关税的种类，关税的经济影响，关税结构，马克思、恩格斯的关税理论与现代关税结构、中美关税战。

3. 学生展示、研讨环节（10分钟）

随机抽选学生表达对国际时闻的理解：①中美贸易摩擦升级；②中美贸易摩擦升级的形式；③中美贸易摩擦升级的影响。组织学生对演讲者内容提出疑问。

4. 教师总结、答疑（10分）

首先，教师与对国际时闻分享内容进行总结，要求学生归纳中美贸易摩擦升级的形式和影响。结合本章的关税理论，学以致用。其次，引导学生提出问题，如何看待和对待贸易摩擦与关税战。

四、教学效果

（一）专业知识能力方面

促进学生深层次思考并理解国际经济环境对贸易政策的影响以及贸易政策的经济影响，尝试理论联系实际给出相应的解释和方案。

让每个学生都有"五分钟教师"的教学体验，引发深入思考，促进朋辈学习，能够用经济学原理观察世界、分析故事背后的逻辑。激励学生探索，激发学习兴趣。

（二）课程思政方面

了解全球化环境下的贸易冲突，中国发展的外部环境；理解高水平开放、合作共赢的意义。

课程是思政的载体，通过本节课的学习，让学生理解在新全球化环境下，如何争取更好的均衡，实现开放共赢。

改革开放以来，中国取得了举世瞩目的成绩：成为世界第二大经济体；贸易规模由全球的第 26 位上升到第 1 位；建立起完整的现代制造业体系；1978 年中国人均国内生产总值（GDP）只有 200 美元，2021 年人均 GDP 超过 1 万美元以上；2005 年的 GDP 按照市场汇率计算不到日本的 1/2，2010 年开始超过日本，2014 年达到日本的两倍，按照目前的增长速度，2022 年可能是三个日本的量；40 年前中国 GDP 约为美国的 2/30，2021 年超过 2/3。

成绩的取得得益于充分利用比较优势和经济全球化的机遇，得益于深化改革和扩大开放取得的合作共赢。我国已于 2010 年完成加入 WTO 的降税承诺。2019 年，名义关税率降至 7.6%，贸易加权平均税率降至 4.4%。钢铁、计算机、互联网、通信、高铁、无人机等产业的迅速崛起，提高了在世界经济中的市场份额，在某些新兴产业，比如，载人航天、卫星导航、超级计算机等领域，中国的发展已和一些发达国家并驾齐驱。

2018 年 2 月 27 日至 2019 年 10 月 11 日，以关税战为主要形式的中美贸易摩擦不断升级的同时，进行了 13 轮谈判，并于 2020 年 1 月 15 日签署了第一阶段协议。在双方互征关税的过程中，叠加着新冠疫情的影响，中美之间的贸易受到了一定的影响，彼此在对方的贸易份额中均有下降，双方的对外贸易都发生了贸易方向的转移。双方的企业、消费者利益都受到一定的影响。诚如恩格斯指出的：“保护关税制度再好也不过是一种无穷螺旋，你永远不知道什么时候才会把它转到头。你保护了一个工业部门，同时也就直接或间接地损害了其他一切工业部门，因此不得不把它们也保护起来；这样一来你就会给你原先保护的那个工业部门造成损失，你就必须补偿它的损失，这一补偿又会像前面的情况一样，影响到其他一切部门，并且使它们也有权利要求补偿——就这样继续下去，没有尽头……”中美关税战使东盟成为中国第一大贸易伙伴，欧盟成为第二大贸易伙伴，美国由第一大贸易伙伴降为第三大贸易伙伴，但是依然是中国最大的出口市场。

关税战升级以来，中美进入缺乏信任的阶段。相互信任和共同的利益是相互关系的本质，而信任是前提。没有了相互的信任，双方关系就会进入竞争甚至遏制的阶段。新冠疫情对双边关系有双重影响。一方面，疫情使人们重新审视经济全球化背景下的全球产业链、供应链的安全问题，贸易保护主义、区域主义、"去全球化"的呼声可能会进一步加强，双边、区域经济治理的趋势日益明显，不排除在这种背景下美国领衔的"去中国化"态势扩大的可能性。因此在坚持多边合作的同时，也要加强区域经济合作，充分利用区域经济合作平台，争取开放的利益。另一方面，疫情的全球性暴发让人们意识到，病毒的变异是持续的，是人类共同的敌人，疫情的全球性暴发可能会成为常态，人们只有共同面对，合作抗疫。因此，各国间涉及人类共同命运领域的多边合作应该呈现加强态势。我们笃信经济学逻辑，邻居和生意伙伴变得富裕，在任何时候都是好事。

历史和经济学理论告诉我们，市场的力量难以抗拒，单边开放、维护和发展贸易网络是福利提高的前提，针锋相对的零和博弈只会破坏国际贸易。现代经济史上的历次经济危机表明，世界经济的全面复苏和可持续发展需要更自由、更公平的贸易环境。这需要中美两个大国继续坚守和支持多边贸易体制，和其他国家一起推动全球经济增长。中国应继续充分利用多边贸易体制和区域经济合作平台，扩大对外开放，参加国际分工，优化资源配置，获得贸易利益。

中国有庞大的国内市场，有巨大的潜在市场需求。在进一步扩大开放的同时，也要始终关注国内市场发展和内需对经济的拉动作用。经济学的逻辑告诉我们，只有打破国内市场壁垒，激发各类市场主体的活力，形成畅通的国内市场一体化，畅通国内大循环，实现规模经济效益，才有助于优化资源配置，提升国民福利，也有利于促进双循环，在国际市场上取得分工和贸易利益。

分工与国家利益

李 婧

一、课程思政元素发掘

本课程在讲授时可能包含以下思政元素。

元素1 引导学生准确理解经济高质量发展和全新对外开放新体制的含义。中国共产党第十九次全国代表大会首次使用"高质量发展"的表述，表明中国经济由高速增长阶段转向高质量发展阶段。党的十九大报告提出的"建立健全绿色低碳循环发展的经济体系"为新时代下高质量发展指明了方向，同时也提出了一个极为重要的时代课题。高质量发展根本在于经济发展的活力、创新力和竞争力。而经济发展的活力、创新力和竞争力都与绿色发展紧密相连、密不可分。离开绿色发展，经济发展便丧失了活水源头而失去活力；离开绿色发展，经济发展的创新力和竞争力也就失去了根基和依托。绿色发展是我国从速度经济转向高质量发展的重要标志，也是我国建立开放经济新体制的重要内容。

元素2 引导学生准确把握贸易强国战略的内容。尽管我国是全球最大的货物贸易出口国，但是我国的对外贸易呈现出大而不强的特征，为此要推进贸易强国战略。我国的贸易强国战略是指坚持推动高质量发展，以供给侧结构性改革为主线，加快推动由商品和要素流动型开放向规则等制度型开放转变，建设更高水平的开放型经济新体制，完善涉外经贸法律和规则体系，深化外贸领域改革，坚持市场化原则和商业规则，强化科技创新、制度创新、模式和业态创新，以共建"一带一路"为重点，大力优化贸易结构，推动进口与出口、货物贸易与服务贸易、贸易与双向投资、贸易与产业协调发展，促进国际国内要素有序自由流动、资源高效配置、市场深度融合，促进国际收支基本平衡，实现贸易高质量发展，开创开放合作、包容普惠、共享共赢的国际贸易新局面，为推动我国经济社会发展和构建人类命运共同体做出更大贡献。

元素3 贯彻落实总体国家安全观，通过学理训练和对世界经济的观察，建立经济安全思维观。安全思维，即底线思维。我们必须既重视外部安全，又重视内部安全，对内求发展、求变革、求稳定，建设平安中国；对外求和平、求合作、求共赢，建设和谐世界。既重视国土安全，又重视国民安全，坚持以民为本、以人为本，坚持国家安全一切为了人民、一切依靠人民，真正夯实国家安全的群众基础；既重视传统安全，又重视非传统安全，构建集政治安全、国土安全、军事安全、经济安全、文化安全、社会安全、科技安全、信息安全、生态安全、资源安全、核安全等于一体的国家安全体系；既重视发展问题，又重视安全问题，发展是安全的基础，安全是发展的条件，富国才能强兵，强兵才能卫国；既重视自身安全，又重视共同安全，打造人类命运共同体，推动各方朝着互利互惠、共同安全的目标相向而行。

二、教案设计

（一）教学目标

1. 知识目标

通过本课程的学习，学生要了解分工和贸易、国家福利的关系，在经济发展的不同阶段，国家之间分工的特征和福利的分配。

2. 能力目标

通过知识的学习，掌握分工与增长，分工与贸易利益的知识；产业利益和国家竞争之间的关系，古典贸易模型和现代贸易模型的应用；打破课堂沉闷氛围，鼓励学生表达观点，提供"五分钟教师"体验的机会。

3. 价值目标

激发学生探索热情，增强深层学习的动力，培养学生经济学素养和问题意识，了解全球化、贸易和国家利益。既让学生为中国经济增长和对外贸易取得巨大成就而感到自豪，同时也要让学生清醒地认识到中国在经济增长和对外贸易中存在的不足以及经济安全面临的挑战。

（二）教学内容和教学重点与难点

1. 教学内容

绝对比较优势，相对比较优势，古典贸易模型均衡的特点，国家之间的互利和冲突。

2. 教学重点和难点

古典贸易模型下分工的唯一性，改进的古典贸易模型下的多重均衡。

（三）教学方法与手段

1. 研讨式教学

本课程主要实施研讨式教学，力求调动学生学习的主动性，促进朋辈学习。

（1）资料阅读：推荐学生阅读《国际经济学》教科书、《全球贸易和国家利益冲突》。

（2）课堂时闻分享准备："五分钟教师"。阅读本周内国际经济要闻，特别是中美两国之间的经济新闻。

学生准备5分钟公共演讲，培养学生问题意识，用经济学思维观察世界经济。把经济学原理和现实经济的实践相结合；打破课堂沉闷氛围，让学生做5分钟教师。演讲者通过设疑、答疑等方式，引发思考，促进朋辈学习。教师通过点评，促进学生通过课外答疑等形式形成教与学互动，激发学生的学习兴趣，调动学生的学习积极性。

（3）教师准备：做好课堂设计，设计课程流程，做好相关理论知识储备，及时响应学生关切的问题，促进学生问题意识的提升。

2. 回归朴素课堂

回归朴素课堂，让学生有更深刻的教学体验，打破课堂沉闷氛围。

为了促进朋辈学习，给学生更深刻的学习体验和教学体验，我们在课堂上更多地使用黑板增加书写内容。我们通过"边讲边练""边讲边评"，跟踪理论发展前沿和最新的世界经济实践，促进学生的深层学习和高质量学习，激发学生探索的精神，享受学习乐趣，激励学生主动学习。

三、教学过程

（一）教学思路设计

（1）课前布置学生阅读教科书、参考书的核心章节，要求学生"带着问题"阅读材料，课前进行基础知识学习。

（2）提出"五分钟教学"要求，要有问题、有事实、有观点、有互动。

（3）教师总结和答疑。教师对学生讲述的内容进行总结，并回答核心问题，做到简洁、简练，给学生提供做教师的"模板"。

（二）教学过程安排

1. 布置课前阅读任务

建立班级学习QQ群，将"课程大纲"、《国际经济学》教科书电子版、《全球贸易和国家利益冲突》、PPT课件，在开学前发到QQ群；发布"阅读公告"，公布时间安排。

2. 教材导读

《国际经济学》教科书第二章的核心内容：贸易的三个基本问题、贸易的基础、贸易模式和贸易利益的分配。了解2×2×1模型的假设、分工、交换、贸易模式和贸易利益分配，注意互利贸易区间的几何表达，理解贸易与增长、互利贸易的含义，理解贸易造就和平的内涵。

3.《全球贸易和国家利益冲突》导读

逻辑主线：分工的基础，互利的条件。

《国富论》（全名：《国民财富的性质和原因的研究》）中制针的例子，分工是这样进行的：一个人将金属线展开，另一个人将它拉直，第三个人负责切割，第四个人削尖它，第五个人磨光针头，另外还需要两至三道工序……这样，制针的主要过程将被分为18道不同的工序。亚当·斯密指出，如果这些工人单独工作，他们每天生产的针不会超过20枚，而分工使他们每人每天生产48 000枚。分工可以提高效率，在国内如此，在国际亦是如此。那么国家间如何确定分工呢？在古典贸易模型中，假定只存在两个国家，生产两种产品，使用一种生产要素（即劳动），那就按照劳动生产率的差异来分工。谁在哪个产品上的生产效率高些，就用全部的劳动生产这种产品；然后用这种产品向另一国交换另外一种产品。这样，和两种产品都由自己生产相比较，生产和消费都最优，消费者福利也最大。这是古典贸易模型得出的最闪光的结论。实际上，这种状态就是经济学讲的"帕累托最优"（任何一种改变都不可能使一部分人的情况变好，而另一部分人的情况不变坏）。

在本书中以"羊毛和葡萄酒"的例子阐述了两个国家之间的分工和贸易。英国的自然条件适合养羊，而葡萄牙的土地和日照适合种植葡萄。由此出现了羊毛和葡萄酒的交换。英国人品尝到了美酒，葡萄牙人穿上了毛衣，两情相悦！这是一个完美的均衡，而且这个均衡是唯一的，也是早就预先决定的。这一结果使各国的生产效率和消费者福利达到最优水平。"你的幸福就是我的幸福！"看来，在这样完美的组合下两个国家是最理想的贸易伙伴，根本不会产生国家利益的冲突，和平也由此永驻。因此，在自由贸易的黄金时代，少有战争，大家都相信"铸剑为犁"符合国家利益，贸易造就了和平。这一结果令我们欣慰！但是这样完美的唯一均衡是基于自然优势的，是自然禀赋决定的。波斯湾地区储藏石油，南非储藏黄金，巴拿马盛产香蕉，加拿大种植小麦，这似乎是上帝决定的。即使到今天这种"宿命"依然存在，那古老的"羊毛和葡萄酒"的贸易模式也还存在。但是，古典经济学先驱生活在一个科技发展缓慢、工商业不发达的农业社会，而现如今是一个工业制成品充斥、技术快速变化和大公司占统治地位的社会。我们面临着不断变化的世界，原来两情相悦的理想贸易伙伴，依然理想吗？

在新时代，国际贸易分工的基础发生变化，分工的结果具有多种可能性。在古典贸易模型下，分工的基础是自然禀赋决定的劳动生产率差异，国家间相互贸易的经济结果往往是单一的，"无形之手"决定了商品在何处生产。

羊毛和葡萄酒、石油和大米的生产和交换基于自然禀赋，可以让我们准确地预测到贸易模式、财富水平和分配的结果。这一预测和发现取决于一个关键假设，即不存在广泛且重大的规模经济，或者高进入成本。但是工业社会并非如此，企业必须规模化经营，比如，汽车产业需要大规模生产，同时需要大型营销网络和支持网络。而且，后来者因为面临较高的进入成本很难与之竞争。一个国家进入某一个产业，可能是有意为之，或者是由于历史的偶然因素，比如，战争或者饥荒，但是一旦进入就会产生一定的惯性。先行者占优，后来者很难居上。比如，瑞士的手表、日本的钢铁、美国的飞机制造，它们成为国际市场上主要的供给者，即出口商。

市场的力量不会选择某一个预定的结果，相反，它们倾向于维持既有的模式（哪些国家生产什么，出口什么，进口什么），而不管这种模式如何。因此，当代贸易必须要考虑多种可能的结果。已经确立的产业格局是世界经济中可能的稳定结果，比如，日本生产商品 X，美国生产商品 Y。相反的情况也是可能的。成千上万的产业，就有大量可能的生产分工组合，这些组合和市场力量的规则相一致。市场力量保持了许多产业业已确立的全球均势，而不是选择一个单一的有利结果。这颠覆了我们原有的"羊毛和葡萄酒"的贸易模式和福利分配结果。

这些不同的生产分工组合可以对各贸易国的福利产生非常不同的影响。对某个特定国家来说，有些是有利的影响，有些不那么有利。我们所谓的对贸易伙伴不利，不仅考虑到对单个产业的局部影响，而且还考虑到对全体国民的影响，正是在这个意义上，国际贸易存在固有的利益冲突。

除此之外，在当代世界，后天优势和人力资本的提升也可能带来生产效率的提高，从而带来新的分工，导致新的贸易格局。以制作运动鞋为例，一些国家的新工人可以迅速有效地学会制鞋的技能，再加上较低的工资水平，该国就可能进入运动鞋生产的行列。耐克的生产就是一个鲜活的例子。或者一些国家在那些没有高进入成本的产业内迅速地提高生产力，从而发展一些产业，成为该种产品的主要供应商，这也自然会导致全新的贸易结果。

（三）课程思政的体现

1. 目标

让学生认识到过去和当前全球分工的特点。

"羊毛和葡萄酒""石油和大米"的传统分工仍然在继续，不同的是分工越来越细化了，出现了规模经济、高进入成本和保留产业等特征。这是全球的产业竞争和国家利益出现的新特点。

中国经济增长和对外贸易也面临着一系列的挑战，比如，全要素生产率增速放缓、产业结构不合理、环境污染问题仍旧突出、生态保护形势依然严峻等。在全球经济复苏进程放缓、贸易摩擦效应逐渐显现等外部因素影响下，我国的对外贸易也面临着转型升级的问题。

2. 课程知识点介绍（30分钟）

绝对比较优势和相对比较优势的概念，并在阐述基本原理后让学生理解分工的基础和国家利益分配，理解"互利贸易"，以及对世界和平的意义。

3. 学生展示、研讨环节（10分钟）

随机抽选学生表达对国际时闻的理解：①为什么中美之间会发生贸易冲突？②冲突的主要形式是什么？③产业分工和政府的作用是什么？

组织学生对演讲内容提出疑问。

4. 教师总结、答疑（10分钟）

首先，教师对国际时闻分享内容进行总结，并要求学生归纳冲突的形式、领域。参照经济学原理和《全球贸易与国家利益冲突》中关于唯一均衡和多重均衡的阐述，让学生学活基础，学以致用。

其次，引导学生提出问题，思考在新的全球竞争环境下的政府作用。

四、教学效果分析

（一）专业知识能力方面

促进学生深层学习，深度理解开放经济条件下增长的可能，分工的必要，产业和国家之间的相互依赖，建立更扎实的经济学基础，全面提高理论素养。

让每位学生都有"五分钟教师"的教学体验，引发深入思考，促进朋辈学习，能够用经济学原理观察世界、分析故事背后的逻辑。激励学生探索，激发学习兴趣。

（二）课程思政

了解全球化环境下的贸易冲突，中国经济安全面临的挑战和政府的作用，做经济和平的促进者。

课程是思政的载体，通过本节课的学习，让学生理解在新全球化环境下，如何争取更好的均衡，全球化时代的政府该怎样做？

在自由贸易原则下，国家之间的竞争，实际上就是产业和产品之间的竞争。国家利益的冲突源于产业之间的冲突。国际贸易中确实存在固有的利益冲突，这意味着一国生产能力的提高往往以牺牲他国的总体福利为代价。允许贸易伙伴与本国产业进行有效竞争，以此来提高生产力有可能会使本国经济全面受损，而不是造福于全体公众。这种损害可能直接使受影响的产业马上出现就业率下降,是一种波及整个国家的负面效应。但这并不意味着,随着全球收入差距的缩小,我们将会看到更多的贸易战。

在自由市场经济中,贸易是企业和产业的领地,贸易的结果取决于单个企业的决策行为。政府在国际贸易模式中所起的作用,并不意味着提倡政府的积极干预。政府行为既有利,也有害。

但是,对于发展中国家,无论薯片生产还是类似薯片的运动鞋的生产,这种生产优势可以维持很长一段时间,直至这些国家通行的工资水平上涨到足以使价格竞争优势被更低的国家取而代之。对于一个发达国家,将政府补贴投入运动鞋这样的产业,并不会带来生产率的持续变化或者确立起保留优势,如果有任何利益,都可能是短暂的。

发达国家的政府强迫国内企业进入现有的保留产业的努力是不会成功的。美国不像日本,没有有意识的产业政策,当然,和国防产业建立密切的合作关系除外。同时,迫于政治压力,美国政府对于夕阳产业,比如,美国锈带地区(rust belt)则给予了一定关注。因为这些产业的投资和就业面临来自市场发展或国外竞争的威胁,而且这些产业未来发展前景黯淡。美国有实践创新的历史,比如,在电力、电话、汽车、半导体等方面曾站在世界前沿,引领美国的经济增长。现在,美国在生物技术、计算机、软件、互联网、人工智能等方面继续保持创新能力。美国有财力,也舍得投入基础研究,加上风险投资体系,使企业持续创新成为可能,并从中发展出保留产业。这是美国产业提升和国家利益提升的阳关大道。

美国很早就在半导体、汽车和钢铁产业建立了重要地位。当其地位受到威胁时,美国确实进行了干预。联邦政府曾为半导体技术联合体提供了一半的资金,美国政府鼓励那些向美国出口钢铁和汽车的国家实施"自愿出口限制"。可以说,这些干预取得了成功,这些产业仍然是美国国民收入的主要来源。

从贸易模型来看,如果一国的国民收入占比相对贸易伙伴国家而言没有到达"山顶"之前,那么对保留产业的保护符合其国家利益。以美国为例,保持现有的优势,例如,在半导体、钢铁和汽车产业保持已有的优势,比拓建新产业要容易得多。因此,不论是从理论还是从历史观察来看,我们很容易理解当前美国对钢铁、汽车以及对电子通信产品的保护政策,很大程度上是基于产业竞争。关税战和其他贸易战只是我们看到的表象,看似是政府干预经济,实际上这是产业竞争发展到一定阶段的必然结果。美国当前的国内政策,比如税制改革,也一样具有国际竞争意义。中国在钢铁、计算机、互联网、通信、高铁、无人机等产业迅速崛起,提高了其在世界经济中的市场份额，如果中美两国的贸易已经超越了互利区，那么，美国会认为对自己是不利的。而且，在某些新兴产业，比如，载人航天、卫星导航、超级计算机等行业，中国已经与一些发达国家并驾齐驱，而且由于中国在制度、机制和人力资本上的优势，可能会发展得更快。

对于欠发达贸易国家，可以通过集中发展少数保留产业，克服进入保留产业的高成本障碍。这些支持包括对高等教育体制和道路交通等软硬基础设施的投资。比如，高等教育体制投资对计算机产业的好处可能比对采煤业的好处更大。低工资是发展中国家的重要"竞争优势"，它可以借助这一优势顺利进入到保留产业，比如，计算机产业。但是持续的经济增长将会抵消这一优势，不过政府仍然可以通过采取税收优惠、投资基础设施，以及要求跨国公司提供研发支持和保持高科技领域的本土化（local contents）等政策措施，使该国超越在保留产业中的初期劣势。

产业竞争和国家利益是相互联系的，如果一国生产率落后或者由于其他原因在世界产业中的份额下降，那么其国民收入和国内工薪阶层就很容易成为最终的受害者，从这个意义上看，《全球贸易和国家利益冲突》阐述的命题包含了国家、社会、市场之间的逻辑关系。这对中国产业成长有非常重要的借鉴意义。

中国有庞大的国内市场，有巨大的潜在市场需求。在建立开放新体制的同时，要始终注重国内市场建设，同时为新兴产业发展在软硬基础设施方面做好准备。对于已经具有保留特征的产业，如机电、钢铁、造船等领域，可以通过加强企业科技资产和人力资本的累积，来提高保留性。我们笃信经济学逻辑，邻居和生意伙伴变得富裕，在任何时候都是好事。在中国成长的同时，我们已经帮助了更多的贸易伙伴国家发展其国内产业，建立互利贸易区域。从2000年到现在，中国已经在全球形成了密集的贸易网络，与美国和德国同时成为"中心"国家，这和全球生产网络发展是一致的。

市场的力量难以抗拒，维护和发展贸易网络是福利提高的前提，针锋相对的零和博弈只会破坏国际贸易。现代经济史上的历次经济危机表明，世界经济的全面复苏和可持续发展需要更自由、更公平的贸易。这需要中美两个大国继续支持多边自由贸易体制，和其他国家一起推动全球经济增长。

国际收支调整的吸收分析方法：中美对比

李 婧

一、课程思政元素发掘

本课程在讲授时可能包含以下思政元素。

元素1 引导学生准确理解经济高质量发展及全新对外开放新体制的意义。中国经济正在由高速增长阶段转向高质量发展阶段。新时代下高质量发展的方向是绿色和低碳。高质量发展根本在于激发经济的活力、创新力和竞争力。而经济发展的活力、创新力和竞争力都与绿色发展紧密相连，密不可分。离开绿色发展，经济发展便丧失了活水源头而失去了活力；离开绿色发展，经济发展的创新力和竞争力也就失去了根基和依托。绿色发展是中国从速度经济转向高质量发展的重要标志，也是中国建立开放经济新体制的重要内容。我们要充分理解"双碳"的重要建议和新一代建设者的担当，在改革开放中实现经济高质量发展。

元素2 引导学生理解当前世界经济体系和世界经济环境变化。1949年中华人民共和国成立到现在，中国人民在中国共产党领导下，克服了很多艰难险阻，取得了巨大成就，积累了很多经验教训，目前中国已经成为全球体系中的重要国家，是促进世界和平和发展的重要力量。但是世界经济体系和世界经济环境在发生重大变化，中国需要在开放中求发展，在开放中实现安全。

中国经济的结构问题要在改革和开放中解决，在和其他国家的互动中解决。内外失衡问题的解决既要考虑我们的国情，又要考虑其他国家的国情。再平衡不仅是经济问题，也是政治问题，不仅是价格问题，而且还是制度和规则问题。我们不仅要充分了解本国国情，还要加强对其他国家政治、经济、社会和文化等的了解。

元素3 理解开放经济安全，贯彻落实总体国家安全观，通过学理训练和对世界经济的观察，建立经济安全思维。建立开放经济新体制，我们需要安全的国际环境，建立全面的安全思维观。当前全球安全环境在发生变化。全球化是世界经济发展的趋势，中国是全球化的支持者、积极践行者和促进者。在全球化时代，经济全球化的水平已经很高，但是政治秩序还是以民族国家为基础的。我们要充分理解全球化下国家、社会和市场之间的矛盾，响应党和国家的号召，准确把握国家安全形势变化新特点、新趋势，理解其他国家的意识形态和安全思维观。要在对外经济实践中坚持总体国家安全观，走出一条中国特色的国家安全道路。

二、教案设计

（一）教学目标

1. 知识目标

通过本课程的学习，学生要了解国际收支调整的机制，不同国家、不同国情下的调整方案和结果，理解方法的应用和国别特征。

2. 能力目标

通过学习，掌握国际收支再平衡的核心理论、主要的分析方法，理解内外经济平衡的目标和各国不同的行动方案。打破课堂沉闷氛围，激发学生表达观点的信心，提供"五分钟教师"体验的机会，建立有活力的课堂。

3. 价值目标

激发学生探索热情，增强深层学习的动力，培养学生经济学素养和问题意识，了解全球化、贸易和国家利益。让学生为中国经济增长和对外贸易取得巨大成就而感到自豪，同时也要让学生清醒地认识到中国在经济增长和对外贸易中存在的不足以及经济安全面临的挑战。

（二）教学内容和教学重点与难点

1. 教学内容

金本位下国际收支的平衡，国际收支调节的其他方法，弹性分析方法的内容和特点，了解分析方法的内容和特点，中美实现再平衡的具体做法。

2. 教学重点和难点

中美两国使用吸收分析方法的不同，中美两国如何实现协调与合作。

（三）教学方法与手段

1. 研讨式教学

本课程主要实施研讨式教学，力求调动学生学习的主动性，促进朋辈学习。

（1）资料阅读：推荐学生阅读《国际经济学》教科书、《未来美国十年的对外经济政策》和《一种经济学：多种药方》。

（2）课堂时闻分享准备："五分钟教师"。阅读本周内国际经济要闻，特别是中美之间的经济新闻。

学生准备五分钟公共演讲，培养学生的问题意识，增强用经济学思维观察世界经济的能力。把经济学原理和现实经济的实践相结合，打破课堂沉闷氛围，让学生做五分钟教师，演讲者通过设疑、答疑等方式，引发思考，促进朋辈学习。教师可以通过点评，促进学生通过课外答疑等形式形成教与学的互动，激发学生的学习兴趣、调动学生的学习积极性。

（3）教师准备：做好课堂设计，设计课程流程，做好相关理论知识储备，及时响应学生关切的问题，促进学生问题意识的提升。

2. 回归朴素课堂

回归朴素课堂，让学生有更深刻的教学体验，打破课堂沉闷氛围，创设活力课堂。

为了促进朋辈学习，给学生更深刻的学习体验和教学体验，我们在课堂开始更多地使用黑板增加书写内容，通过"边讲边练""边讲边评"，跟踪理论发展前沿和最新的世界经济实践，促进学生的深层学习和高质量学习，激发学生探索的精神，享受学习乐趣，激励学生主动学习。

三、教学过程

（一）教学思路设计

（1）课前布置学生阅读教科书、参考书的核心章节，要求学生"带着问题"阅读材料，课前进行基础知识学习。

（2）提出"五分钟教学"要求，要有问题、有事实、有观点、有互动。

（3）教师总结和答疑。教师对学生讲述的内容进行总结，并回答核心问题，做到简洁、简练，给学生提供做教师的"模板"。

（二）教学过程安排

1. 布置课前阅读任务

建立班级学习QQ群，将"课程大纲"、《国际经济学》教科书电子版、《未来十年美国的对外经济政策》和《一种经济学：多种药方》的电子版、PPT课件，在开学前发到QQ群。发布"阅读公告"，公布时间安排。

2. 教材导读

《国际经济学》教科书第十三章的核心内容：理解不同汇率制度下国际收支再平衡的主要方法，复习国民收入方程式、货币供给和货币需求理论。

3. 《未来十年美国的对外经济政策》导读

逻辑主线：2005年以后全球经济的五大风险，包括美国经常项目赤字，美国财政赤字，美国贸易保护主义抬头，中国经济硬着陆，石油价格的上涨。

（二）课程思政的体现

1. 目标

让学生认识过去和全球经济失衡的表现。

全球经济存在严重的失衡，不仅是流量上的失衡，还包括存量的失衡。

全球的产业竞争和国家利益体现出不同的特点。无论发达国家还是新兴市场国家和发展中国家都面临失衡的压力和再平衡重任。

中国经济存在"不稳定、不平衡、不协调和不可持续"的因素。在国际收支上，中国保持多年的双顺差，致使我国经济需要进行大的调整，再平衡的任务艰巨。美国则出现较大的经常项目赤字。中美贸易失衡成为全球经济失衡的典型特征。参见图1和图2。

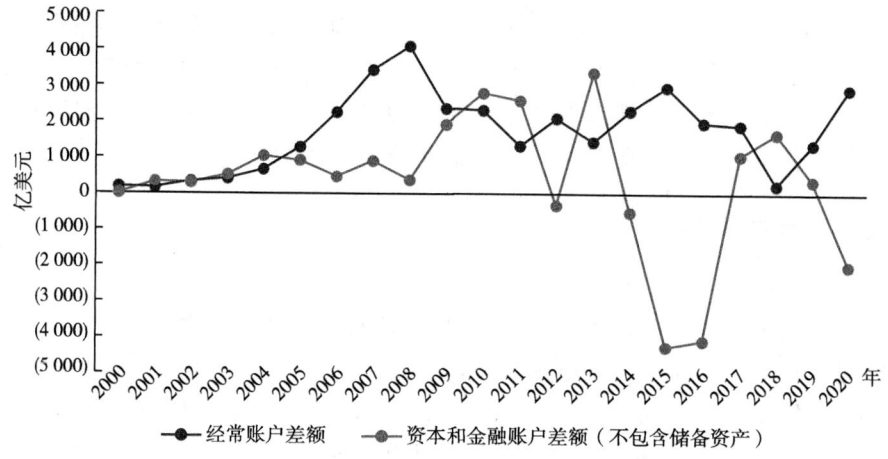

图1　中国2000—2020年国际收支

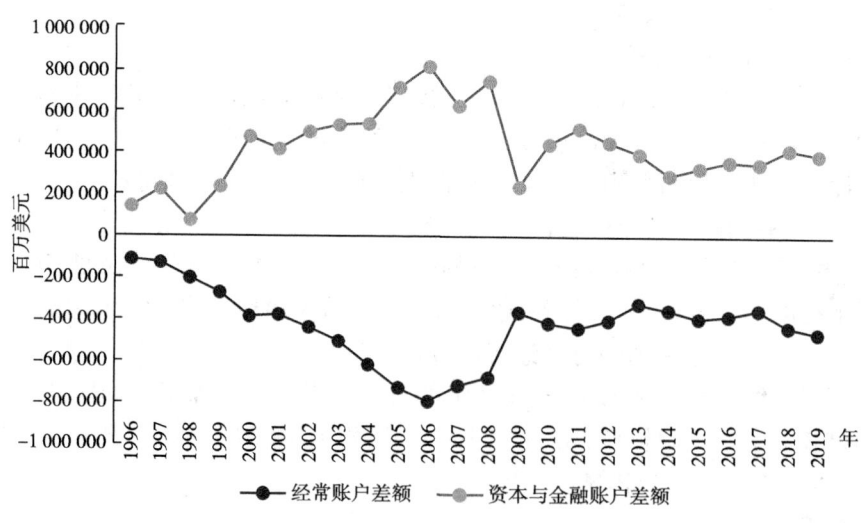

图2　美国1996—2019年国际收支

2. 课程知识点介绍（30分钟）

如何进一步认识失衡的本质？

国际收支失衡与总收入、总支出的关系？

国际收支失衡与总供给和总需求的关系？

中国和美国处于国际收支失衡的两端，如何纠正？

3. 学生展示、研讨环节（10分钟）

随机抽选学生表达对国际时闻的理解：中国国际收支顺差的规模与结构，中国减少顺差的主要政策，中国的供给侧改革和需求侧改革，组织学生对演讲者内容提出疑问。

4. 教师总结、答疑（10分钟）

首先，教师对国际时闻分享内容"五分钟教学"进行总结，并要求学生归纳冲突的形式、领域。参照经济学原理和《未来十年美国的对外经济政策》以及《一种经济学：多种药方》中关于经济再平衡的措施，引导学生理解再平衡的定义。

其次，引导学生提出问题，思考在新的全球竞争环境下政府的作用，理解为实现全球再平衡的结构调整的核心任务。

四、教学效果分析

（一）专业知识能力方面

促进学生深层学习，深度理解开放经济条件下增长与平衡的问题，开放宏观的要义，内外经济均衡的关系。建立更扎实的经济学基础，全面提高理论素养。

让每位学生都有"五分钟教师"的教学体验，引发深入思考，促进朋辈学习，能够用经济学原理观察世界、分析故事背后的逻辑。激励学生探索，激发学习兴趣。

（二）课程思政

了解中国实现再平衡的供给侧改革和需求侧改革，美国的供给侧和需求侧改革，中美再平衡方式的主要差异，理解政府所起的作用。

课程是思政的载体，通过本节课的学习，让学生理解在新全球化环境下，如何争取实现内外均衡，全球化时代政府该怎样做。比较中美在实现再平衡中的差别，深度理解中美贸易冲突的原因。

比较后的思考：

第一，相同的原理下，国家的制度不同，经济结构不同会选择不同的实施方案。

第二,美国贸易保护主义是比较简单的,是容易做到的再平衡方案。

第三,在开放经济环境下,一国的经济调整,肯定会影响到贸易伙伴国家。因此,全球经济的协调更为重要。

第四,"双循环"新的发展理念下,我们要更好地利用中国的市场,实现高质量的发展。中国有庞大的国内市场,有巨大的潜在市场需求。在建立开放新体制的同时,要始终注重国内市场建设,同时为新兴产业发展在软硬基础设施方面做好准备。

第五,中国在经济结构调整中,注意与不同层面的国家合作。在中国成长的同时,我们已经帮助了更多的贸易伙伴国家发展其国内产业,建立互利贸易区域。从2000年到现在,中国已经在全球形成了密集的贸易网络,与美国和德国同时成为"中心"国家,这和全球生产网络发展是一致的。

第六,更多依赖市场力量实现再平衡。市场的力量是实现全球均衡的重要力量。维护和发展全球贸易网络是福利提高的前提,针锋相对的零和博弈只会破坏国际贸易。现代经济史上的历次经济危机表明,世界经济的全面复苏和可持续发展需要更自由、更公平的贸易。这需要中美两个大国继续支持多边自由贸易体制,同时做好国内市场建设,和各国一起推动全球经济增长。

经济增长与贸易

王佃凯

一、课程思政元素发掘

本课程在授课时可能包含以下思政元素。

元素1 引导学生准确理解经济高质量发展的含义。党的十九大报告第一次提出了"高质量发展"的概念，认为我国经济由高速增长阶段转向高质量发展阶段。十九大报告提出的"建立健全绿色低碳循环发展的经济体系"既为我国经济高质量发展指明了方向，也是未来需要解决的重要课题。高质量发展需要整个国民经济具有活力、创新力和竞争力。而经济发展的活力、创新力和竞争力都与绿色发展紧密相连、密不可分。离开绿色发展，经济发展便丧失了活水源头而失去活力；离开绿色发展，经济发展的创新力和竞争力也就失去了根基和依托。绿色发展是我国从速度经济转向高质量发展的重要标志。

元素2 引导学生准确把握贸易强国战略的内容。尽管我国是全球最大的货物贸易出口国，但是我国的对外贸易呈现出大而不强的特征，因此要推进贸易强国战略。我国的贸易强国战略是指要围绕经济的高质量发展，以供给侧结构性改革为主线，加快推动由商品、要素流动型开放向规则等制度型开放转变，要不断完善涉外经贸法律和规则体系；构建更高水平开放型经济新体制，深化外贸领域改革，坚持市场化原则，强化科技创新、制度创新、模式和业态创新；以推动"一带一路"建设为重点，大力优化贸易结构，推动进口与出口、货物贸易与服务贸易、贸易与双向投资、贸易与产业协调发展，促进国际国内要素有序自由流动、资源高效配置、市场深度融合；促进国际收支基本平衡，实现贸易高质量发展，开创开放合作、包容普惠、共享共赢的国际贸易新局面，为推动我国经济社会发展和构建人类命运共同体做出更大贡献。

二、教案设计

（一）教学目标

1. 知识目标

通过本课程的学习，学生要了解经济增长的不同途径，以及经济增长与对外贸易之间的关系，掌握不同要素投入对于经济增长的影响，大国和小国的经济增长和对外贸易发展是否能促进社会福利的提高。

2. 能力目标

通过知识的学习，掌握劳动力、资本、技术等要素投入对于经济增长的影响，大国和小国经济增长与对外贸易之间的关系，并能结合我国经济增长和对外贸易发展的实际情况进行分析，对所学的专业知识进行应用。

3. 价值目标

通过学习培养学生对于知识的理解，同时也使学生对于中国的经济增长、对外贸易的发展现状有准确的认识。既让学生为中国经济增长和对外贸易取得巨大成就而感到自豪，同时也要让学生清醒地认识到我国在经济增长和对外贸易中存在的不足。

（二）教学内容和教学重点与难点

1. 教学内容

劳动力投入增加时的经济增长（雷布金斯基定理）；技术投入增长时的经济增长（技术进步的类型）；大国和小国的经济增长与贸易；贫困化增长的内涵及特征。

2. 教学重点和难点

劳动力投入增加时的经济增长（雷布金斯基定理），贫困化增长的内涵与特征。

（三）教学方法与手段

1. 研讨式教学

本课程主要实施研讨式教学，力求调动学生学习的主动性，上课前推荐学生阅读下次课的参考资料，由学生自由组合，根据事先选择的教学专题和辅助参考资料到讲台上讲解，让学生自己提出问题，教师回答，通过师生互动提问回答的方式，针对学生提出的问题，进行重点准备，有侧重地组织教学；突出培养学生的批判性、创造性思维能力。改变满堂灌输式的学习为引导式、启发式和互动式学习，加深学生对所学内容的理解；充分利用多媒体手段的优势，将抽象的概念具体形象地表现出来；教师在课堂讲课过程中，及时进行章节内容的总结串讲，强调知识点，并注重前后章节内容的连续性、相关性。通过课外答疑等多种形式形成教师和学生之间的互动，激发学生的学习兴趣，调动学生的学习积极性。

2. 采用多种形式的教学手段

遵循以现代化多媒体教学技术为主，研讨式教学、黑板式教学为辅等多种形式相结合的原则，充分发挥现代化教学技术的作用，进行备课、上课和课后辅导,即以原创的讲义为蓝本进行备课,同时结合网络教学资源包括最新的进展、图片和案例等;上课内容全程采用 PPT 进行教学或互联网网络传输、下载;课后辅导充分利用学校的网络资源、多媒体教室等现代化教学设施,实现教学材料上网查询。另外,建立公共邮箱、微信等通信工具,与学生交流、互动,及时收集和解答学生在学习过程中存在的疑问,实现网上的课程讨论、学习。

3. 合作学习法

本课程采用合作学习法促进学生的学习。所谓合作学习,是一种分组式的、系统的学习策略,由若干名能力不同的学生组成一个小组,以团队合作的方式进行学习活动,共同完成小组学习目标,在提高个人的学习水平的前提下,提高团队的整体成绩。教师要求学生在课前集体学习所布置的阅读材料,撰写发言稿和制作 PPT,这样可以培养学生的合作精神和交流能力,同时有利于培养学生的竞争意识和集体主义精神,激励学生主动学习。

三、教学过程

(一) 教学思路设计

首先,教师在课前给学生布置阅读材料,要求学生熟悉阅读材料,在上课前对所要学习的专业知识有所了解。

其次,教师对所要学习的主要内容进行介绍,并提出研讨的要求。

再次,组织学生对阅读材料进行分析,从中提炼出与教学内容相关的部分,并进行讲台演示和研讨。

最后,教师总结和答疑。教师对学生讲述的内容进行总结,并回答学生的问题,布置课后作业。

(二) 教学过程安排

1. 布置课前阅读任务

首先建立班级学习微信群,将相关案例材料《我国最新经济发展形势分析》《我国货物贸易的发展、不足与挑战》《阿根廷经济困局的由来和启示》等发送到学生课程微信群里,要求学生在课前阅读相关材料,并将学生进行分组,要求各小组结合所要学习的专业知识准备课堂演示材料。

《我国最新经济发展形势分析》的摘要:2017 年之后,我国经济增长已经由高速增长阶段过渡到中高速发展阶段,经济增长方式需要转变。我国经济已经处于工业化后期向后工业化转型的发展阶段,城市化水平相对工业化明显滞后,其中生产性服务业滞后是经济持续发展的最大障碍。推进我国经济高质量发展的突破口有:从要素驱动转向创新驱动;提高资本质量和人力资本质量;缩小贫富差距尤其是财产差距;治理污染,保护环境;等等。

《我国货物贸易的发展、不足与挑战》摘要:虽然改革开放以来,我国对外货物出口增长迅速,商品结构也在持续升级,在全球商品贸易市场中的地位迅速提升,但我国科学技术水平与世界先进水平之间还存在较大差距,货物贸易主要依托劳动力成本低廉的状况尚未改变,出口附加值率明显偏低,对欧美国家市场的依赖度过高,在全球贸易价值链中的地位不容乐观。随着我国人力成本的提高,我国的货物贸易面临着劳动力成本优势减弱和科技含量难以快速提升的双重压力,对外出口市场竞争持续加剧、贸易摩擦不断也将成为我国货物出口贸易的常态。因此,要着力提高国内需求对经济增长的关键支撑作用,通过实现更高水平的对外开放和加强科技创新,提升制造业的国际竞争力,推动制造业向国际价值链的高端进发。

《阿根廷经济困局的由来和启示》摘要:2001年债务危机爆发后,阿根廷经济开始了艰难又缓慢的复苏过程。近年来在国际政治经济形势日益严峻的大背景下,国内政治局势不稳定、实体经济波动剧烈、自由化进程过快以及金融监管缺失等一系列原因,导致阿根廷经济持续剧烈波动,货币不断贬值,陷入难以自拔的经济困局。通过梳理其20世纪70年代以来的经济发展历程,本报告旨在探究阿根廷经济不稳定的原因,总结其实体经济、金融开放以及金融监管等方面的经验教训。

课程思政的体现:首先,帮助学生认识我国在经济增长和对外贸易发展中的成绩,增强学生的民族自豪感。通过对比其他发展中国家的发展情况,帮助学生了解无论是经济增长还是对外贸易,我国都取得了显著的成绩,体现了我国制度的优越性。其次,要使学生清楚认识国情。我国的经济增长和对外贸易还面临着一系列的挑战,比如,全要素生产率增速放缓、产业结构不合理、环境污染问题仍旧突出、生态保护形势依然严峻等问题。在全球经济复苏进程放缓、贸易摩擦效应逐渐显现等外部因素影响下,我国的对外贸易也面临着转型升级的问题,需要采取针对性的措施加以解决。

2. 课程知识点介绍(30分钟)

雷布金斯基定理:介绍该定理产生的背景和主要内容,说明当增加劳动力投入时,经济增长出现的变化。当一种要素增加,另外一种要素的数量不变时,虽然会出现经济增长,但是会导致一种产品的数量增加,另一种产品的数量下降,从而引起经济增长结构的变化。

技术进步的类型:中性技术进步、劳动节约型技术进步和资本节约型技术进步,包括技术进步对于经济增长的影响。技术创新要比劳动力、资本投入更能促进经济增长。

大国和小国的经济增长与贸易：无论是大国还是小国，经济增长都会对贸易产生不同影响，大小国的情况都表明经济增长与对外贸易的增长并不一定是正相关的。

贫困化增长：单一型经济大国的经济增长会导致出口增加，由于国际价格的下跌过快会导致福利下降，从而容易出现贫困化增长问题。

3. 学生展示、研讨环节（50分钟）

按小组由学生分别来展示，展示的内容包括：

（1）我国与阿根廷在经济增长和对外贸易战略选择中的差异以及带来的影响。

（2）在新发展阶段，我国经济增长方式转换的必要性和可能性。

（3）全球新的贸易环境下，我国对外贸易的转型和升级问题。

针对各小组的展示内容，组织学生对相关问题展开讨论。

4. 教师总结、答疑（20分钟）

首先，教师对教学内容的要点进行总结；其次，针对学生展示的内容和基本观点进行总结，并回答学生提出的问题，以及布置课后作业。

四、教学效果分析

（一）专业知识能力方面

经济增长和对外贸易是国际经济学中的重要内容，本课程的内容和教学方式适合于经贸类专业学生的学习，有利于提高学生对于不同要素投入引起的经济增长和对外贸易有深刻理解。课程的教学方式多样，比如课前的材料阅读、课堂上的案例分析和提问讨论，能够多方位地帮助学生系统掌握相关知识。通过案例分析和阅读材料，使学生在掌握专业知识的基础上，能对现实经济活动有所了解。教学过程采用了PPT展示、多媒体等多种教学手段，使得课程教学手段多样化，提高了学生的学习兴趣，通过微信群等新方式，方便学生与教师的沟通。

（二）课程思政方面

通过与阿根廷的对比，使学生认识到我国的经济增长和对外贸易的发展成就，感受到我国社会主义市场经济制度的优越性。更重要的是对我国经济增长和对外贸易的发展现状有深刻认识。课堂教学和研讨中体现出高质量发展的重要意义。我国经济目前的基本特征是"由高速增长阶段转向高质量发展阶段"，因此推动经济高质量发展具有重大意义，这不仅是"保持经济可持续发展的必然要求"，而且是"适应我国社会主要矛盾变化和全面建成小康社会、全面建设社会主义现代化国家的必然要求"。经济高质量发展有利于生态环境保护；有利于保护绿水青山；有利于可持续发展；有利于制造业转型升级；有利于资源最大转化率；有利于科学合理地整合资源；有利于提高创新创造力，加大产品开发、研发；有利于在最短时间内使一些行业、产业领域涌现出高、精、尖的顶级企业，成为立足国内放眼全球，引领世界的知名企业。另外，还要使学生认识到在当前经济复苏乏力、贸易保护主义沉渣泛起的环境中，我国的对外贸易发展也应该加快转型升级。

要素跨国界流动与高水平对外开放

王佃凯

一、课程思政元素发掘

本课程在授课时可能包含以下思政元素。

元素 1 引导学生形成新发展理念。党的十九届五中全会做出了我国要实行更高水平的对外开放,开拓合作共赢新局面是我国在十四五时期进行对外开放的重要部署。

开放发展理念是新发展理念的重要内容,是推进更高水平对外开放的指引,更高水平对外开放是坚持新发展理念的具体体现。当今世界,各国经济相互融合促进是大趋势。历史经验表明,任何一个国家,如果放弃与其他国家和文明的交流合作,该国的发展路径、发展模式和管理体制就容易出现固化,导致产出不能满足人们的需求。开放发展理念符合世界经济发展的规律,同时也是新时代我国扩大对外开放的方向。我们需要主动顺应经济全球化的潮流,不断加强与其他国家在经济、贸易、科技、人文等领域的交流合作,以开放促改革、促发展、促创新,不断推进更高水平的对外开放,更好利用全球资源和市场,为我国经济高质量发展注入新动力、增添新活力、拓展新空间。

元素 2 引导学生认识构建新发展格局的重大意义。我国正在加快形成新发展格局,需要充分发挥国际循环对国内大循环升级的促进作用。以国内大循环为主体,并不是关起门来运行;加强国际大循环也不只是强调简单的对外开放,而是要推动更高水平的对外开放。在新发展格局下,不仅是扩大外贸的规模,而且要深化资金、人才、科技等领域的国际合作,推动商品、要素等领域的开放;要借鉴国际先进经验,推动规制、管理、标准等制度型开放,积极推动全球经济治理体系的改革。此外还要打破国内外循环体系之间存在的各种不合理藩篱和壁垒,推动优质要素、优质商品、优质服务在境内外自由流动,引导国内大循环向更高层次跃升。

二、教案设计

（一）教学目标

1. 知识目标

通过本课程的学习，学生要了解要素跨国界流动的概念、类型，掌握要素跨国界流动的动因和结果，根据案例材料，掌握生产折中理论的主要观点。

2. 能力目标

通过知识的学习，掌握要素跨国界流动的动因和影响，并能结合国内外企业海外投资的实际情况进行分析，对所学的专业知识进行应用。

3. 价值目标

通过学习的过程，培养学生对于知识的理解，同时使学生懂得我国在引进外资和国内企业对外投资中的优劣势、投资中的价值观等问题，并能正确地理解在全球资本流动的活动中，我国的核心利益以及资本要素流动带来的结果。

（二）教学内容和教学重点与难点

1. 教学内容

资本跨国界转移的含义和方式；资本跨国界转移的原因；资本跨国界转移的影响（资本跨国流动效应模型）；国际生产折中理论。

2. 教学重点和难点

国际生产折中理论，资本跨国流动效应模型。

（三）教学方法与手段

1. 研究型教学方式

本课程主要实施研究型教学方式，突出培养学生的批判性和创造性思维能力。学生在教师指导下，以类似于科学研究的方式主动地获取知识、应用知识、解决问题，以培养学生发现问题、提出问题、解决问题的能力作为基本目标。通过查找案例材料，及时跟踪国际要素流动的新变化。主要的教学方法有：

（1）讨论式教学法。通过对资本流动等核心问题的讨论，加深学生对问题的理解，增强学生的主动学习能力和对问题的判断能力。

（2）学生分组式教学。学生自由组合，根据事先选择的教学专题和辅助参考资料到讲台上阐述对资本要素流动的理解并回答其他同学的提问。这种教学方法能充分调动学生的参与性和创造性思维，培养学生的表达能力和自信心。

（3）发现问题式教学。上课前推荐学生阅读下次课的参考资料，课上让学生自己提出问题，教师回答，通过学生提问，教师回答问题的方式，有针对性地解决学生存在的问题，有侧重地组织教学。

2. 在教师的引导下，学生进行案例分析

根据国际要素流动的最新案例，提高学生分析和解决实际问题的能力。案例中的问题必须是当前企业投资所面临的实际问题，案例信息量大、内容广泛、背景复杂、实战性强。以这些案例为单元展开，由学生模拟企业管理者提出问题、提供解决问题的方案、分析和比较解决方案的优劣、做出决策、评价决策结果等。

3. 采用多种形式的教学手段

遵循以现代化多媒体教学技术为主，研讨式教学、黑板式教学为辅等多种形式相结合的原则，充分发挥现代化教学技术的作用，进行备课、上课和课后辅导，即以原创的讲义为蓝本进行备课，同时结合网络教学资源包括最新的进展、图片和案例等；上课内容全程采用PPT进行教学或网络传输、下载；课后辅导充分利用学校的网络资源、多媒体教室等现代化教学设施，实现教学材料上网查询。另外，建立公共邮箱、微信等通信工具，与学生交流、互动，及时收集和解答学生在学习过程中存在的疑问，实现网上的课程讨论、学习。

三、教学过程

（一）教学思路设计

首先，课前给学生布置阅读材料，涉及国内外要素流动的情况和出现的结果，使学生能够在上课前对所要学习的专业知识有所了解。

其次，课堂上通过对国内外企业投资案例进行分析，使学生对企业海外投资成功的条件有比较深刻的了解，总结企业在海外投资中的经验和教训。

最后，通过学生的相互提问，促进学生对本次教学的知识框架有总体把握，加深对资本流动的概念和影响的认识，提高学生分析问题的能力。

课程思政体现：通过对中国企业对外投资和引进外资案例的分析，一方面使学生了解中国企业在海外投资中的优良表现，产生民族自豪感。另一方面，可以通过分析外资企业在我国发展的情况，使学生对我国双循环的新发展格局有更加深刻的理解。

（二）教学过程安排

教学过程分为四个环节：课前阅读、课程知识点介绍、案例分析和学生提问、讨论。

1. 布置课前阅读任务

要求学生在课前搜集并阅读相关材料,包括《中国对"一带一路"沿线跨境并购历程及发展前景》《金融业开放提速,本土金融机构机遇与挑战并存》等,了解资本跨国境流动的基本情况。

2. 课程知识点介绍（30 分钟）

包括资本跨国界流动的含义、方式和原因；资本流动福利影响模型和生产折中理论。

3. 案例教学环节（50 分钟）

通过分析国内外企业投资的案例,根据生产折中理论,分析国内外企业对外投资的优劣势。

（1）外企的案例材料：外资银行在中国的发展。

我国银保监会宣布金融业对外开放将从 3 个方面放宽限制,以推动外资银行进入中国市场,包括：放宽商业形式选择范围、扩大经营空间、优化监管规则。外资银行纷纷加快发展中国市场。银行国际化的现象早在几十年前就出现了,现时不少知名国际大银行都在全球扩充业务,银行业无论在业务还是覆盖方面都愈来愈国际化。花旗银行是全球规模最大的银行之一,2017 年总资产约 1 843 亿美元。据花旗银行 2017 年年报统计,其消费金融业务服务的全球客户超过 1 亿户,分布在包括亚洲、墨西哥及美国等 19 个地域。以"环球金融,地方智慧"为理念的汇丰银行是香港最大的持牌银行,2017 年总资产约为 967.81 亿美元。汇丰银行及各附属公司在亚太地区设立约 700 家分行及办事处。花旗银行和汇丰银行是全球银行业巨头,在全球经济快速发展下,国际业务成为银行业界的必争之地。两家银行都以自设机构和收购兼并等方法拓展其业务,2017 年,花旗全球零售服务实现了 810 亿美元的购买销售和 490 亿美元的贷款组合；汇丰的环球业务中客户存款为 13 645 亿美元。在银保监会扩大外资银行进驻中国银行业市场的背景下,花旗银行和汇丰银行把握政策出台后的机会,不断扩充其中国业务版图,改善布局。在地域布局方面,花旗银行和汇丰银行都看准了粤港澳大湾区的发展前景,积极扩大其在粤港澳地区的影响力,为日后的发展做好准备。在业务结构方面,银保监会的政策也为外资银行的扩展带来了更多方向。花旗银行和汇丰银行将有机会发展其代客投资服务,令财富管理和私人银行业务更加多元化。外资银行能通过协同当地金融体系来巩固它的实力,可谓互惠互利,相信日后会在中国银行业形成良性竞争的气氛,优化整个行业的生态。

（2）国内企业海外投资案例材料：江西铜业的海外并购。

江西铜业是全球最大的铜冶炼和铜加工企业,规模优势显著。持续的研发投入下，铜冶炼综合回收率、冶炼作业率和吨铜综合能耗均位居世界第一。近年来，公司矿产铜产量开始出现衰减的迹象，而公司主要利润来源就是铜精矿，因此公司急需扩充资源储量，增强自身核心竞争力。公司在2018年年度报告中提出"兼并收购为主、国内外并进"的总体思路，推进海外投资与并购。2019年，江西铜业公司收购了加拿大矿业公司FQM，这是公司海外布局的重大进展，海外布局迈出坚实一步。FQM已于多伦多证券交易所上市，主要业务是矿业勘探和开发。FQM目前在赞比亚、巴拿马、秘鲁等8个国家拥有9个铜矿开发项目。FMQ资源储量丰富，旗下三大世界级矿山已相继投产，将助力江西铜业公司走向资源国际化，同时也将为公司补充大量现金流。

通过对比国内外企业投资情况，分析生产折中理论的所有权优势、内部化优势、区位优势在企业海外投资中的作用。通过对比国内外企业海外投资的情况，使学生了解我国国内企业海外投资的现状，既了解中国企业的优势，同时了解我国国内企业在海外扩张时的不足之处。另外还能掌握发达国家的优势企业在国内的发展状况。

4. 学生提问、讨论环节（20分钟）

组织学生针对课堂所学知识以及案例材料，对资本跨国界流动的原因、影响，以及国内外企业对外投资的情况进行提问和讨论，加深对课堂知识的理解，同时对国内企业海外投资活动进行分析。布置课后作业，要求学生分组查找一两个企业海外投资的案例，并提出自己的看法。

四、教学效果

（一）专业知识能力方面

本课程的内容和教学方式适合于经贸类专业学生的学习，有利于提高学生的专业知识水平。课程采用了多种教学方式，比如，课前的材料阅读、课堂上的案例分析和提问讨论，能够多方位地帮助学生系统掌握资本跨国界流动的相关知识。通过案例分析和阅读材料，使学生在掌握专业知识的基础上，能对现实经济活动有所了解。教学过程采用了PPT展示、互联网查询、多媒体等多种教学手段，使得课程教学形式多样化，提高了学生的学习兴趣。

（二）课程思政方面

本课程始终坚持立德树人根本任务，将知识传授、价值塑造和能力培养融为一体，引导学生认识国情，善于从全球经济形势和我国的实际情况出发，认识党的路线方针政策。党中央提出加快形成以国内大循环为主体、国内国际双循环相互促进的新发展格局，这是我国走向复兴的必由之路。纵观世界发展的历史，我们可以发现单纯依赖外部循环不能对大国崛起形成支撑。作为世界最大的发展中国家，我们应当学习和借鉴其他成熟的大型经济体的发展经验，充分发挥国内大市场的优势，形成国内国际大循环相互促进的发展格局。在形成新发展格局中，使学生认识到我们既要不断发挥制度优势、文化优势，积极对外进行投资，与世界各国构建人类命运共同体，同时也要进一步扩大对外开放，积极引进外资推动国内产业结构升级，构建开放型经济体系。

区域经济一体化的实践：以 RCEP 为例

赵家章

一、课程思政元素发掘

本课程在授课时可能包含以下思政元素。

元素 1 通过介绍重商主义，结合 2017 年开始的中美贸易摩擦及其演化过程，指出美国针对中国的贸易争端，很大程度上是美国重商主义在作祟，同时也是与数百年来经济一体化的进程相违背的举动。与此同时，中国在加入世界贸易组织后，遵守相关约定，多次主动削减关税，体现了中国作为大国的担当。

元素 2 通过介绍引力模型，即两国之间的贸易流量和两国的经济规模成正比，与两国间的距离成反比，而影响两国贸易除了距离、边界等因素以外，还有诸如文化认同、两国间的经贸协定等因素。由此引申出习近平主席在 2013 年提出的"一带一路"倡议，其实就是借用古代丝绸之路的历史符号，积极发展与沿线国家的经济合作伙伴关系，共同打造政治互信、经济融合、文化包容的利益共同体、命运共同体和责任共同体。

元素 3 通过介绍绝对优势、比较优势理论以及要素禀赋理论，结合中国改革开放以来经济发展取得的巨大成就，阐述贸易理论在现实中的适用性，使学生增强经济强国的社会责任感，引导学生建立科学的开放观。

元素 4 通过学习关税的概念、关税的经济效应以及关税水平与保护程度，以中国加入 WTO 降低关税开放市场为例，使学生明白我国在推动世界贸易自由化和关税减让方面所做出的努力，帮助学生树立正确的国家贸易利益观，培养爱国主义情怀。

元素 5 通过讲解区域经济一体化，并结合区域经济一体化的实例，使学生明白建设自贸区的重要意义，以及中国目前为什么推动中日韩自贸区建设，中国与全球很多国家建设自贸区的意义，尝试把开放、共享的思想融入区域经济一体化的讲解中。进一步，以中国—东盟自由贸易区和区域全面经济伙伴关系协定（RCEP）为例，帮助学生树立正确的贸易利益观，进一步深化对人类命运共同体理念的认同。

二、教案设计

（一）教学目标和教学重点与难点

1. 教学内容

通过区域经济一体化的学习，帮助学生掌握区域经济一体化的形式，关税同盟的贸易创造效应以及贸易转移效应，掌握关税同盟的动态效应，了解区域经济一体化的实践。

2. 能力目标

通过案例的形式探讨中国签署 RCEP 和其他自贸区的事实，帮助学生树立正确的开放观和国家利益观，培育学生经世济民、家国情怀和国际视野的职业素养。

（二）教学内容和教学重点与难点

1. 教学内容

区域经济一体化：关税同盟与自贸区是本课程的第 10 章，本章的主要内容包括以下几个方面。

（1）区域经济一体化的形式：特惠贸易安排、自贸区、关税同盟、共同市场、经济联盟。

（2）关税同盟的贸易创造效应。

（3）关税同盟的贸易转移效应。

（4）关税同盟的动态效应。

（5）区域经济一体化实践。

2. 教学重点和难点

关税同盟的贸易创造效应和贸易转移效应。

在讲解基础理论的基础上，通过图形进行分析，进一步通过中国签署 RCEP 的案例进行分析讨论，加深对重点和难点的理解。

（三）教学手段与方法

1. 理论讲解

国际经济学是一门专业理论课，课程包含了国际贸易的基本理论，大量的图形，对于本科生而言，真正掌握和理解起来有一定的难度。教学团队认真总结了"教与学"的经验，在教学内容中更多地采用启发式教学，联系当前世界经济重大问题，将理论和实际相结合。我们根据学生已有的基础知识和学习特点，提炼关键术语和重点内容，使之既适合专业学习者，又适合非专业学习者。

2. 案例教学

改进和丰富教学内容，引入国际经济学最新研究成果；引入中国开放新要素，学以致用。在教学内容上，丰富章节框架，将国际经济学最新研究成果反映在教学内容中，通过读书会、小论坛、群学等方式，扩展学生经济学思维边界。将中国改革开放以来的经验和教训引入课堂，提高国际经济学教学的本土化和国际化水平。

三、教学过程

本章教学内容的课程思政体现在各个教学环节，融入每个知识点的传授中，现从整体教学进程的角度，介绍本章的思政融入点。

教学环节	教学内容
案例导入	新闻导入： 2020年11月15日第四次区域全面经济伙伴关系协定领导人会议举行，东盟10国以及中国、日本、韩国、澳大利亚、新西兰等15个国家，正式签署区域全面经济伙伴关系协定（RCEP），标志着全球规模最大的自由贸易协定正式达成。签署RCEP，是国家以实际行动维护多边贸易体制、建设开放型世界经济的重要一步，对深化区域经济一体化、稳定全球经济具有标志性意义。 思政融入点： （1）必须充分认识加入区域全面经济伙伴关系协定（RCEP）对我国既是机遇，又是挑战。15国达成RCEP有利于成员国共同应对国际环境的不确定性，增进相关国家人民的福祉，对促进我国高水平开放同样具有重要意义。加快推进RCEP落地实施，是当前我国扩大开放进而促进改革的重要抓手。 （2）国际经济与我们日常生活的联系非常紧密，我们听到的有关国际贸易、企业进出口、国际收支、企业投资等新闻，都是国际经济学要研究的内容。
区域经济一体化的概念、形式	理论讲解： 按照成员国之间经贸关系的密切程度，区域经济一体化形式由低到高分为5类。 （1）特惠贸易协定（Preferential Trade Arrangement，PTA）。指参加协定的成员国之间在进行贸易时相互提供比与非成员国进行贸易时更低的贸易壁垒，是一体化最松散的形式。 典型代表：1932年确立的英联邦特惠制度；1975年确立的洛美协定（LOME Convention）。

教学环节	教学内容
区域经济一体化的概念、形式	（2）自由贸易区（FTA）。指成员国之间相互自由贸易，对非成员国保留各自贸易壁垒；局限性：贸易偏转会削弱 FTA 的作用。 典型代表：1960 年成立的欧洲自由贸易联盟（EFTA）；1966 年成立的拉丁美洲自由贸易协会；1994 年建立的北美自由贸易区（NAFTA）等。 （3）关税同盟（Customs Union，CU）。指成员国之间相互取消贸易壁垒，同时协定对非成员国的贸易政策，如制定共同关税，避免贸易偏转。 典型代表：1834 年的德意志关税同盟，是俾斯麦推动德国统一的重要措施；欧盟（EU）在 1957—1992 年的形式。 （4）共同市场（Common Market）。在关税同盟基础上，允许成员国之间资本和劳动力自由流动。主要特征：要素和商品在成员国之间自由流动。 典型代表：1993 年以后开始实施的"欧洲统一大市场"。 （5）经济联盟（Economic Union/EU）。指在共同市场基础上，成员国家之间协调货币和财政政策。特点：要素和商品在成员国之间自由流动，成员国将政府干预本国经济的主要政策工具让渡给该组织，其最高阶段是货币联盟。 典型代表：二战后的"比、荷、卢"经济同盟；"欧洲经济联盟"（EEU），其后更名为"欧盟"（EU）。 思政融入点： 区域经济一体化形式多样，每个国家选择何种区域经济一体化形式受该国的经济发展水平、政治等因素影响。中国一直努力通过构建统一大市场，例如，多边、双边自贸区谈判降低产品关税，通过积极参与全球经济治理并贡献中国理论，努力消除各种形式的贸易壁垒，以期实现全球贸易的共赢。
关税同盟的贸易创造效应	理论讲解和分组讨论： 首先进行理论的讲解，讲述贸易创造效应，并利用图形进行深入分析。进一步将学生分成组，讨论中国加入 RCEP 是否会产生贸易创造效应。 产生了贸易创造的关税同盟被称为贸易创造关税同盟（Custom Union，CU）。 贸易创造（trade creation）的概念。

教学环节	教学内容
关税同盟的贸易创造效应	指组建关税同盟后，当同盟内一个成员国的一些国内产品被来自同盟中另一国家较低生产成本的进口产品所替代，贸易创造使成员国的比较优势在彼此之间得到了发挥，因此增加了成员国的福利；贸易创造使成员国国民收入提高，增加了从非成员国的进口，因此也会增加非成员国的福利。 结盟前状态。 世界有3个国家：1、2是小国以及其他国家； 3个国家X单位生产成本分别为3、1和1.5美元； 国家2非歧视从量关税1美元； 则国家2从国家1进口，进口价格1美元，国内价格2美元； 国内生产20单位； 国内消费50单位；贸易量30单位。 见图1。 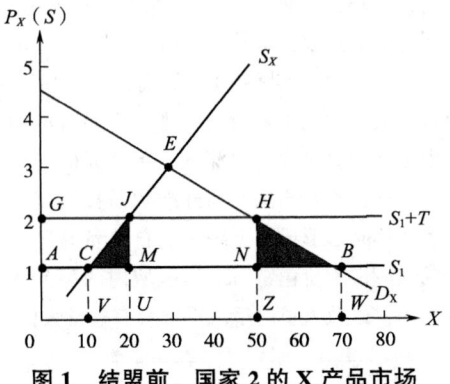 图1　结盟前，国家2的X产品市场 国家2与1结盟后的效应： 依然从国家1进口； 进口价格不变； 国内价格下降到1美元； 国内生产量-10单位，消费量+20单位，贸易量+30单位； 国内生产者福利-15美元，消费者福利+60美元，关税收入-30美元； 国民福利净增加15美元。

教学环节	教学内容
关税同盟的贸易创造效应	见图2。 图2 与国家1结盟后，国家2的国内X产品市场 思政融入点： RCEP自贸区的建成将为我国在新时期构建开放型经济新体制，形成以国内大循环为主体、国内国际双循环相互促进新发展格局提供巨大助力。中国与RCEP成员贸易总额约占中国对外贸易总额的1/3，来自RCEP成员实际投资占中国实际吸引外资总额比重超过10%。RCEP一体化大市场的形成将释放巨大的市场潜力，进一步促进区域内贸易和投资往来，这将有助于中国通过更全面、更深入、更多元的对外开放，进一步优化对外贸易和投资布局，不断与国际高标准贸易投资规则接轨，构建更高水平的开放型经济新体制。形成一个统一的自由贸易区，有助于本区域内根据比较优势形成供应链和价值链，对本区域内的商品流动、技术流动、服务流动、资本流动，以及人员跨境流动都会有非常大的好处，形成"贸易创造"效应。
关税同盟的贸易转移效应	理论讲解和分组讨论： 首先进行理论的讲解，讲述贸易转移效应，并利用图形进行深入分析。进一步将学生分成组，讨论RCEP成立后的贸易转移效应。 贸易转移（Trade Diversion）的概念。 产生了贸易创造的关税同盟被称为贸易创造关税同盟，指当关税同盟成员国进口从同盟前低成本的非成员国转向同盟后的高成本成员国。 国家2与国家3结盟后的效应： 从国家3进口45单位，其中+15单位即贸易创造，30单位为贸易转移；

教学环节	教学内容
关税同盟的贸易转移效应	进口价格提高到 1.5 美元； 国内价格下降到 1.5 美元； 国内生产量-5 单位，消费量+10 单位； 生产者福利-8.75 美元，消费者福利+27.5 美元，关税收入-30 美元； 国民福利-11.25 美元。其中，两个阴影小三角是贸易创造增加的福利，阴影矩形是贸易转移减少的福利。 见图 3。 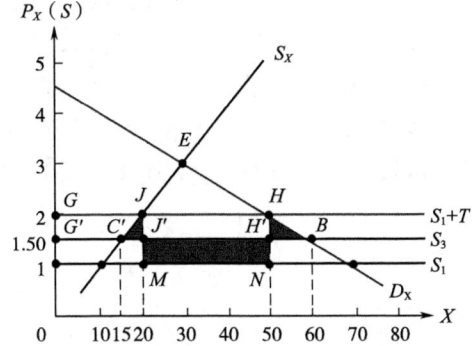 图 3 与国家 3 结盟后，国家 2 的国内 X 产品市场 结论：贸易转移关税同盟造成贸易来源从非成员国转移到成员国，因此也有贸易创造效应。其中，贸易转移将生产从效率高的非成员国转移到效率低的成员国，背离了比较优势法则，使国际资源配置恶化，因此减少了成员国和非成员国的福利；贸易创造增加了成员国的福利。贸易转移 CU 总体可能增加、减少或不改变成员国的福利，并减少非成员国的福利。 思政融入点： 缔结 RCEP 后，各国关税降低，部分成员有望受贸易转移所赐，生产高附加价值产品，强化区域整合的趋势，拥有最大制造能力的中国有可能从中受益。

四、教学效果分析

习近平总书记在全国高校思想政治工作会议上明确提出："其他各门课都要守好一段渠、种好责任田，使各类课程与思想政治理论课同向同行，形成协同效应。"

国际经济学课程的开设能够很好地帮助学生了解国际贸易理论与政策、国际收支、汇率决定、开放宏观经济政策等内容，认识并理解中国在国际贸易中的立场和观点。国际经济学课程必须深入挖掘课程知识中的思政元素。同时，国际经济学课程教师还要了解专业知识与思想政治教育内容的契合点。从国际经济学课程的性质来看，主要是理论授课为主，在授课过程中要做到每章每节内容都含有课程思政，要求国际经济学授课教师对本课程内容很熟悉，同时对思政教育体系也很了解，并且能够把两者有机地融合为一体，做到课程思政与专业学习有机结合。

国际经济学课程教学融入思政教育要有适当的教育方法，在该课程讲授过程中，我们采取了"以案例引导，问题导向"的探究式教学方式。进一步在分析案例时进行提炼，引申出思政教育目标。教材是国际经济学课程学习的主要资料，课外教学资料也是重要的教学补充，这些资源包括网络资源、实训资源，本教学团队讲授的国际经济学课程还在中国大学慕课网上上线，学生在课堂学习的同时，还可以通过上述多种渠道进行更深入的学习。

计量经济学

课程性质：专业课
课程类别：理论实践一体课
授课对象：经管类专业本科生

"计量经济学"是经济学的一个重要分支，是经济学和管理学专业本科生的学科基础。本课程将经济学、统计学和数学结合起来，定量化研究经济现象，并透过经济现象解释经济活动的本质，以发现经济规律，揭示经济活动中客观存在的数量关系，用于分析经济结构、预测经济发展、评价经济政策等。

通过本次课程的学习，使学生掌握如下四部分内容：
（1）经典线性回归模型的基本概念；
（2）计量经济学模型的理论与方法；
（3）计量经济学的 Eviews/Stata 应用；
（4）经典案例分析与总结。

在完成课程教学的过程中，同时能够做到以积极的数据变量和正面案例引导人，以积极的分析结论鼓舞人，体现计量模型的数据分析长处，以数据事实提供的经验论据为正向价值导向提供支持，从而将价值引领隐含在课程教学进程中。

一元线性回归模型的基本概念与估计

杜永潇

一、课程思政元素发掘

本课程在授课时可能包含以下思政元素。

元素1 通过经典假设条件的学习引导学生树立正确的价值观。计量经济学模型中的经典假设是一种近似于理想化的"参照系",为我们准确认识经济世界的发展规律提供了一种参考依据,依照此假设建立的模型是最简单经典的。但现实经济活动的多变性决定了实现经典假设的困难,我们为了维持经典线性回归模型的估计值仍然保持良好的统计性质,不断地修正我们的模型环境,让其与经典假设所设定的参照标准尽可能相似,这个努力靠近经典假设的过程就是计量经济学的精髓所在,同时可以引导学生在学习的过程中展开思考,建立积极向上的生活与学习态度,树立正确的价值观、人生观和世界观,并将这种努力精神运用到日常生活中。

元素2 通过消费与GDP的模型案例让学生更加直观地理解中国经济发展特点,正确了解我国经济发展所处的阶段,为未来建设中国特色社会主义现代化强国而努力。

元素3 为了更好地做到理论联系实际,在介绍完一元线性回归模型相关理论内容之后,通过案例分析引导学生学以致用,思考相关现实经济问题。同时鼓励学生从不同视角出发,发现新案例,探索新案例,分析新案例,进一步加深对所学计量经济学知识的理解与运用。

二、教案设计

(一) 教学目标

1. 知识目标

通过本节课程的学习,掌握经典线性回归模型的经典假设,深刻理解每一种假设的经济学意义,并通过具体案例掌握一元线性回归模型的建立。

2. 能力目标

让学生能够充分理解经典假设背后的含义,以及对现实经济问题灵活建立经典线性回归模型进行分析。

3. 价值目标

培养学生积极向上的生活与学习态度；让学生动手分析中国经济增长特征及发展规律，培养学生的主动探索精神；理论与实践相结合。

(二) 教学内容与教学重点和难点

1. 教学内容

一元线性回归模型的基本概念，主要包括回归分析的概念、总体/样本回归函数与模型的概念。

一元线性回归模型的参数估计，主要包括模型的基本假设，普通最小二乘法。

2. 教学重点

一元线性回归模型的参数估计过程，以及模型的应用。

3. 教学难点

关于经典假设的理解。

(三) 教学手段与方法

1. 案例教学法

采用案例教学法，引导学生从案例中学习计量经济学理论。计量经济学的学习需要一定的经济学、统计学及数学基础，因此该课程主要开设对象为大学三年级的学生。经过两年的学习该学生群体已经基本适应了大学校园开放自主的学习特点，掌握了相关理论基础，且形成了缜密的思维逻辑特征。但是由于多学科融合的课程特点，也使得本课程的学习具有一定的难度。部分学生反馈缺少对前期基础学科的理解与运用，在学习计量经济学时会产生畏难心理，为帮助学生克服心理障碍，同时消除对计量经济学就是数学或统计学的刻板印象，在教学过程中巧妙设计回顾基础知识的环节，用经济学的语言或案例阐述相关理论基础，由案例引入知识点，展开理论知识的学习，循序渐进，加深对知识点的理解。

2. 计量软件学习

丰富计量软件学习，引导学生活学活用。本课程学习基于 Eviews 软件平台，向学生介绍 Eviews 的基本界面，以及本课程涉及的操作命令。同时向学生强调，计量经济学软件的学习不仅包括操作指令，也包括软件输出结果的解读。引导学生依据软件输出结果，进一步加深对相关计量理论的理解，以及如何评判不合理的输出结果，如何改善模型。通过多案例、多角度的实际操作练习，提高学生对计量经济学的学习兴趣，夯实教学效果。

3. 从文献中来，到文献中去

计量经济学作为经济学专业的一门必修课程，其重要价值不仅体现在学科构架中，更体现在其思想上。计量经济学的学习，不仅局限在书本上，更重要的是延伸到丰富的专业文献中，引领学生从专业角度读文献，指导学生将计量知识运用到论文写作中，为大四毕业论文的圆满完成做好充分准备。

三、教学过程

1. 案例学习

通过案例学习引入总体回归函数与总体回归模型等基本概念。

假想一个社区由 99 户家庭组成，欲研究该社区每月家庭消费支出 Y 与每月家庭可支配收入 X 的关系。即如果知道了家庭的月收入，能否预测该社区家庭的平均月消费支出水平。

该案例中，给定收入水平时社区家庭的平均消费点连线即为总体回归函数的图形，引入随机扰动项的回归函数即为总体回归模型。

课程思政的体现：本案例涉及中国家庭收入与消费的相关关系分析，通过案例的学习，一方面掌握相关计量经济学理论知识，同时引导学生树立正确的消费观。

2. 计量经济学"完美"假设的学习

计量经济学经典线性回归模型的假设包括：随机扰动项的零均值、同方差、无序列相关假设，与解释变量不相关，服从正态分布假设。教学中从经济学的视角引导学生理解每一条假设的经济学意义。

课程思政的体现：该部分带领学生学习"完美"假设的同时，明白该系列假设是为后期模型的估计提供保障环境以保障普通最小二乘估计方法的适用条件，以及由此得出的最小二乘估计量的良好统计性质。模型如此，人生亦如此，启发学生在日常生活中养成良好的学习和生活习惯，树立健康的三观，为未来长足发展提供保障条件。

3. 普通最小二乘估计法及案例分析

为确保用少量样本得到总体规律的合理性，采用普通最小二乘法对模型进行估计。在系统学习普通最小二乘估计量的具体估计方法后，通过中国 GDP 与居民消费的案例，学会如何用 Eviews 软件得到估计结果。

课程思政的体现：一是通过估计方法的学习以及普通估计量的良好统计性质的论证，打磨学生精益求精的学习态度；二是通过案例的学习，引导学生学会用理论知识解决实际问题。

教学意图	教学内容及手段	环节设计
基本概念的引入	总体回归函数与模型； 随机扰动项； 样本回归函数与模型； 总体与样本直接的联系。	通过家庭消费的案例，引导学生思考总体与样本直接相关概念的联系。
教学重点1：模型的假设条件	零均值、同方差； 无序列相关与解释变量； X不相关、服从正态分布。	引导学生从经济学的视角思考假设条件的含义。
教学重点2：普通最小二乘法	基本原理； 估计方法。	回顾相关统计知识，学习估计方法。
教学重点3：Eviews软件操作	软件基本界面； 相关操作指令； 结果解读。	同步软件学习，一步步指导学生学习计量软件。
应用探索	展望。	相关文献阅读总结。

四、教学效果分析

本课程是经典线性回归模型的开篇，是在学生掌握一定经济学、数学与统计学基础之上的综合学习。为了达到更有效的教学效果，在每个重要计量经济学知识点引入之前，都会对相关基础理论进行回顾。同时引领学生探讨理论知识背后所隐含的哲学与思政内容。

在对经典基本假设的学习中，明确该假设条件的理想化与完美程度，现实的经济问题为达到该假设条件需要不断修正，力求达到或近似接近完美假设环境，以得到统计性质优良的最小二乘估计量。通过该知识点的学习，使学生明确树立正确世界观、价值观、人生观的重要性。正是由于在成长过程中的严格要求，才能在未来成长成才，达到良好的人生状态，实现人生的良好"拟合"。

一元线性回归模型的估计原理及统计检验

杜永潇

一、课程思政元素发掘

本课程在授课时可能包含以下思政元素。

元素1 用普通最小二乘估计引导学生思考大学生不忘初心的必要性。在一元线性回归模型的学习中,引导学生思考"总体"与"样本"之间的关系,明确总体均值的含义。计量经济学的总体思想就是通过已知有限的样本,推及出总体的规律,进而预测经济问题或评估政策效果。在由"样本"推及"总体"的过程中,其实就是参数估计的过程。在此过程中,我们需要设立完美苛刻的假设环境,使普通最小二乘法得到适用,以此达到真实参数值的一个近似替代值,即"参数估计值"。

引导学生思考,在条件有限的环境中,应该保持积极向上的人生态度,不忘初心,攻坚克难,通过自己的踏实努力,拟合出人生的完美曲线。

元素2 通过对高斯—马尔可夫定理的学习引导学生思考确立人生目标的意义。通过前期一元线性回归模型的学习,可以发现基本假设条件的设定,最终保障了最小二乘估计量具有良好的线性性、无偏性及有效性,即高斯—马尔可夫定理。在面对具体经济模型时,通过使模型条件逼近假设环境的努力,最终可得到理想的估计量。这个过程就是通过不懈努力,实现人生目标的过程。青年学生只有树立明确的人生目标,并持之以恒地不懈努力,才能实现人生偏误最小的状态。

元素3 通过案例论证统计检验的重要性,引导学生思考实践是检验真理的唯一标准的含义。一元线性回归模型中的统计检验包括:拟合优度检验、显著性检验及参数的置信区间检验。拟合优度显示"样本"对"总体"的解释效果,显著性检验显示解释变量 X 对被解释变量 Y 是否真的存在因果效应,置信区间检验显示估计值代表知识值的可信度。

二、教案设计

（一）教学目标

1. 知识目标

通过本节课程的学习，掌握一元线性回归模型中所使用的普通最小二乘估计方法及得到的相关估计量，证明普通最小二乘估计量是最佳线性无偏估计量，即符合线性性、无偏性和有效性。同时掌握相关统计检验（拟合优度检验、显著性检验及置信区间检验）的原理及结果的含义，并会解读 Eviews 输出结果。

2. 能力目标

对具体经济模型的估计效果做出正确评价。

（二）教学内容和教学重点与难点

1. 教学内容

高斯—马尔可夫定理：在给定经典线性回归的假定下，最小二乘估计量是具有最小方差的线性无偏估计量，符合线性性、无偏性和有效性。

一元线性回归模型的统计检验：拟合优度检验、变量的显著性检验及参数的区间估计。其中拟合优度检验是对样本回归直线与样本观测值之间拟合程度的检验；变量的显著性检验是判断 X 是否对 Y 具有显著的线性性影响；参数的区间估计即检验包含着真实参数值的概率。

2. 教学重点

高斯—马尔可夫定理的证明过程；统计检验中拟合优度检验、变量的显著性检验及参数的区间估计相关统计指标的构造。

3. 教学难点

高斯—马尔可夫定理的经济含义，一元线性回归模型 Eviews 结果解读。

（三）教学手段与方法

1. 采用案例教学，强调理论联系实际

案例背景：伊春林区位于黑龙江省东北部，是我国主要的木材工业基地之一。1999 年木材采伐量为 532 万立方米。按此速度 44 年之后，1999 年的蓄积量将被采伐一空。为保护森林，缓解资源危机，并解决部分职工就业问题，除了做好木材的深加工外，还要充分利用木材剩余物（主要是指伐下的树冠）生产林业产品，如纸浆、纸袋、纸板等。准确预测木材剩余物对木材剩余物加工至关重要。

拟建立一元线性回归模型，回归分析的结果见表 1。

表 1 回归分析结果

Variable	Coefficient	Std. Error	t-Statistic	Prob.
C	-0.762 923	1.220 966	-0.624 856	0.542 1
XI	0.404 280	0.033 377	12.112 66	0.000 0
R-squared	0.912 890	Mean dependent var		12.679 38
Adjusted R-squared	0.906 668	S. D. dependent var		6.665 466
S. E. of regression	2.036 319	Akaike info criterion		4.376 633
Sum squared resid	58.052 31	Schwarz criterion		4.473 207
Log likelihood	-33.013 06	kerri Hannan-Quinn criter.		4.381 578
F-statistic	146.716 6	Durbin-Watson stat		1.481 946
Prob (F-statistic)	0.000 000			

回归分析结果　　　$\hat{y}_t = -0.762\ 9 + 0.404\ 3x_t$
$$(-0.6)\quad(12.1)$$
$$R^2 = 0.91$$

2. 同步计量软件学习，灵活分析具体问题

熟练掌握 Eviews 相关操作指令，并对拟合优度检验对应的指标 R^2，显著性检验所对应的 t 值，相应置信区间背后的原理及输出结果做出评价。在以上例题中，$R^2 = 0.91$，代表样本回归线对总体拟合效果良好。t 值为 12.1，以及根据其对应的 p 值为 0.00，认为解释变量 X 对 Y 的影响是显著的。最后根据输出结果，计算出置信区间：

95%的置信度下，β_1 的置信区间是

$$[\hat{\beta}_1 - t_{0.05}(14) \times s_{\hat{\beta}_1}, \hat{\beta}_1 + t_{0.05} \times s_{\hat{\beta}_1}]$$

三、教学过程

教学意图	教学内容	环节设计
基本概念的引入	估计值与估计量。	通过家庭消费的例子，引导学生思考估计值与估计量的联系。
教学重点 1：高斯—马尔可夫定理	线性性； 无偏性； 有效性。	引导学生从经济学的视角思考定理的含义。

续表

教学意图	教学内容	环节设计
教学重点2：统计检验	拟合优度检验； 显著性检验； 置信区间检验。	回顾相关数学统计知识，学习构造统计指标。
教学重点3：Eviews操作	输出结果解读。	同步软件学习，一步步指导学生学习计量软件。
应用探索	展望。	相关文献阅读总结。

四、教学效果分析

本节课程采用案例教学法，通过对高斯—马尔可夫定理、相关统计检验的学习，在学生掌握相关理论基础知识的条件下，引导学生思考面对具体经济模型时可能会遇到的问题，并努力改善模型环境，达到理想的估计值。这个过程可类比思考实现人生目标的过程，使学生充分感受到人生目标的重要性，只有持之以恒地不懈努力，才能实现人生偏误最小的状态。

绿色信贷政策实施效果评价

——基于企业层面表现的实证分析

贺小丹

一、课程思政元素发掘

本节课程主要介绍线性回归模型中虚拟变量的使用。在政策评价的实证研究中，往往会使用虚拟变量作为反映政策实施与否的定性变量，并将其作为核心解释变量放入回归模型中，通过对模型中的系数进行估计，便可以得到对政策实施效果的定量评价。这类模型的一个典型例子就是政策评价中被广泛使用的双重差分法。因此，本节课将以绿色信贷政策的实施效果评价作为案例，结合该案例对虚拟变量在政策评价方法中的使用进行介绍，同时介绍在面板数据结构下如何使用双重差分法进行政策评价的实证分析。

本课程在授课时可能包含以下思政元素。

元素 1 以绿色信贷政策为例进行实证方法展示，让学生对当前的绿色可持续发展道路有所认识，并充分理解如何实现经济增长与环境保护的协调发展。

元素 2 通过结合计量经济学中的政策评价方法，对绿色信贷政策的实施效果进行评价，对政策执行力度与执行效果有正面的认识，让学生对当前的经济可持续发展充满信心，从而起到良好的课程思政效果。

二、教案设计

（一）教学目标

通过本节课程的学习，使学生重点掌握虚拟变量在政策评价实证研究中的使用，包括：①在政策评价实证研究中，如何正确使用虚拟变量进行建模；②如何结合数据结构选用合适的方法对模型进行估计；③如何对模型估计结果进行合理解释，正确评价政策效果。另外，由于本节课选用的案例所用的是面板数据结构，其中选用的政策评价方法也是在当前的实证研究中被广泛使用的双重差分法，因此本节课程的另一个目的是帮助学生初步认识面板数据模型估计方法，并尝试接触和了解双重差分法的基本思想及其在政策评价中的应用。

（二）教学内容

首先，给学生介绍什么是虚拟变量，如何在模型中使用虚拟变量作为政策变量，并解释其系数的含义及经济解释。

其次，结合面板数据结构，为学生解释双重差分法的主要思想，同时进一步强调双重差分法中虚拟变量系数的含义。

最后，简单介绍模型估计方法，并参考 Zhang 和 Vigne（2021）的研究，将绿色信贷政策效果的评价作为实证案例，为学生展示整个实证研究过程。包括模型建立（重点介绍其中的虚拟政策变量以及双重差分法的思想）、模型估计方法（面板数据模型估计方法），以及对实证分析结果经济含义的解释。

（三）教学手段与方法

本节课选用了绿色信贷政策效果评价作为实证案例，在介绍计量方法的理论知识后，重点围绕该案例帮助学生进一步理解方法的思想，并通过跟踪整个实证研究过程，接触并充分认识如何正确使用虚拟变量，使用双重差分法对绿色信贷政策效果进行量化评价。

在整个案例教学过程中，对绿色信贷政策出台的政策背景、具体方案，以及该政策的实施对相关企业行为与表现可能的影响路径机制，进行比较详细的讲解分析，并引导学生自主思考，培养其较好的经济学逻辑；更重要的是可以使其对当前的经济发展方向，以及政府在政策制定过程中的导向，形成积极正面的认识。更进一步地结合实证分析，让学生进一步了解到经验分析在经济学研究中的重要性，通过正确解读实证分析得到的经验证据，可以让学生更深入地认识当前的经济发展战略导向，并详细了解宏观经济政策在引导微观企业行为方面的重要作用，从而对国家经济发展战略以及宏观经济政策实施效果形成正面积极的认识。

三、教学过程

（1）介绍虚拟变量：从定性因素出发，引出虚拟变量的定义。

（2）在线性回归模型中加入虚拟解释变量，介绍其系数的含义。

（3）加入面板数据模型结构，介绍双重差分法的思想，同时介绍如何正确设定虚拟政策变量，并解释如何进行政策评价。

（4）引入绿色信贷政策实施效果评价的实证案例，主要参考 Zhang 和 Vigne（2021）的研究，其中重点对政策背景，以及绿色信贷对于不同类型企业的绿色行为可能的影响机制，进行分析介绍。

（5）完整展示针对所选案例的实证分析过程，结合计量经济学软件，让学生正确认识实证研究的步骤，以及实证研究在现代经济学经验分析中的重要角色。

（6）对实证分析所得到的结论进行解释，让学生进一步对绿色经济、低碳经济、可循环经济的发展道理有正面积极的理解与认识；能够对国家的宏观经济政策导向与政策实施效果形成正确认知。

四、教学效果分析

计量经济学作为一门专业课程，它的课程思政需要结合课程具体内容进行。同时，计量经济学作为一门应用性较强的课程，很多教学内容都是基于案例进行讲解的，因此，思政要素的提炼也主要来源于这些案例。在本节课的安排中，课程中主要介绍的是虚拟变量的使用，并着重介绍虚拟变量在政策评价中的使用，因此课堂上除了介绍理论方法的思想与原理之外，主要围绕绿色信贷政策评价的实证分析进行案例讲解，在为学生介绍计量经济学方法的理论与应用的同时，将课程思政的元素融入课堂中。本节课起到的教学效果包括：

（1）课程案例选用的是中国的现实经济问题，使用中国数据解释中国经济现象，让学生不仅能看到当前经济发展的成绩，也能发现可能存在的问题和未来发展的方向，对学生的教育和启示更有说服力。

（2）本节课选用的案例是针对绿色信贷政策效果进行评价的实证案例。该政策是在我国进入高质量发展新阶段，为引导实现绿色经济、低碳经济、可循环经济发展所出台的信贷政策调整。通过实证分析该政策对实体经济企业层面的行为与绩效带来的影响，可以帮助学生更深入地了解我国经济的发展方向和政策导向，并客观认识政策实施的实际效果及作用路径。

（3）计量经济学方法在现代经济学研究中应用广泛，本课程选用的案例参考了期刊学术论文（Zhang and Vigne，2021），不仅让学生了解了课程知识，同时也让学生接触到了学术前沿，对经济学研究有所了解。通过本课程的学习，或许可以使学生对这种使用事实和数据说话的实证研究产生浓厚的兴趣，激发学生的学术热情。

中国各省区人均消费与收入的关系分析

蒋雪梅

一、课程思政元素发掘

本课程在授课时可能包含以下思政元素。

元素 1 分析我国 31 个省份的人均 GDP 和人均消费分布情况，分析所有省区特别是高收入地区如北京、上海、广东、江苏等省份的人均 GDP 和消费数据，理解我国改革开放 40 余年来取得的成就，以及在全球经济遭受新冠肺炎疫情重创的情况下仍能保持 2020 年收入、消费数据正向增长的不易。

元素 2 对比高收入地区如北京、上海、广东、江苏等与低收入地区如贵州、甘肃、青海等的人均 GDP 和消费数据，使学生对我国各地区发展不平衡有实际认知，引导学生深入思考全面建成小康社会需要在哪些方面继续努力。

元素 3 通过分析回归结果中消费对收入影响的回归系数，了解我国平均高储蓄、低消费率的消费模式，引导学生思考为何要制定拉动内需促进双循环的相关政策，培养学生形成中华民族长远发展、永续发展的理念。

二、教案设计

（一）教学目标

1. 知识目标

本节课程的教学内容是异方差检验与处理的 Eviews 操作，通过本节课程的学习，能够掌握异方差的概念、类型、产生的原因、检验方法以及不同的处理方法。

2. 能力目标

通过本节课程的学习，使学生掌握异方差的检验和处理原则，能运用 Eviews 软件进行操作，解决实际建模中的异方差问题。

3. 价值目标

（1）使学生对各地区发展不平衡有实际认知，深入思考全面建成小康社会需要在哪些方面继续努力。

（2）对我国平均高储蓄、低消费的文化有定量化认知，培养学生形成中华民族长远发展、永续发展的理念。

（二）教学内容和教学重点与难点

1. 教学内容

（1）异方差初步检验和判断的 Eviews 操作。

（2）异方差检验方法的 Eviews 操作：散点图、帕克（Park）检验、戈里瑟（Gleiser）检验、戈德菲尔德—匡特（Goldfeld-Quandt，以下简称 G-Q 检验）检验、怀特（White）检验。

（3）解决异方差问题的 Eviews 操作：加权最小二乘法、变量取对数、怀特异方差修正的估计。

2. 教学重点

异方差各类检验方法和处理方法的 Eviews 操作。

3. 教学难点

如何根据异方差检验的结果确定加权最小二乘法中的权重。

（三）教学手段与方法

1. 理论知识复习

异方差的识别和处理是计量经济学建模过程中非常重要的环节，特别是对截面数据而言。本节课带领学生复习异方差的检验方法［散点图、帕克（Park）检验、戈里瑟（Gleiser）检验、G-Q 检验、怀特（White）检验］以及异方差的解决方法（加权最小二乘法、变量取对数、怀特异方差修正的估计）。对每种方法在操作讲解的同时引申出原理（为什么这么做？这么做能处理什么问题？）的分析和讨论。

2. 数据分析和案例操作讲解

本节课采用的数据是 2020 年我国 31 个省份人均 GDP 和人均消费支出，将通过分析数据趋势、建立计量模型并讨论回归系数等过程引导学生思考相关政策的制定，培养学生的思想觉悟。

三、教学过程

（一）相关知识点整理和复习

本节课程根据我国 31 个省份 2020 年的人均 GDP 和人均消费支出数据建模，并对模型进行图形法、帕克检验、戈里瑟检验、G-Q 检验和怀特检验。

1. 分析基础数据

2020 年，在新冠肺炎疫情的影响下，全球经济体 GDP 均为负向增长，唯独中国"一枝独秀"，迅速遏制新型新冠病毒、维持经济稳定、反弹和积极增长，实现了全年 2.3% 的正向经济增速。在此背景下，各省份的人均 GDP 和消费支出也保持了小幅的正向增长，为全面迈向小康社会奠定了坚实的基础。

但我国地区发展十分不平衡。北京和上海等高收入地区的人均 GDP 约 160 000 元/年，远超中上等发达国家水平；但甘肃、贵州等地区的人均 GDP 仍在 45 000 元/年以下，区域之间的经济发展不平衡在我国仍然存在。中东部城市的经济比西部地区要发达。如何克服地区间发展不平衡的情况，需要进行深入思考。

2. 复习检验思路

异方差是指相对于不同的解释变量观测值，随机误差项具有不同的方差。那么检验异方差性，也就是检验随机误差项的方差与解释变量观测值之间的相关性及其相关的"形式"。

问题在于用什么来表示随机误差项的方差？一般的处理方法：首先采用 OLS 估计，得到残差估计值，用它的平方近似随机误差项的方差。

$$\tilde{e}_i = y_i - (\hat{y}_i)_{ols} \quad Var(\mu_i) = E(\mu_i^2) \approx \tilde{e}_i^2$$

（二）异方差识别和检验

1. 图示法

复习理论并实际示范操作（见图1）。

（1）用 X-Y 的散点图进行判断；

（2）用 X-$\tilde{e}_i^2$ 的散点图进行判断。

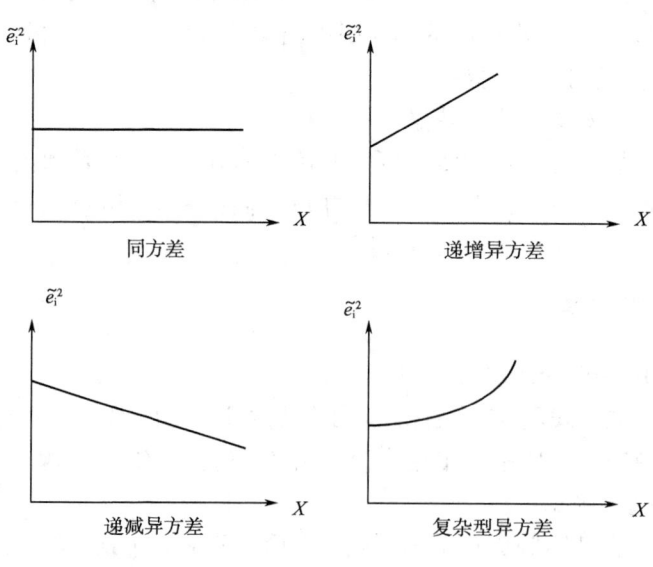

图1

本案例的 $X\text{-}Y$ 散点图结果如图 2 所示。

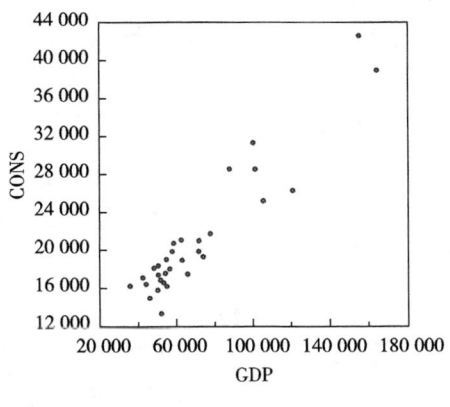

图 2

本案例的 $X\text{-}\bar{e}_i^2$ 散点图结果如图 3 所示。

引导学生操作，观察得出结论是否存在异方差问题。

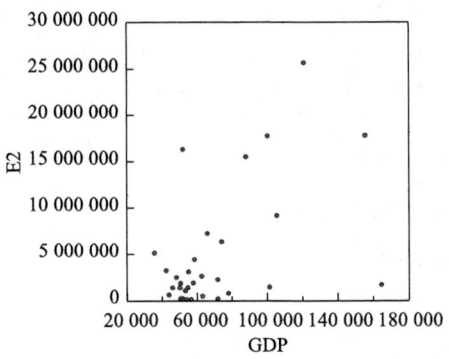

图 3

2. 讲解帕克检验与戈里瑟检验

理论及操作：

(1) 基本思想：尝试建立方程：

$$\text{Park}\quad \bar{e}_t^2 = f(X_{ji}) + \varepsilon_i \quad \text{Gleiser}\ |\bar{e}_i| = f(X_{ji}) + \varepsilon_i$$

选择关于变量 X 的不同的函数形式，对方程进行估计并进行显著性检验，如果存在某一种函数形式，使得方程显著成立，则说明原模型存在异方差性。

(2) 帕克检验常用的函数形式：

$$f(X_{ji}) = \sigma^2 X_{ji}^{\alpha} e^{\varepsilon_i} \quad \ln(\tilde{e}_i^2) = \ln\sigma^2 + \alpha\ln X_{ji} + \varepsilon_i$$

若 α 在统计上是显著的,表明存在异方差性。

本案例建立的方程结果如下,引导学生操作并判断是否存在异方差(见表1~表5):

Dependent Variable:LOG(E2)

Method:Least Squares

Sample:1 31

Included observations:31

表1

Variable	Coefficient	Std. Error	t-Statistic	Prob.
C	-5.115 623	8.834 396	-0.579 057	0.567 0
LOG(GDP)	1.756 602	0.795 42	2.206 947	0.035 4
R-squared	0.143 801	Mean dependent var		14.370 88
Adjusted R-squared	0.114 276	S. D. dependent var		1.718 571
S. E. of regression	1.617 397	Akaike info criterion		3.861 854
Sum squared resid	75.863 20	Schwarz criterion		3.954 369
Log likelihood	-57.858 73	Hannan-Quinn criter.		3.892 011
F-statistic	4.870 614	Durbin-Watson stat		1.868 612
Prob(F-statistic)	0.035 388			

Dependent Variable:LOG(E2)

Method:Least Squares

Sample:1 31

Included observations:31

表2

Variable	Coefficient	Std. Error	t-Statistic	Prob.
LOG(GDP)	1.295 955	0.025 881	50.074 30	0.000 0
R-squared	0.133 901	Mean dependent var		14.370 88
Adjusted R-squared	0.133 901	S. D. dependent var		1.718 571
S. E. of regression	1.599 379	Akaike info criterion		3.808 834
Sum squared resid	76.740 35	Schwarz criterion		3.855 091
Log likelihood	-58.036 92	Hannan-Quinn criter.		3.823 913
Durbin-Watson stat	1.869 024			

Dependent Variable: E2
Method: Least Squares
Sample: 1 31
Included observations: 31

表 3

Variable	Coefficient	Std. Error	t-Statistic	Prob.
GDP^2	0.000 660	0.000 127	5.178 433	0.000 0
R-squared	0.173 964	Mean dependent var		4 898 021
Adjusted R-squared	0.173 964	S. D. dependent var		6 627 429
S. E. of regression	6 023 438	Akaike info criterion		34.091 94
Sum squared resid	1.09E+15	Schwarz criterion		34.138 20
Log likelihood	−527.425 1	Hannan−Quinn criter.		34.107 02
Durbin−Watson stat	1.185 600			

Dependent Variable: E2
Method: Least Squares
Date: 06/08/21 Time: 18:55
Sample: 1 31
Included observations: 31

表 4

Variable	Coefficient	Std. Error	t-Statistic	Prob.
C	15 024 946	3 534 951	4.250 397	0.000 2
1/GDP	−6.27E+11	2.09E+11	−3.002 274	0.005 5
R-squared	0.237 116	Mean dependent var		4 898 021
Adjusted R-squared	0.210 810	S. D. dependent var		6 627 429
S. E. of regression	5 887 568	Akaike info criterion		34.076 93
Sum squared resid	1.01E+15	Schwarz criterion		34.169 44
Log likelihood	−526.192 3	Hannan−Quinn criter.		34.107 08
F-statistic	9.013 647	Durbin−Watson stat		1.243 050
Prob (F-statistic)	0.005 468			

Dependent Variable: SQR (E2)
Method: Least Squares
Date: 06/08/21 Time: 18:57

Sample：1 31

Included observations：31

表5

Variable	Coefficient	Std. Error	t-Statistic	Prob.
GDP	0.024 483	0.002 722	8.992 946	0.000 0
R-squared	0.219 428	Mean dependent var		1 788.899
Adjusted R-squared	0.219 428	S. D. dependent var		1 324.560
S. E. of regression	1 170.249	Akaike info criterion		16.999 55
Sum squared resid	41 084 456	Schwarz criterion		17.045 80
Log likelihood	−262.493 0	Hannan-Quinn criter.		17.014 63
Durbin-Watson stat	1.442 166			

总结这两种方法的优缺点：

(1) 局限性：

①需要选择多个不同的解释变量；

②尝试各种不同的函数形式，反复试验。

(2) 优点：探索异方差的具体形式，有助于针对性地消除异方差的影响。

3. G-Q 检验

理论及操作如下：

G-Q 检验以 F 检验为基础，适用于样本容量较大、异方差递增或递减的情况。

(1) G-Q 检验的思想。

①先将样本一分为二，对子样本①和子样本②分别做回归，然后利用两个子样本的残差平方和之比构造统计量进行异方差检验。

②由于该统计量服从 F 分布，因此假如存在递增的异方差，则 F 远大于 1；反之就会等于 1（同方差）或小于 1（递减异方差）。

(2) 示范 G-Q 检验的步骤。

①将 n 对样本观察值按 GDP 大小排序；

②将 31 个数据减去中间的 7 个，剩余的分成两组，对每组 12 个数据分别做 OLS 估计，将回归方程分别记作 GQ01、GQ02，用 rss1、rss2 分别表示方程的标准误。

(3) 构造 G-Q 统计量。

输入下列命令：

coef（2）gq   建立一个存储向量

gq（1）= rss2/rss1　　　　　　　第一个元素存 F 统计值
gq（2）= @ QFDIST（0.95, 10, 10）　第二个元素存 F 临界值

（4）最后做 F 检验。双击向量 gq，读出 F 统计值为 4.63，大于 F 分布 95% 的分位点 2.98，故 F 检验显著，否定零假设，即认为存在异方差。

$$F = \frac{\sum \tilde{e}_{2i}^2 / \left(\frac{n-c}{2} - k - 1\right)}{\sum \tilde{e}_{1i}^2 / \left(\frac{n-c}{2} - k - 1\right)} \sim F\left(\frac{n-c}{2} - k - 1, \frac{n-c}{2} - k - 1\right)$$

（5）总结缺点：只能检验单调型异方差。

4. 怀特检验

理论及操作如下（见图 1）。

（1）基本思想：仍然是探索方差和解释变量之间的关系，并用残差平方对这些单变量、平方变量和两两交叉乘积变量做回归。

（2）总结优点：不仅能够检验异方差的存在性，同时在多变量的情况下，还能判断出是哪一个变量引起的异方差。

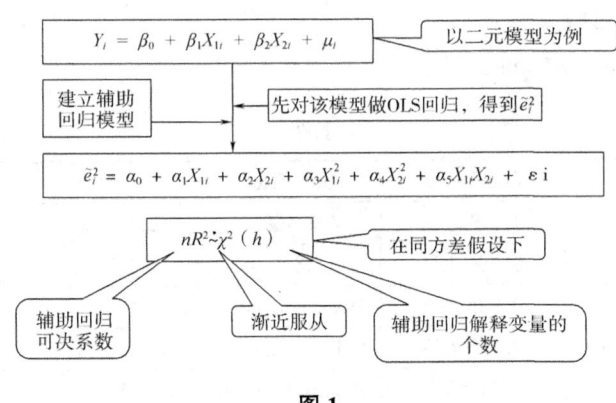

图 1

（3）说明适用条件：

①辅助回归是检验方差与解释变量可能的关联，因此，辅助回归方程中还可引入解释变量的更高次方。

②如果存在异方差性，则表明方差与解释变量的某种组合有显著的相关性，这时往往显示出有较高的可决系数以及某一参数的 t 检验值较大。

③在多元回归中，由于辅助回归方程中可能有太多解释变量，从而使自由度减少，有时可去掉交叉项。

④怀特检验不需要排序，适合任何形式的异方差。

⑤要求大样本。

示范 Eviews 中的怀特检验操作：

打开估计的方程，选择 view/residual diagnostics/ heteroskedasticity test，选择 White（可以选择 no cross terms），便进入怀特检验。

（5）讲解怀特检验的结果（见表6、表7）。

Heteroskedasticity Test：White

表6

F-statistic	8.438 924	Prob. F（1, 29）	0.007 0
Obs * R-squared	6.987 558	Prob. Chi-Square（1）	0.008 2
Scaled explained SS	7.116 853	Prob. Chi-Square（1）	0.007 6

Test Equation：

Dependent Variable：RESID^2

Method：Least Squares

Date：06/08/21 Time：19：02

Sample：1 31

Included observations：31

表7

Variable	Coefficient	Std. Error	t-Statistic	Prob.
C	410 895.4	448 469.2	0.916 218	0.367 1
GDP^2	0.000 153	5.28E-05	2.904 983	0.007 0
R-squared	0.225 405	Mean dependent var		1 325 305.
Adjusted R-squared	0.198 695	S. D. dependent var		1 986 885.
S. E. of regression	1 778 573.	Akaike info criterion		31.682 86
Sum squared resid	9.17E+13	Schwarz criterion		31.775 38
Log likelihood	−489.084 4	Hannan-Quinn criter.		31.713 02
F-statistic	8.438 924	Durbin-Watson stat		2.440 748
Prob（F-statistic）	0.006 960			

（三）异方差的修正

讲解理论和示范操作如下：

1. 加权最小二乘法 WLS

理论复习：

对原模型加权,使之变成一个新的不存在异方差性的模型,然后采用 OLS 估计其参数。

$$\sum W_t e_t^2 = \sum W_t [Y_t - (\hat{\beta}_0 + \hat{\beta}_1 X_1 + \cdots + \hat{\beta}_k X_k)]^2$$

在采用 OLS 方法时:

①对较小的残差平方 e_i^2 赋予较大的权数;

②对较大的残差平方 e_i^2 赋予较小的权数。

2. 示范操作

(1) 示范 WLS。

权重的估计:

$$\text{genr } w1 = \text{gdp}^{(-0.5)}$$
$$\text{genr } w2 = \text{gdp}^{(-1)}$$

权重估计后的 WLS 估计:

Equation eq07. ls (w=w1) cons c gdp

Equation eq08. ls (w=w2) cons c gdp

讲解操作结果(见表 8):

Dependent Variable:CONS

Method:Least Squares

Sample:1 3

Included observations:31

Weighting series:W1

Weight type:Inverse standard deviation (EViews default scaling)

表 8

Variable	Coefficient	Std. Error	t-Statistic	Prob.
C	7 047.628	1 034.391	6.813 312	0.000 0
GDP	0.197 279	0.015 621	12.628 86	0.000 0
Weighted Statistics				
R-squared	0.846 144	Mean dependent var		20 029.62
Adjusted R-squared	0.840 839	S. D. dependent var		2 585.162
S. E. of regression	2 064.399	Akaike info criterion		18.165 41
Sum squared resid	1.24E+08	Schwarz criterion		18.257 92
Log likelihood	−279.563 8	Hannan-Quinn criter.		18.195 56
F-statistic	159.488 1	Durbin-Watson stat		1.517 381
Prob (F-statistic)	0.000 000	Weighted mean dep.		19 267.46

续表

Variable	Coefficient	Std. Error	t-Statistic	Prob.
Unweighted Statistics				
R-squared	0.888 547	Mean dependent var		21 012.35
Adjusted R-squared	0.884 704	S. D. dependent var		6 765.599
S. E. of regression	2 297.276	Sum squared resid		1.53E+08
Durbin-Watson stat	1.681 179			

Dependent Variable：CONS

Method：Least Squares

Sample：1 31

Included observations：31

Weighting series：W2

Weight type：Inverse standard deviation (EViews default scaling)

Variable	Coefficient	Std. Error	t-Statistic	Prob.
C	7 755.066	1 114.273	6.959 755	0.000 0
GDP	0.185 858	0.018 852	9.858 662	0.000 0
Weighted Statistics				
R-squared	0.770 194	Mean dependent var		19 267.46
Adjusted R-squared	0.762 269	S. D. dependent var		3 124.764
S. E. of regression	1 944.913	Akaike info criterion		18.046 16
Sum squared resid	1.10E+08	Schwarz criterion		18.138 68
Log likelihood	−277.715 5	Hannan-Quinn criter.		18.076 32
F-statistic	97.193 22	Durbin-Watson stat		1.433 007
Prob (F-statistic)	0.000 000	Weighted mean dep.		18 237.29
Unweighted Statistics				
R-squared	0.882 383	Mean dependent var		21 012.35
Adjusted R-squared	0.878 328	S. D. dependent var		6 765.599
S. E. of regression	2 359.946	Sum squared resid		1.62E+08
Durbin-Watson stat	1.634 204			

从加权最小二乘法的结果看，我国的平均消费倾向较低，储蓄率较高，

从供给角度看这是我国近几十年高投资率高经济增速的有利促进；另一方面，从需求角度看，低消费率也导致内需不足，这也是为何拉动内需一再引起关注的原因。若时间充裕，可以引导学生提出拉动内需的相关建议。

（2）示范怀特修正标准误的估计（见表9）。

Dependent Variable：CONS
Method：Least Squares
Sample：1 31
Included ob ervations：31
White heteroskedasticity-consistent standard errors & covariance

表9

Variable	Coefficient	Std. Error	t-Statistic	Prob.
C	6 594.156	1 120.072	5.887 259	0.000 0
GDP	0.203 685	0.017 957	11.342 91	0.000 0
R-squared	0.889 427	Mean dependent var		21 012.35
Adjusted R-squared	0.885 614	S. D. dependent var		6 765.599
S. E. of regression	2 288.191	Akaike info criterion		18.371 25
Sum squared resid	1.52E+08	Schwarz criterion		18.463 77
Log likelihood	−282.754 4	Hannan-Quinn criter.		18.401 41
F-statistic	233.270 4	Durbin-Watson stat		1.671 471
Prob（F-statistic）	0.000 000			

最后，再次总结异方差的检验和操作注意事项，使学生真正学会在自己建模的过程中识别和处理异方差。

四、教学效果分析

本节课程始终贯穿着对我国各省份发展不平衡和低消费率的相关分析和思考，利用多种教学手段，尤其是以案例教学营造出的课堂氛围，有效地激发了学生的学习兴趣和思考意愿，有助于学生对我国各地区发展不平衡有实际认知，通过分析我国当下经济运行的特点，了解相关政策的制定背景与逻辑，引导学生建立专业思维方式，激发学生为实现社会主义中国梦贡献自己的专业力量。

关注中国现实需求，研究有意义的选题

孔晓旭

一、课程思政元素发掘

本课程在授课时可能包含以下思政元素。

元素1 通过讲解邹氏参数稳定性检验，强调其在检验时间序列数据结构性变化中的作用。以中国经济数据实例现场进行演示，使学生了解该检验的操作方法，以及我国经济在改革开放时期发生的结构性变化。课程思政体现在：分析结构变动的同时，强调国家的经济发展是先辈不断探索、不断追寻的成果，经过市场经济的转型，我国社会生活发生了翻天覆地的变化，使学生增加民族自豪感。未来，我国还可能经历一系列的经济结构变迁，在时代浪潮和国际压力下，我国一定能开辟出自己的经济发展道路，增强学生作为社会主义接班人的自信心与责任感。

元素2 在随机解释变量问题中，讲解合理预期的消费模型，掌握其经济含义，并带领学生了解理性预期判断与国家经济政策。课程思政体现在：使学生了解当期收入对预期和对消费的影响，从学生个人层面，让青年学生更加重视理性消费和未来财务规划；从国家层面，让学生了解我国财政政策的实行过程，了解经济数据如何揭示宏观规律，使学生从国家利益角度考虑自身的消费行为，鼓励学生自我监督，不断进步，为中国宏观经济发展贡献自己的力量。

元素3 辨析总体回归模型与样本回归模型的经济意义，通过总体回归模型对经济现象进行观测，由经济数据样本的发生机制，对整体经济规律进行总结，形成样本回归模型。课程思政体现在：在了解经济现象、经济规律如何观测和计量的同时，让学生进一步思考"格物致知"的重要性。"格物"在于对客观事物有准确而清晰的判断，而后通过"致知"获得感悟和知识，培养学生严谨治学的态度和发散思维的能力。面对外界的各种现象，引导学生"格好物，致良知"，坚守爱国本心，探索科学知识，为祖国的繁荣添砖加瓦。

二、教案设计

（一）教学目标

1. 知识目标

理论、方法、数据三者缺一不可。

理论：说明所研究对象经济行为的经济理论，是计量经济研究的基础。

方法：模型方法与估计、检验、分析的方法，是计量经济研究的工具与手段。

数据：对所研究对象经济行为观测所得到的信息，是计量经济研究的原料。

2. 能力目标

自主选题（例如，收入对消费、补贴对创新等），要求既有经济理论作为支撑，又有现实意义；运用 Eviews 软件完成整个模型构建、参数估计、假设检验过程（多元模型，需考虑异方差、序列相关、多重共线性、随机解释变量等问题），有一定的结果解读与分析。

3. 价值目标

培养对经济理论的理解和应用能力。

树立爱国主义价值观，挖掘中国经济社会现实中的主要问题，通过构建模型和数据分析对经济问题进行实证分析，从而更加关注中国现实，研究有意义的选题。

（二）教学重点和难点

1. 教学重点

（1）选择变量和数学关系式——模型设定；

（2）确定变量间的数量关系——估计参数；

（3）检验所得结论的可靠性——模型检验；

（4）做经济分析和经济预测——模型应用。

2. 教学难点

（1）提出所研究的经济问题及度量方式（如 GDP、股票价格、汽车），确定作为研究对象的经济现象的变量。

（2）分析主要影响因素（根据经济理论、实际经验），选择若干作为影响因素的变量。

（3）分析各种影响因素与所研究经济现象的相互关系，决定相互联系的数学关系式。

（4）确定所研究的经济问题与各种影响因素间的数量规律，需要有科学的数量分析方法。

(5) 分析和检验所得数量的可靠性，需要运用统计检验方法。

(6) 运用数量研究的结果做经济分析和经济预测，对数量分析的实际应用。

(三) 教学手段与方法

引导学生了解什么是有现实意义的选题。和学生一起研读政府工作报告，解读其中可作为选题的研究内容，比如，碳达峰碳中和、脱贫攻坚、乡村振兴等，都是当前中国面临的重要问题，是可以结合计量经济学模型和方法进行分析的。

教学生合理使用学校的图书馆资源，学会在中国知网查找优质期刊论文。通过一些案例，介绍已有文献是如何开展问题研究和实证分析的。

结合中国人口老龄化的数据，和学生一起完成理论分析—模型构建—数据收集—参数估计—假设检验—模型应用的过程，在掌握理论知识的同时，学会应用 Eviews 软件进行数据分析并得出结论。

三、教学过程

(一) 确定选题

题目：中国人口老龄化发展趋势的预测模型分析。

背景和意义：人口老龄化对一个国家的可持续发展有着巨大的影响，对其人口结构、经济发展和社会协调等多方面会造成巨大的挑战，如何恰当地处理好人口老龄化问题应引起社会的广泛关注。当前我国的人口老龄化现象日益加剧，部分省市人口老龄化指数节节攀升，加重了劳动力负担，对经济的可持续发展造成了一定的影响，因此通过对其影响因素进行分析并建立预测模型，有助于做好防范工作。

(二) 我国人口老龄化的影响因素分析

1. 经济发展水平

通过各地的地区生产总值分析经济发展水平对人口老龄化的影响程度。

2. 人口结构变化

用人口自然增长率以显示人口结构变化，分析其对人口老龄化水平的影响程度。

3. 人口性别比例

适龄男女可匹配数多，婴儿出生率就会相应提高，从而对老龄化水平产生一定的影响。

4. 居民消费价格

分析居民消费价格指数对人口老龄化的影响程度。

5. 老年抚养比例

老年抚养比是指老年人受中年人抚养的比例，用各地的老年抚养比衡量老年人的生活水平。

（三）模型构建

通过全国的线性预测模型以及各省份的面板数据模型对人口老龄化的影响因素进行分析，其中，laoling 为人口老龄化水平，fuyang 为老年抚养比，zengzhang 为人口自然增长率，xingbie 为男女性别比，gdp 为国家或各地区生产总值，cpi 为居民消费价格指数，μ 为随机误差。

$$laoling = a \cdot fuyang + b \cdot zengzhang + c \cdot xingbie + d \cdot gdp + e \cdot cpi + \mu$$

（四）参数估计

利用 Eviews 软件对数据进行普通最小二乘回归，得到模型如图 1 所示。

Dependent Variable: LAOLING
Method: Least Squares
Date: 03/17/21 Time: 21:01
Sample: 2002 2018
Included observations: 17

Variable	Coefficient	Std. Error	t-Statistic	Prob.
C	-9.275560	7.080155	-1.310079	0.2169
FUYANG	0.247331	0.062676	3.946153	0.0023
ZENGZHANG	0.008759	0.051737	0.169303	0.8686
XINGBIE	12.62578	5.720656	2.207052	0.0495
GDP	4.07E-06	4.81E-07	8.472810	0.0000
CPI	0.000533	0.014123	0.037709	0.9706

R-squared	0.997499	Mean dependent var		9.090000
Adjusted R-squared	0.996362	S.D. dependent var		1.443100
S.E. of regression	0.087043	Akaike info criterion		-1.774265
Sum squared resid	0.083341	Schwarz criterion		-1.480190
Log likelihood	21.08125	Hannan-Quinn criter.		-1.745033
F-statistic	877.3798	Durbin-Watson stat		1.584445
Prob(F-statistic)	0.000000			

图 1　全国人口老龄化初始线性回归模型

$laoling = -9.27556 + 0.24733 fuyang + 0.00876 zengzhang + 12.6258 xingbie +$
　　　　$4.07E - 06 gdp + 0.00053 cpi$

$t =$　　（0.2169）　　（0.0023）　　（0.8686）　　（0.0495）
　　　　（0.0000）　　（0.9706）

$R^2 = 0.997499$　　$F = 877.3798$

模型的计算结果表明，回归系数的符号和数值都比较合理。调整的

$R^2 = 0.9963$，说明模型有很高的拟合优度，F 检验也是高度显著的，说明老年抚养比、人口自然增长率、人口性别比、经济发展水平和居民消费水平对全国人口老龄化的总影响是显著的。

对于给定的显著性水平 $\alpha = 0.05$，人口自然增长率和居民消费水平的 t 检验没有通过，表明人口自然增长率和居民消费水平对全国人口老龄化的影响是不显著的，因此，需要对该线性回归模型做适当的调整，以寻求更好的模型效果。

（五）多重共线性检验

对各解释变量进行多重共线性检验，得到各变量的相关系数矩阵表如图 2 所示。

	FUYANG	ZENGZHANG	XINGBIE	GDP	CPI
FUYANG	1.000000	-0.677414	0.241590	0.890057	-0.058803
ZENGZHANG	-0.677414	1.000000	-0.276074	-0.711444	-0.297707
XINGBIE	0.241590	-0.276074	1.000000	0.608252	-0.027554
GDP	0.890057	-0.711444	0.608252	1.000000	0.033991
CPI	-0.058803	-0.297707	-0.027554	0.033991	1.000000

图 2　全国人口老龄化模型相关系数矩阵表

从相关系数矩阵表中可以看出，*gdp* 与 *fuyang*、*zengzhang*、*xingbie* 以及 *fuyang* 与 *zengzhang* 之间相关系数较高，并且，对变量进行辅助回归检验，确认其存在多重共线性，如图 3 所示。

```
Dependent Variable: FUYANG
Method: Least Squares
Date: 03/17/21   Time: 23:00
Sample: 2002 2018
Included observations: 17
```

Variable	Coefficient	Std. Error	t-Statistic	Prob.
C	19.38310	2.812888	6.890820	0.0000
ZENGZHANG	-1.162876	0.531425	-2.188223	0.0449

R-squared	0.241977	Mean dependent var	13.26706
Adjusted R-squared	0.191442	S.D. dependent var	1.453026
S.E. of regression	1.306559	Akaike info criterion	3.482801
Sum squared resid	25.60643	Schwarz criterion	3.580826
Log likelihood	-27.60381	Hannan-Quinn criter.	3.492545
F-statistic	4.788322	Durbin-Watson stat	0.362331
Prob(F-statistic)	0.044893		

图 3

```
Dependent Variable: GDP
Method: Least Squares
Date: 03/17/21   Time: 22:59
Sample: 2002 2018
Included observations: 17
```

Variable	Coefficient	Std. Error	t-Statistic	Prob.
C	-12046388	1449178.	-8.312568	0.0000
FUYANG	120166.9	10605.96	11.33013	0.0000
ZENGZHANG	-61864.19	25403.98	-2.435217	0.0300
XINGBIE	10773789	1363808.	7.899784	0.0000

R-squared	0.964959	Mean dependent var		448666.3
Adjusted R-squared	0.956873	S.D. dependent var		256187.0
S.E. of regression	53202.56	Akaike info criterion		24.80392
Sum squared resid	3.68E+10	Schwarz criterion		24.99998
Log likelihood	-206.8334	Hannan-Quinn criter.		24.82341
F-statistic	119.3319	Durbin-Watson stat		1.090659
Prob(F-statistic)	0.000000			

图 3 全国人口老龄化模型变量辅助回归检验

因此，需要对其进行修正，运用逐步回归法，对 *laoling* 与各解释变量 *fuyang*、*zengzhang*、*xingbie*、*gdp*、*cpi* 进行最小二乘回归，回归结果如图 4 所示。

```
Dependent Variable: LAOLING
Method: Least Squares
Date: 03/17/21   Time: 23:04
Sample: 2002 2018
Included observations: 17
```

Variable	Coefficient	Std. Error	t-Statistic	Prob.
C	16.37768	2.590329	6.322624	0.0000
ZENGZHANG	-1.385645	0.489378	-2.831442	0.0126

R-squared	0.348310	Mean dependent var		9.090000
Adjusted R-squared	0.304864	S.D. dependent var		1.443100
S.E. of regression	1.203182	Akaike info criterion		3.317948
Sum squared resid	21.71471	Schwarz criterion		3.415973
Log likelihood	-26.20256	Hannan-Quinn criter.		3.327692
F-statistic	8.017065	Durbin-Watson stat		0.307070
Prob(F-statistic)	0.012632			

图 4

Dependent Variable: LAOLING
Method: Least Squares
Date: 03/17/21   Time: 23:03
Sample: 2002 2018
Included observations: 17

Variable	Coefficient	Std. Error	t-Statistic	Prob.
C	-2.724558	1.514787	-1.798642	0.0922
FUYANG	0.890518	0.113537	7.843388	0.0000

R-squared	0.803970	Mean dependent var		9.090000
Adjusted R-squared	0.790901	S.D. dependent var		1.443100
S.E. of regression	0.659891	Akaike info criterion		2.116648
Sum squared resid	6.531851	Schwarz criterion		2.214673
Log likelihood	-15.99151	Hannan-Quinn criter.		2.126392
F-statistic	61.51874	Durbin-Watson stat		0.503157
Prob(F-statistic)	0.000001			

Dependent Variable: LAOLING
Method: Least Squares
Date: 03/17/21   Time: 23:05
Sample: 2002 2018
Included observations: 17

Variable	Coefficient	Std. Error	t-Statistic	Prob.
C	-82.13827	29.35984	-2.797640	0.0135
XINGBIE	87.55211	28.17545	3.107390	0.0072

R-squared	0.391626	Mean dependent var		9.090000
Adjusted R-squared	0.351067	S.D. dependent var		1.443100
S.E. of regression	1.162509	Akaike info criterion		3.249169
Sum squared resid	20.27140	Schwarz criterion		3.347194
Log likelihood	-25.61793	Hannan-Quinn criter.		3.258913
F-statistic	9.655875	Durbin-Watson stat		0.281395
Prob(F-statistic)	0.007208			

Dependent Variable: LAOLING
Method: Least Squares
Date: 03/17/21   Time: 23:05
Sample: 2002 2018
Included observations: 17

Variable	Coefficient	Std. Error	t-Statistic	Prob.
C	6.573906	0.070283	93.53519	0.0000
GDP	5.61E-06	1.37E-07	40.92537	0.0000

R-squared	0.991124	Mean dependent var		9.090000
Adjusted R-squared	0.990532	S.D. dependent var		1.443100
S.E. of regression	0.140420	Akaike info criterion		-0.978232
Sum squared resid	0.295765	Schwarz criterion		-0.880207
Log likelihood	10.31498	Hannan-Quinn criter.		-0.968489
F-statistic	1674.886	Durbin-Watson stat		0.458969
Prob(F-statistic)	0.000000			

图 4

```
Dependent Variable: LAOLING
Method: Least Squares
Date: 03/17/21   Time: 23:05
Sample: 2002 2018
Included observations: 17
```

Variable	Coefficient	Std. Error	t-Statistic	Prob.
C	11.63389	20.63393	0.563823	0.5812
CPI	-0.024846	0.201495	-0.123306	0.9035
R-squared	0.001013	Mean dependent var		9.090000
Adjusted R-squared	-0.065587	S.D. dependent var		1.443100
S.E. of regression	1.489672	Akaike info criterion		3.745121
Sum squared resid	33.28686	Schwarz criterion		3.843146
Log likelihood	-29.83352	Hannan-Quinn criter.		3.754864
F-statistic	0.015204	Durbin-Watson stat		0.052463
Prob(F-statistic)	0.903502			

图 4　全国人口老龄化模型各解释变量分别回归的结果

由上可见，除了 *cpi*，其余四个解释变量对人口老龄化的影响都很大，其中，*gdp* 的拟合度最好，接着再将其余变量逐步回归，如图 5 所示，加入变量 *fuyang* 和 *xingbie* 时，拟合优度都有明显提高，且各解释变量均显著，保留。当接着再加入变量 *zengzhang* 以及 *cpi* 时，两个变量均不显著，且拟合优度变化不大，表明其对人口老龄化的影响不大，舍去。因此，最后模型修改为：

$$laoling = -9.526\,568 + 4.04E{-}06\,gdp + 0.250\,337\,fuyang + 12.940\,41\,xingbie$$
$$t = (-1.895\,644)\quad(11.657\,85)\quad(5.234\,591)\quad(2.908\,189)$$
$$R^2 = 0.997\,492\quad F = 1\,723.667$$

```
Dependent Variable: LAOLING
Method: Least Squares
Date: 03/17/21   Time: 23:08
Sample: 2002 2018
Included observations: 17
```

Variable	Coefficient	Std. Error	t-Statistic	Prob.
C	-9.526568	5.025504	-1.895644	0.0805
GDP	4.04E-06	3.46E-07	11.65785	0.0000
FUYANG	0.250337	0.047824	5.234591	0.0002
XINGBIE	12.94041	4.449647	2.908189	0.0122
R-squared	0.997492	Mean dependent var		9.090000
Adjusted R-squared	0.996914	S.D. dependent var		1.443100
S.E. of regression	0.080172	Akaike info criterion		-2.006955
Sum squared resid	0.083559	Schwarz criterion		-1.810905
Log likelihood	21.05912	Hannan-Quinn criter.		-1.987468
F-statistic	1723.667	Durbin-Watson stat		1.558226
Prob(F-statistic)	0.000000			

图 5

Dependent Variable: LAOLING
Method: Least Squares
Date: 03/17/21   Time: 23:08
Sample: 2002 2018
Included observations: 17

Variable	Coefficient	Std. Error	t-Statistic	Prob.
C	-9.526568	5.025504	-1.895644	0.0805
GDP	4.04E-06	3.46E-07	11.65785	0.0000
FUYANG	0.250337	0.047824	5.234591	0.0002
XINGBIE	12.94041	4.449647	2.908189	0.0122

R-squared	0.997492	Mean dependent var		9.090000
Adjusted R-squared	0.996914	S.D. dependent var		1.443100
S.E. of regression	0.080172	Akaike info criterion		-2.006955
Sum squared resid	0.083559	Schwarz criterion		-1.810905
Log likelihood	21.05912	Hannan-Quinn criter.		-1.987468
F-statistic	1723.667	Durbin-Watson stat		1.558226
Prob(F-statistic)	0.000000			

Dependent Variable: LAOLING
Method: Least Squares
Date: 03/17/21   Time: 23:08
Sample: 2002 2018
Included observations: 17

Variable	Coefficient	Std. Error	t-Statistic	Prob.
C	-9.131338	5.704970	-1.600593	0.1354
GDP	4.08E-06	4.34E-07	9.389768	0.0000
FUYANG	0.246367	0.054789	4.496628	0.0007
XINGBIE	12.55182	5.145425	2.439413	0.0312
ZENGZHANG	0.008280	0.048022	0.172428	0.8660

R-squared	0.997498	Mean dependent var		9.090000
Adjusted R-squared	0.996656	S.D. dependent var		1.443100
S.E. of regression	0.083343	Akaike info criterion		-1.891783
Sum squared resid	0.083352	Schwarz criterion		-1.646720
Log likelihood	21.08015	Hannan-Quinn criter.		-1.867423
F-statistic	1196.272	Durbin-Watson stat		1.584871
Prob(F-statistic)	0.000000			

Dependent Variable: LAOLING
Method: Least Squares
Date: 03/17/21   Time: 23:13
Sample: 2002 2018
Included observations: 17

Variable	Coefficient	Std. Error	t-Statistic	Prob.
C	-9.509554	6.656979	-1.428509	0.1787
GDP	4.04E-06	4.16E-07	9.709986	0.0000
FUYANG	0.250216	0.057823	4.327240	0.0010
XINGBIE	12.93059	5.205561	2.483996	0.0287
CPI	-5.42E-05	0.013125	-0.004132	0.9968

R-squared	0.997492	Mean dependent var		9.090000
Adjusted R-squared	0.996656	S.D. dependent var		1.443100
S.E. of regression	0.083446	Akaike info criterion		-1.889310
Sum squared resid	0.083558	Schwarz criterion		-1.644247
Log likelihood	21.05913	Hannan-Quinn criter.		-1.864950
F-statistic	1193.310	Durbin-Watson stat		1.558445
Prob(F-statistic)	0.000000			

图 5 全国人口老龄化模型逐步回归优化

（六）异方差性检验

从图 6 初步分析可见，随着老年抚养比、国内生产总值以及人口性别比的不断增加，人口老龄化水平不断增加，且离散程度变化不大，于是用怀特检验进行进一步验证，见图 7。

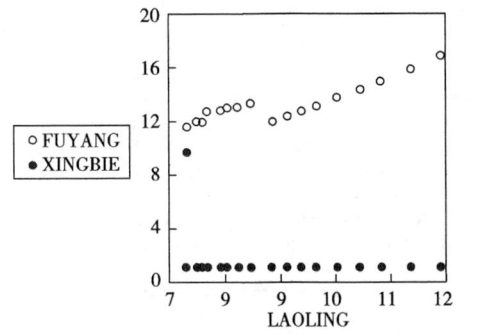
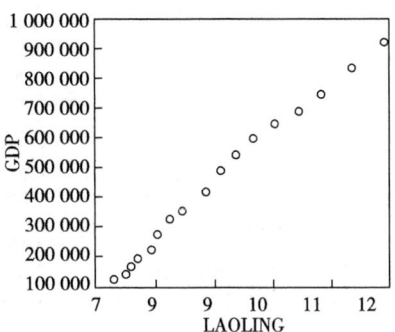
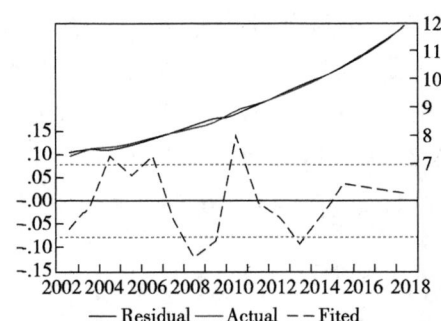

图 6　全国人口老龄化模型异方差检验图

```
Heteroskedasticity Test: White

F-statistic              1.391725    Prob. F(8,8)           0.3256
Obs*R-squared            9.892161    Prob. Chi-Square(8)    0.2727
Scaled explained SS      3.734635    Prob. Chi-Square(8)    0.8802

Test Equation:
Dependent Variable: RESID^2
Method: Least Squares
Date: 03/17/21   Time: 23:24
Sample: 2002 2018
Included observations: 17
Collinear test regressors dropped from specification
```

图 7

Variable	Coefficient	Std. Error	t-Statistic	Prob.
C	-5.810685	8.881687	-0.654232	0.5313
FUYANG^2	-0.009937	0.011978	-0.829588	0.4308
FUYANG*XINGBIE	-0.909914	1.253588	-0.725848	0.4886
FUYANG*GDP	1.86E-07	1.44E-07	1.292167	0.2324
FUYANG	1.133059	1.540899	0.735323	0.4831
XINGBIE^2	4.578419	7.063038	0.648222	0.5350
XINGBIE*GDP	7.47E-06	5.48E-06	1.361309	0.2105
GDP^2	-8.65E-13	4.42E-13	-1.957885	0.0859
GDP	-9.53E-06	6.86E-06	-1.389136	0.2022
R-squared	0.581892	Mean dependent var		0.004915
Adjusted R-squared	0.163784	S.D. dependent var		0.005757
S.E. of regression	0.005265	Akaike info criterion		-7.350573
Sum squared resid	0.000222	Schwarz criterion		-6.909460
Log likelihood	71.47987	Hannan-Quinn criter.		-7.306726
F-statistic	1.391725	Durbin-Watson stat		2.847939
Prob(F-statistic)	0.325590			

图 7 全国人口老龄化模型怀特检验

此时，由怀特检验值，在显著性水平 $\alpha = 0.05$，$k = 18$ 的条件下，p = 0.325 6>0.05，所以，接受原假设，表明原模型在所取水平下，不存在异方差，所以不需要进行修正，进一步用 G-Q 检验进行确认（见图 8），F = RSS2/RSS1 = 0.001 771/0.015 779 = 0.112，取 $\alpha = 0.05$ 时，查 F 分布表得 $F_{0.05}$（3，4）= 6.59，而 F = 0.112<$F_{0.05}$（3，4）= 6.59，所以不存在异方差性。

Dependent Variable: LAOLING
Method: Least Squares
Date: 03/18/21   Time: 13:45
Sample: 2002 2009
Included observations: 8

Variable	Coefficient	Std. Error	t-Statistic	Prob.
C	1.746009	8.292994	0.210540	0.8435
FUYANG	0.179354	0.175532	1.021773	0.3647
XINGBIE	2.966949	6.364934	0.466140	0.6654
GDP	3.60E-06	1.02E-06	3.537539	0.0241
R-squared	0.985838	Mean dependent var		7.846250
Adjusted R-squared	0.975216	S.D. dependent var		0.398961
S.E. of regression	0.062808	Akaike info criterion		-2.390609
Sum squared resid	0.015779	Schwarz criterion		-2.350888
Log likelihood	13.56243	Hannan-Quinn criter.		-2.658509
F-statistic	92.81314	Durbin-Watson stat		2.628855
Prob(F-statistic)	0.000374			

图 8

```
Dependent Variable: LAOLING
Method: Least Squares
Date: 03/18/21   Time: 13:42
Sample: 2011 2018
Included observations: 8
```

Variable	Coefficient	Std. Error	t-Statistic	Prob.
C	-24.94041	15.95871	-1.562808	0.1931
FUYANG	0.651778	0.101848	6.399510	0.0031
XINGBIE	24.77575	14.70601	1.684737	0.1673
GDP	3.84E-08	1.01E-06	0.038100	0.9714

R-squared	0.999742	Mean dependent var	10.36125
Adjusted R-squared	0.999548	S.D. dependent var	0.989523
S.E. of regression	0.021042	Akaike info criterion	-4.577717
Sum squared resid	0.001771	Schwarz criterion	-4.537996
Log likelihood	22.31087	Hannan-Quinn criter.	-4.845618
F-statistic	5158.605	Durbin-Watson stat	1.660094
Prob(F-statistic)	0.000000		

图 8　全国人口老龄化模型 G-Q 检验

（七）模型应用：预测

因此，最终模型为：

$$laoling = -9.526568 + 4.04E-06\,gdp + 0.250337\,fuyang + 12.94041\,xingbie$$
$$t = (-1.895644)(11.65785)\ (5.234591)\ \ \ \ (2.908189)$$
$$R^2 = 0.997492 \quad F = 1723.667$$

由模型的计算结果可知，模型的回归系数的符号和数值都比较合理。$R^2 = 0.9975$，说明模型有很高的拟合优度，F 检验也是高度显著的，说明老年抚养比、人口性别比、经济发展水平对全国人口老龄化的总影响是显著的。

对于给定的显著性水平 $\alpha = 0.05$，去除两个不显著的变量后，老年抚养比、人口性别比、经济发展水平的 t 检验都通过了，表明其对全国人口老龄化的影响显著。

利用其对 2019 年的人口老龄化进行预测，如图 9 所示，最终预测区间为 [12.2，12.7]，预测值为 12.4，与实际值 12.57 十分接近，进一步证明了预测模型的准确性。

四、教学效果分析

经过问题分析—模型构建—参数估计—假设检验—模型应用的一系列操作，学生能够掌握计量经济学方法如何应用于分析中国现实经济问题，有更强的使命感和责任感，学以致用，格物致知。

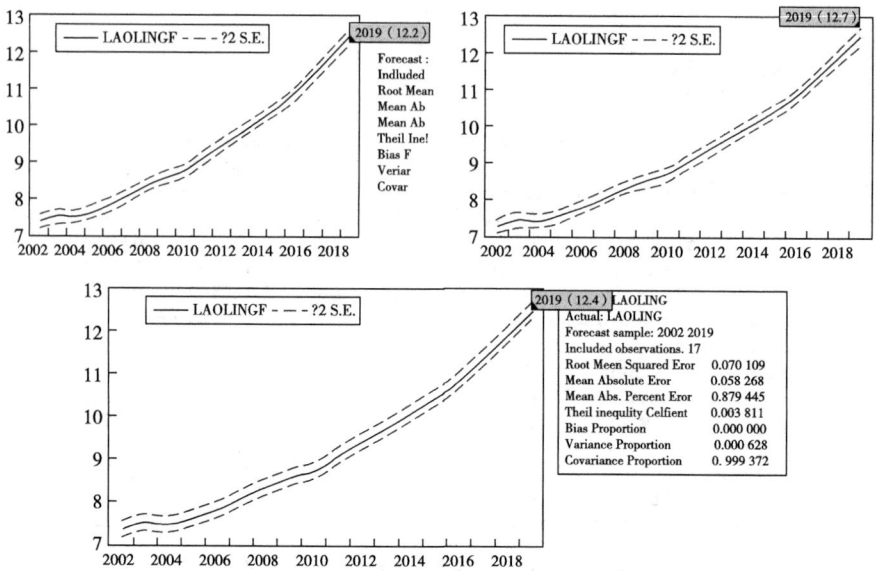

图9　全国人口老龄化模型预测区间及预测值

提供数字普惠金融、创新创业指数等数据,让学生自行操作。以下是学生操作的结果。

题目:数字普惠金融对区域创新创业的影响——基于2018年142个地级市截面数据。

(一) 基本回归

以数字普惠金融指数为自变量 X,以区域创新创业指数总量为因变量 Y,分别以人均GDP、城市化水平、对外直接投资、人口密度、固定资产投资为控制变量。回归结果见表1。

表1　回归结果

Variable	Coefficient	Std. Error	t-Statistic	Prob.
C	-166.327 3	23.631 20	-7.038 464	0.000 0
INDEX_AGGREGATE	0.935 038	0.124 290	7.523 046	0.000 0
GDP	-3.29E-05	6.80E-05	-0.483 201	0.629 7
FDI	1.235 619	0.743 415	1.662 087	0.098 8
POP	0.012 931	0.004 228	3.058 655	0.002 7
CITY	-0.074 688	0.225 394	-0.331 368	0.740 9
INV	1.30E-06	1.20E-06	1.083 934	0.280 3

续表

Variable	Coefficient	Std. Error	t-Statistic	Prob.
R-squared	0.685 718	Mean dependent var		59.477 01
Adjusted R-squared	0.671 750	S.D. dependent var		26.487 94
S.E. of regression	15.175 77	Akaike info criterion		8.325 316
Sum squared resid	31 091.02	Schwarz criterion		8.471 026
Log likelihood	−584.097 4	Hannan-Quinn criter.		8.384 527
F-statistic	49.091 74	Durbin-Watson stat		1.747 316
Prob（F-statistic）	0.000 000			

由回归结果可知，方程通过 F 检验，数字普惠金融指数通过 T 检验，数字普惠金融程度对区域创新创业水平提高具有显著的促进作用。

（二）异方差性检验

1. 帕克检验

见表 2。

表 2　帕克检验

Variable	Coefficient	Std. Error	t-Statistic	Prob.
C	23.829 77	11.012 97	2.163 791	0.032 2
LOG（INDEX_AGGREGATE）	−3.592 546	2.013 500	−1.784 229	0.076 6
R-squared	0.022 234	Mean dependent var		4.182 570
Adjusted R-squared	0.015 249	S.D. dependent var		2.094 283
S.E. of regression	2.078 253	Akaike info criterion		4.314 917
Sum squared resid	604.679 2	Schwarz criterion		4.356 548
Log likelihood	−304.359 1	Hannan-Quinn criter.		4.331 834
F-statistic	3.183 473	Durbin-Watson stat		2.044 534
Prob（F-statistic）	0.076 552			

F 检验 P 值小于 0.05，存在异方差。

2. 怀特检验

见表 3。

Heteroskedasticity Test：White

表3　怀特检验

F-statistic	2.065 997	Prob. F (27, 114)	0.004 4
Obs * R-squared	46.654 16	Prob. Chi-Square (27)	0.010 8
Scaled explained SS	40.068 63	Prob. Chi-Square (27)	0.050 5

P值小于0.05，则存在异方差。

（三）多重共线性检验

检验各解释变量间的相关系数：

表4　相关系数

	TECH	GDP	FDI	POP	CITY	INV
TECH	1.000 000	0.626 703	0.377 044	0.427 153	0.664 316	0.534 359
GDP	0.626 703	1.000 000	0.298 624	0.226 981	0.813 365	0.507 495
FDI	0.377 044	0.298 624	1.000 000	0.226 223	0.332 772	0.253 535
POP	0.427 153	0.226 981	0.226 223	1.000 000	0.323 024	0.300 653
CITY	0.664 316	0.813 365	0.332 772	0.323 024	1.000 000	0.555 677
INV	0.534 359	0.507 495	0.253 535	0.300 653	0.555 677	1.000 000

通过观察发现，城市化水平与人均GDP间的相关系数达到0.813 365，则可能存在多重共线性问题，应该用逐步回归法进行修正。

国际贸易

课程性质：专业课
课程类别：理论课
授课对象：经管类专业本科生

"国际贸易"课程以国际贸易理论、国际贸易政策、国际贸易协调机制、国际贸易发展趋势为研究对象，从宏观视角介绍国家间商品交换的发展规律和发展动向。在经济全球化背景下，全球范围的商品竞争、科技竞争和贸易摩擦愈演愈烈。"国际贸易"这门课程不仅要培养学生在激烈的国家竞争中开拓国际市场的理论知识和能力，更要培养学生良好的思想品质和道德，践行社会主义核心价值观。

　　"国际贸易"课程的教学目标是，通过教学使学生掌握国际贸易的基本概念和基本理论，对国际贸易理论、国际服务贸易、国际贸易政策、国际贸易措施（包括关税、非关税壁垒，鼓励和限制出口的措施）、区域经济一体化、世界贸易组织和当代国际贸易等有正确的理解和深刻的认识，掌握分析国际贸易动态发展格局的方法，具备分析和解决国际贸易实际问题的能力。

　　"国际贸易"课程的教学定位是熟悉国际贸易的基本理论和规则，为中国改革开放提供基本的理论和政策支持，为中国企业合理利用全球市场提供科学依据；培养一批理念先进、勇于创新、善于管理、精通业务，既熟悉现代市场经济运行规则，又精通国际贸易专业知识，适应国内经济发展和国际竞争需要的国际化经济管理人才。

进口保护政策
——关税

闫云凤

一、课程思政元素发掘

本课程在授课时可能包含以下思政元素。

元素1 培养学生的"总体国家安全观"。以经济安全为基础,核心是坚持社会主义基本经济制度,不断完善社会主义市场经济体制,坚持发展是硬道理,不断提高国家整体经济实力、竞争力和抵御内外冲击和威胁的能力,重点防控各类重大风险挑战,保护国家根本利益不受损害。

元素2 引导学生在思想上坚定"四个自信",即"中国特色社会主义道路自信、理论自信、制度自信、文化自信"。

元素3 将政治引领、价值塑造、知识传授与能力培养融为一体,全面落实"立德树人"的教学根本任务,以实现"三全育人",即"全员育人、全过程育人、全方位育人",培养"崇德尚能,经世济民"的国际经贸人才。

元素4 理解习近平新时代中国特色大国外交、推动构建人类命运共同体的思想,形成认同构建人类命运共同体的正确的世界观,培养文化包容以及实现中国梦的使命感。

二、教案设计

(一)教学目标

1. 知识目标

评价关税的成本和收益、关税对福利的影响,以及关税政策的得与失。

2. 能力目标

能够在国际贸易活动中把握不同国家的关税水平及政策,灵活应对关税壁垒带来的挑战。

3. 价值目标

用发展的眼光看待各国关税政策的演变趋势,辩证地分析国家关税水平差异对国际贸易的影响,认识维护国家正当贸易利益的重要性,推进习近平新时代中国特色社会主义思想。

(二) 教学内容和教学重点与难点

1. 教学内容

进口税的贸易调节方式，关税的经济效应，关税的有效保护率。

2. 教学重点

了解关税的种类，掌握有效保护率的计算方法及分析关税的经济效应。

3. 教学难点

在实践中探究当今关税政策出台的背后原因及其对贸易等产生的作用，灵活应对关税壁垒给国际贸易活动带来的困难与挑战。

(三) 教学手段与方法

课程思政意味着运用一种更为柔性的教育方法进行思想政治教育，关键在于教学方法的改革。2017年"五四"青年节前夕，习近平总书记强调"青年时期是培养和训练科学思维方法和思维能力的关键时期，无论在学校还是在社会，都要把学习同思考、观察同思考、实践同思考紧密结合起来，保持对新事物的敏锐，学会用正确的立场观点方法分析问题，善于把握历史和时代的发展方向，善于把握社会生活的主流和支流"。遵循国际贸易专业的学科属性和专业属性，允分发挥教学内容的优势，可以采用理论联系实际、案例教学法、对比分析法、互动讨论法等教学方法。

因此，课程思政的目标是培养学生的历史思维、辩证思维、系统思维、创新思维，应着重将世界观、人生观、价值观等立场观点和辩证性、系统性、历史性、创新性等思维方式融入课程教学中，如采用研讨性、辩论性教学，在课堂讲授时更加注重与学生的互动交流，使学生更加积极、主动地参与到课堂教学之中，促进学生深入思考，在理论思辨、观点辨析的过程中深化思想政治教育内涵的发掘与融合，形成育人特色。

三、教学过程

(一) 教学思路设计

1. 思政案例引入："中美贸易争端"

针对中美贸易争端中中国与美国的关税政策，探究关税在其中发挥的作用，组织学生开展分组讨论、代表发言。培养学生的历史思维、辩证思维和系统思维，并使学生树立国家利益高于一切的观念，把国家安全放在高于一切的地位，既是国家利益的需要，又是个人安全的需要，也是世界各国的一致要求。

2. 关税概述

通过开篇案例使学生认识到关税的重要作用后，对关税的种类、海关税则制度及关税的有效保护方面等相关理论作整体把握,并通过具体实例验证相关理论。

3. 关税的经验效应分析

学生学习贸易小国和贸易大国关税的经济效应并分析关税壁垒带来的影响,了解征收关税带来的影响,并能灵活应对关税壁垒带来的挑战。

(二) 教学过程安排

根据教学要求和教学计划,对教学过程进行系统安排。教学过程围绕课程思政所要求的"价值塑造、能力培养、知识传授"三位一体的教学目标突出教学过程中的思政元素,引导学生形成"四个正确认识",以培养学生正确的世界观、价值观和人生观。

国际贸易课程重在研究国家与国家之间的经济贸易关系,而且与国际时事紧密结合,通过对国际经济贸易方面热点问题的追踪与分析,引发学生对专业的兴趣,拉近课本所学理论与现实经贸实践的距离,帮助学生学会查找、搜集、整理实践中的信息和资料,调动学生学习的积极性、主动性和创造性。通过对中国与其他国家(尤其是发达国家)国际经济贸易领域发展的对比,与中国历史状况的比较,使学生认识改革开放以来中国巨大的发展变化,体会中国的优势,增强民族自信心和自豪感。为此,在授课内容中适当穿插一些奇闻趣事,用故事来诠释理论。因此,教学过程中增加案例式教学内容、实践教学环节和拓展实践性,提升学生对价值观、世界观和人生观的认知和体验,并引导学生形成和巩固"四个正确认识"。

具体如下:

教学意图	教学内容	环节设计
案例导入	"中美贸易争端" 美国的政策:2018 年 7 月 11 日,美国政府宣布对从中国进口的约 2 000 亿美元商品加征 10%的关税,8 月 2 日又将加征税率提高至 25%。 2018 年 9 月 18 日,美国政府宣布实施对从中国进口的约 2 000 亿美元商品加征关税的措施,自 2018 年 9 月 24 日起加征关税税率为 10%,2019 年 1 月 1 日起加征关税税率提高到 25%。	小组讨论:中美贸易争端发生的背后原因及在争端中关税发挥的作用。 (5 分钟)

续表

教学意图	教学内容	环节设计
案例导入	中国的政策：2018年9月18日，国务院关税税则委员会决定对原产于美国的5 207个税目、约600亿美元的商品加征10%或5%的关税，自2018年9月24日12时01分起实施。 2018年9月24日，国务院新闻办公室发表《关于中美经贸摩擦的事实与中方立场》白皮书，旨在澄清中美经贸关系事实，阐明中国对中美经贸摩擦的政策立场，推动问题合理解决。 2019年8月5日，由于日前美方宣称拟对3 000亿美元中国输美商品加征10%关税，严重违背中美两国元首大阪会晤共识，国务院关税税则委员会对8月3日后新成交的美国农产品采购暂不排除进口加征关税，中国相关企业已暂停采购美国农产品。 2019年12月15日，为落实中美双方关于经贸问题的磋商结果，根据《中华人民共和国海关法》《中华人民共和国对外贸易法》《中华人民共和国进出口关税条例》等法律法规和国际法基本原则，国务院关税税则委员会决定，对原计划于12月15日12时01分起加征关税的原产于美国的部分进口商品，暂不加征10%、5%关税，对原产于美国的汽车及零部件继续暂停加征关税。除上述措施外，其他对美加征关税的措施继续按规定执行，对美加征关税商品排除工作继续开展。	引导学生要用全球视野和发展的眼光看问题，从历史发展角度进行思考，但同时也要意识到维护国家和民族贸易利益的重要性。
本节总体框架	（1）关税概述：关税定义、由来、作用、保护程度； （2）关税类别； （3）关税的征收：征收方法、征收依据； （4）关税的经济效应。	学生自由抢答所了解的关税种类。 展示学生的日常积累及专业素养，鼓励学生自主学习。 （1分钟）

续表

教学意图	教学内容	环节设计
核心内容1	关税的种类： （1）按征税商品的流向分为进口税、出口税和过境税。 （2）按差别待遇和特定的实施情况分为普通税、特惠税、最惠国税和普惠制。 （3）其他关税如进口附加税。	分组交流：了解关税的征收方法，并依据自己的理解将不同关税征收力度进行排序，引出对关税水平的衡量。 锻炼学生思考问题的能力，并引发学生对关税问题的兴趣。 （5分钟）
核心内容2	海关税则制度： （1）海关税则一般由两部分组成：一是海关课征关税的规章条例及其说明；二是商品分类及关税税率一览表。 （2）海关税则中的商品分类：联合国国际贸易标准分类（SITC），协调制度（HS）。	教师：对海关税则制度做初步介绍，利用PPT等图文展示使学生对我国的海关税则有初步的了解。 课后在"中华人民共和国海关总署"网站上了解有关中国关税的详细内容。 引导学生进行兴趣学习和培养学生自主学习的习惯。 （5分钟）

续表

教学意图	教学内容	环节设计
核心内容3	关税的有效保护： （1）名义关税率——商品由于实行关税保护而引起的国内市场价格超过国际市场价格的部分与国际市场价格的百分比。（税则中的税率） 计算公式——$N=(P'-P)/P$ （2）有效保护率——对进口产品征收了名义关税后，该名义关税对本国产品实际的有效保护率，也指征收关税后被保护行业单位产品附加价值的增加率。 计算公式——$E=(V'-V)/V$ E：有效保护率； V：某制成品在自由贸易时的单位产品附加值； V'：征收关税后的附加值。	教师：讲解关税保护率。 学生：运用教师讲解的知识进行相关例题计算。 实践是检验真理的唯一标准，通过例题可以检验学生对理论知识的掌握程度。 （10分钟）
核心内容4	关税的经济效应： （1）价格效应； （2）生产效应； （3）消费效应； （4）贸易效应； （5）税收效应； （6）福利效应。	观看视频："前车之鉴——揭开美国关税战的黑历史"。 启发学生思考：征收关税对征收国和贸易国有哪些利弊？美国征收关税是否达到它想要的目的？ 教师：讲解关税的经济效应。利用所学理论分析美国提高进口关税的实际福利效果，帮助学生树立正确的国家贸易利益观。 （15分钟）

教学意图	教学内容	环节设计
知识拓展	案例分析：欧盟提前实施新普惠制。 案例探讨了中国产品面临的"毕业"问题。欧盟启动的新普惠制方案中，斯里兰卡、泰国等国的部分商品享受普惠待遇，中国16大类50章产品将全部"毕业"，工业制成品中只剩工艺品和收藏品继续享受普惠制待遇。此方案使我方的受惠度大幅降低，中国对欧盟贸易顺差的不断增加，致使欧盟不断调整对中国的贸易政策。由于其他受惠国的同类商品仍享受普惠政策，我国一些优势产品出口竞争力会削弱。 围绕案例讨论以下问题： （1）欧盟出于何种原因使中国的受惠产品不断"毕业"？ （2）中国如何应对在欧盟受惠产品不断"毕业"的趋势？	以普惠制为例，使学生认识到关税制度对一国贸易的影响。主要体现在以下四个方面：①一国的出口量；②外汇收入；③出口商品的结构；④对第三国的影响。 （2分钟）
课程总结知识回顾	对本次课程的主要内容、教学重点与难点进行概括式的总结和回顾。	结合板书和PPT，对课程的主要内容、教学重点与难点进行总结，加深学生的印象。 （1分钟）

续表

教学意图	教学内容	环节设计
课后作业知识巩固	我国加入WTO前，汽车整车一直被征收相对较高的关税，1986年到1994年，关税政策维系了8年。1994年高关税开始松动。根据《中华人民共和国加入工作组报告书》《中华人民共和国加入议定书》的承诺，从2006年7月1日起，中国已将小轿车、越野车、小客车整车的进口税率由13.8%~16.4%降至10%。至此，中国加入WTO承诺的汽车及其零部件降税承诺已经履行完毕，不仅如此，根据海关总署2014年12月31日发布的《2015年关税实施方案》和2015年1月9日发布的《海关总署解读2015年关税实施方案》，我国加入WTO的降税承诺已于2010年全部履行完毕。 根据以上材料搜集相关资料查询我国2015年汽车关税类别，并谈谈关税对老百姓生活的影响，撰写报告上交。	通过课后作业及思考，增强学生从材料中提炼有用信息的能力，帮助学生对课堂知识进行温习和强化；同时增强学生搜集整理资料、撰写研究报告的能力。 （1分钟）

四、教学效果分析

（1）培养什么人、怎样培养人、为谁培养人，是高等教育的根本问题。专业知识找到了价值归属，培养学生树立正确的价值观，保证了国际贸易人才培养的方向。国际贸易知识与思政元素发挥协同效应，激发学生的爱国热情和危机感、使命感，能让他们在涉外事务中遇到国家利益问题时做出正确的选择。所以本课程润物细无声地用习近平新时代中国特色社会主义思想武装他们的头脑，为培养能够服务新时代中国特色社会主义建设的国际贸易人才提供保障。

（2）知识传授和价值引领同频共振能有效促进学生专业能力的提高，提高国际贸易人才培养的质量。课堂教学中以案例分析为载体的，主要聚焦大学生关注的国际贸易重点问题和典型案例，强调中国的价值观和贸易观，深化学生对经济全球化中中国的立场、态度、胸怀和格局的理解。将四个自信融入国际贸易实践之中，从而实现"专业思维、价值引领、国际视野"全员全程全方位育人的目的。

国际商务中的国家差异

闫云凤

一、课程思政元素发掘

本课程在授课时可能包含以下思政元素。

元素1 培养学生的"四个正确认识",即"正确认识世界和中国发展大势""正确认识中国特色和国际比较""正确认识时代责任和历史使命""正确认识远大抱负和脚踏实地"。

元素2 引导学生在思想上牢固树立"四个自信",即"中国特色社会主义道路自信、理论自信、制度自信、文化自信"。

元素3 将政治引领、价值塑造、知识传授与能力培养融为一体,全面落实"立德树人"的教学根本任务,以实现"三全育人",即"全员育人、全过程育人、全方位育人",培养"崇德尚能,经世济民"的国际经贸人才。

元素4 将世界观、人生观、价值观等立场观点和辩证性、系统性、历史性、创新性等思维方式相结合,把社会主义核心价值观融入课堂教学之中,培养学生的历史思维、辩证思维、系统思维、创新思维,引导学生树立正确的世界观、人生观、价值观、荣辱观。

二、教案设计

(一)教学目标

1. 知识目标

理解国家之间的政治、经济、法律体系的差异,及其对国际商务的影响;了解伦理、企业社会责任和可持续发展,及其对国际商务活动的影响和启示。

2. 能力目标

能够在国际商务活动中适应国家间的政治、经济、文化等差异,灵活应对国家差异带来的挑战。

3. 价值目标

用发展的眼光看待全球化的发展趋势,辩证地分析国家差异对国际商务的影响，正确认识中国特色和国际比较，推进习近平新时代中国特色社会主义思想。

(二) 教学内容和教学重点与难点

1. 教学内容

政治、经济、法律体系中的国家差异；经济发展中的国家差异；文化差异。

2. 教学重点

了解国家间的政治、经济、法律、文化差异，及其对国际商务的影响。

3. 教学难点

在实践中如何灵活应对国家差异给国际商务活动带来的困难与挑战。

(三) 教学手段与方法

课程思政意味着运用一种更为柔性的教育方法进行思想政治工作，关键在于教学方法的改革。2017年"五四"青年节前夕，习近平总书记强调"青年时期是培养和训练科学思维方法和思维能力的关键时期，无论在学校还是在社会，都要把学习同思考、观察同思考、实践同思考紧密结合起来，保持对新事物的敏锐，学会用正确的立场观点方法分析问题，善于把握历史和时代的发展方向，善于把握社会生活的主流和支流"。

因此，课程思政的目标是培养学生的历史思维、辩证思维、系统思维、创新思维，应着重将世界观、人生观、价值观等立场观点和辩证性、系统性、历史性、创新性等思维方式融入课程教学中，如采用研讨性、辩论性教学，在课堂讲授时更加注重与学生的互动交流，使学生更加积极、主动地参与到课堂教学之中，促进学生深入思考，在理论思辨、观点辨析的过程中深化思想政治教育内涵的发掘与融合，形成育人特色。

三、教学过程

(一) 教学思路设计

1. 思政案例引入："万众抗疫 VS 群体免疫"

针对抗击新冠疫情中国与美国的表现分成两种针锋相对的论调，组织学生开展分组对抗辩论赛，培养学生的历史思维、辩证思维和系统思维，并使学生认识到个人、企业和国家在"人类命运共同体"建设中的时代责任和历史使命以及如何脚踏实地、持之以恒地推动"人类命运共同体"的建设。

2. 从政治、经济、法律和文化等方面对比国家差异

通过开篇案例使学生了解国家之间存在着政治、经济、法律和文化等差

异,并引导学生了解这些差异产生的根源和影响。

3. 学生讨论分析国家差异给国际商务活动带来的挑战和机遇

使学生了解国家差异给国际商务带来的影响,并能灵活应对国家差异带来的挑战和机遇。

(二) 教学安排

根据教学要求和教学计划,对教学过程进行系统安排。教学过程围绕课程思政所要求的"价值塑造、能力培养、知识传授"三位一体的教学目标,突出教学过程中的思政元素,引导学生形成"四个正确认识",以培养学生正确的世界观、价值观和人生观。

国际商务的大舞台是令人着迷和激动人心的,如果以趣味性、知识性和可读性传播专业知识和思政内容,学生就能好学不倦,不致食而不化。为此,在授课内容中适当穿插一些奇闻趣事、用故事来诠释理论。因此,教学过程中增加案例式教学内容、实践教学环节以拓展实践性,提升学生对价值观、世界观和人生观的认知和体验,并引导学生形成和巩固"四个正确认识"。

教学意图	教学内容	环节设计
案例导入	"万众抗疫 VS 群体免疫"。	辩论分析:新冠肺炎疫情中各国政府、民众的不同做法,及其表现出的国家差异。 引导学生要有全球视野,从全球化视角进行思考,但同时也要维护国家和民族的利益。 (10分钟)
本节总体框架	(1) 政治、经济、法律体系中的国家差异; (2) 经济发展中的国家差异; (3) 文化差异。	从辩论中了解国家存在的差异,懂得在国际商务活动中了解各国差异的重要性。 (1分钟)

续表

教学意图	教学内容	环节设计
核心内容1	集体主义和个人主义： （1）集体主义是指集体目标优先于个人目标的一种政治体制。 （2）个人主义是指这样一种哲学，即一个人应享有经济和政治追求的自由。相对于集体主义而言，个人主义强调个人的利益优先于国家的利益。	以抗击新冠疫情中各国的不同做法为例，说明集体主义和个人主义的区别，说明政治体制的差异。 （5分钟）
核心内容2	（1）经济体制：市场经济、计划经济和混合经济。 （2）经济发展的差异。 （3）人文发展指数。诺贝尔经济学奖获得者阿马蒂亚·森（Amartya Sen）认为，衡量发展水平应少点诸如人均GNI之类的物质产出指标，而多一点关于人民所拥有的能力和机会的指标。联合国采纳了森的观点，建立了人文发展指数（Human Development Index，HDI）来衡量不同国家人们的生活质量，有三个基本指标：期望寿命（这是健康保障的函数）、接受教育的权益（这是一个综合指标，包括成人识字率以及初等、中等和高等教育的入学率）和基于PPP估算的平均收入能否满足人民的基本生活需求（包括食品、住房和医疗卫生条件）。	（1）观看视频"Joy of states Economy and Human Welfare"，了解近200年全球200多个国家经济发展和人均寿命变化，重点分析中国的变化趋势，从历史发展和科学数据中树立"四个自信"。 （2）课后选择5个不同的国家，比较这些国家的人文发展指数（HDI） （15分钟）
核心内容3	（1）法律体系：包括普通法、大陆法和宗教法。 A. 普通法体系以传统先例和惯例为基础。目前采用此法系的大多为英国及其前殖民地国家。 B. 大陆法体系以一套十分详尽的法律条文所组成的法典为基础，包括德国、法国、日本和俄罗斯在内的80多个国家实行大陆法。	教师：讲解三大法律体系的不同；并提出问题"不同法律体系的企业从事国际商务活动，应该遵循哪个国家的法律？"

续表

教学意图	教学内容	环节设计
核心内容3	C. 宗教法体系是以宗教教义为基础，伊斯兰法是当今世界使用最广泛的宗教法律制度。 （2）合同法的差异，《联合国国际货物销售合同公约（CISG）》。 （3）财产权和腐败行为。 （4）知识产权的保护：专利、版权、商标。 A. 专利准许一个新产品或新工艺的发明者在一定时期内享有制造、使用或出售该发明的专有权。 B. 版权是作者、作曲家、剧作家、艺术家和出版商出版及以适当的方式传播其作品的专有合法权利。 C. 商标是设计和品牌的名称，通常需要注册登记，商人或制造商用以称呼和区别其产品。 （5）产品安全与产品责任。	学生讨论： （1）在三大法律体系下合同法的差异？ （2）产品安全和责任法的国家差异，给企业在海外从事商务活动带来一个重要的伦理问题。当产品安全法在企业母国比外国更严格，或者说外国产品责任法相对宽松时，企业在外国从事商务活动应该依照当地更宽松的标准还是较严格的母国标准？ 引导学生了解知识产权保护、产品安全与产品责任对从事国际商务活动的重要性。 （10分钟）
核心内容4	（1）文化差异；文化的决定因素。 ①宗教； ②政治和经济； ③哲学； ④教育； ⑤语言； ⑥社会结构。 （2）跨文化素养与竞争优势。	使学生认识到一国的价值体系和道德准则会影响在该国从事商务活动的成本。而在一国从事商务活动的成本则会影响企业在全球市场上建立竞争优势的能力。 （1分钟）

续表

教学意图	教学内容	环节设计
知识拓展	案例分析：百思买和易趣在中国。 案例探讨了百思买（Best Buy）和易趣（eBay）决定在中国开展业务时的诸多失误。在百思买的案例中，该公司未能认识到中国和美国消费者之间的价格敏感性差异。此外，中国的盗版率相对较高，意味着对百思买产品的需求低于盗版不那么常见的美国。最后，该公司传统的大型商店美学并没有吸引中国消费者。在易趣（eBay）的案例中，该公司没有意识到中国消费者对竞争对手淘宝网的偏爱，也没有意识到淘宝网凭借其内置的即时通信功能所具有的独特优势。 围绕案例讨论以下问题： （1）了解中国的文化传统以及它们如何塑造中国的零售体验预期。在承认（并接受）中国购物文化方面，百思买和易趣的高管们应该采取哪些不同的做法？ （2）由于中国消费者不喜欢百思买的价格和庞大的门店规模，百思买决定关闭所有门店，将重点放在江苏五星连锁门店上，考虑到2021年中国中产阶级购买力的预期增长，这种策略有意义吗？ （3）如果易趣能凭借目前对中国电子商务市场的了解回到过去，它可能会使用什么策略来确保客户更积极地接受？你认为它能吸引淘宝的大量用户吗？	通过案例分析，使学生认识到国际商务之所以不同于国内商务，是因为各国社会存在差异。社会差异是不同文化所致，文化差异乃是社会结构、宗教、语言、教育、经济和政治哲学等方面的深刻差异所致。这些差异对国际商务的重要启示主要表现在三个方面：①发展跨文化知识的需要，不仅要理解文化差异的存在，还要理解这些差异对国际商务活动的意义；②了解文化和国家竞争优势的关系；③了解决策中文化和伦理之间的关系。 （1分钟）
课程总结知识回顾	对本次课程的主要内容、教学重点和难点进行概括式的总结和回顾。	结合板书和PPT，对课程的主要内容、教学重点和难点进行总结，加深学生的印象。 （1分钟）

续表

教学意图	教学内容	环节设计
课后作业知识巩固	（1）你将去智利做一次商务旅行，需要与当地的专业人士进行广泛的接触，所以在出发前你会有意识地收集有关当地文化和商务习惯的信息。一位来自拉丁美洲的同事建议你访问多文化学习中心（Centre for Intercultural Learning），在那里可以全面了解有关智利的知识。请撰写一篇描述该国影响商务交往文化特征的短文。 （2）通常来说，文化因素会导致国际商务旅行中所遇到的不同的商务礼仪。相对于西方文化，中东文化所呈现的商务礼仪是截然不同的。在即将开始你的商务旅行时，一位同事告诉你，一本有世界各国商务礼仪的指导手册对你可能有帮助。使用 GLOBAL EDGE 网站，选择一个中东国家，然后找五个有关商务礼仪的小贴士。	两道题选其中一个。 通过课后作业及思考，帮助学生对课堂知识进行温习和强化；同时增强学生搜集整理资料、撰写研究报告的能力。 （1分钟）

四、教学效果分析

（1）专业知识找到了价值归属，提升了学生的价值判断能力，保证了国际商务人才培养的方向。将国际商务知识与思政元素相结合，激发了学生的爱国热情和危机感、使命感，能让他们在潜移默化中自觉地把个人奋斗与国家民族的前途命运联系起来，承担起实现民族复兴和伟大中国梦的责任。所以本课程润物细无声地用习近平新时代中国特色社会主义思想武装他们的头脑，为培养能够服务新时代中国特色社会主义建设的国际商务人才提供保障。

（2）知识传授和价值引领同频共振能更有效地促进学生专业能力的提高，提高商务人才培养的质量。课堂教学中以案例分析为载体，聚焦大学生关注的国际商务重点问题和典型案例，将四个自信融入国际商务实践，从而实现"专业思维、价值引领、国际视野"全员全程全方位育人的目的。

发展经济学

课程性质：专业课
课程类别：理论课
授课对象：经济学专业本科生

"发展经济学"是经济学专业本科生的专业选修课程。本课程在人才培养方案中居于辅助地位，起到巩固经济学理论基础，扩展经济学理论知识和培养运用经济学理论分析现实问题能力的作用。其任务是针对发展中国家的现实经济问题，运用发展经济学的相关理论加以分析，在分析过程中，使学生加深对经济理论和经济问题的理解和把握。通过学习本课程，使学生理解和掌握经典的发展经济学理论，熟悉发展中国家特别是中国面临的主要经济发展问题以及解决这些问题的基本思路，使学生初步具备运用经济理论分析和解决各类现实经济问题的能力，启发学生对后续课程的学习兴趣。

构建中国特色发展经济学视角下的经济增长理论

王 琨

一、课程思政元素发掘

本课程在授课时可能包含以下思政元素。

元素 1 结合习近平总书记论述中国特色经济学的系列讲话，阐明在增长理论的启发下，引入中国特色社会主义发展经济学理论体系、话语体系、学科体系的紧迫性和必要性。

元素 2 通过对哈罗德—多马模型的推导得出资本主义经济内在不稳定的结论，对比马克思主义政治经济学相似的基本观点，揭示出马克思主义经济学强大的洞察力。

元素 3 对比哈罗德—多马模型和索洛模型的基本结论，结合资本主义经济发展实践，从意识形态层面明确经济学理论的意义，进而坚定构建中国特色发展经济学的必要性。

二、教案设计

（一）教学目标

教师在讲授哈罗德—多马模型、索洛模型、新增长模型等几种经典的增长模型及其政策含义和局限性的基础上，通过头脑风暴和案例讨论等教学手段和互动式教学方法调动学生主动学习的积极性。目的在于提高学生的发散思维能力，加强其把课本知识转化为具体思维体系和方式的能力，最终培养学生理论思考和逻辑思考的习惯。具体包括知识、能力和价值层面。

1. 知识目标

根据学生的认知规律，通过头脑风暴、案例讨论等方式帮助学生熟练掌握哈罗德—多马模型、索洛模型、新增长模型等几种经典增长模型的基本结构，并能够应用经济学的图形和数理分析方法分析长期动态均衡的存在性、唯一性和稳定性，进而明确不同模型的政策含义和局限性。

2. 能力目标

注重培养学生的经济学思维和直觉，让学生可以运用所学的几种经典经济增长模型分析并解决不同国家在不同经济增长阶段所面临的问题，培养学生活学活用知识的能力。

3. 价值目标

使学生明确新时代构建中国特色发展经济学理论体系的必要性和紧迫性，继而树立未来学术研究"顶天立地"，努力服务国家的理想信念。

（二）教学内容和教学重点与难点

1. 教学内容

按照教学大纲的要求，本课程的主要教学内容分为4个部分。

（1）经济增长理论的谱系。从经济思想史的角度结合增长理论的演变历程，向学生简单介绍不同流派经济增长理论的共识和分歧，使学生能够了解不同增长模型在增长理论图谱中的位置，明确各模型的优缺点。通过阐述各流派增长理论统一对话的平台揭示有中国特色的发展经济学构建的基本思路。

（2）哈罗德—多马模型。以西方世界"大萧条"和苏联社会主义经济建设经验为出发点，结合三种不同增长率的数理推导过程分析哈罗德—多马模型中均衡的存在性和稳定性问题，揭示储蓄和资本形成对经济增长的决定作用，明确发展中国家制订增长计划的合理性。

（3）索洛模型。以美国近100年来的具体经济发展实践为案例，引入索洛对哈罗德—多马模型的关键修正——生产要素可以相互替代以及要素边际产出递减，并重点讲解索洛模型的数理推导过程和局限性。

（4）新增长模型。以索洛模型的局限性为出发点，结合罗默在2018年诺贝尔经济学奖颁奖现场的演讲视频，阐明为了规避边际报酬递减的不利影响，学界分别从知识资本和人力资本两个视角引入外部性构建内生增长模型的基本思路，并简要介绍当前新增长理论重点关注的前沿问题。

2. 教学重点

（1）理解经济增长理论在发展经济学中的定位，明确构建中国特色发展经济学的基本思路。

（2）掌握哈罗德—多马模型、索洛模型、新增长模型的基本结构和数理推导过程。

（3）掌握哈罗德—多马模型、索洛模型、新增长模型的政策含义及内在局限性。

3. 教学难点

（1）理解并区分不同增长模型的基本结论，及其政策含义和局限性。

（2）经济增长理论在发展经济学特别是中国特色发展经济学中的作用。

(三) 教学手段与方法

1. 知识讲解+视频展示

发展经济学，特别是其中的增长理论部分数理推导复杂，模型众多，结论各异，学生普遍缺乏兴趣。鉴于此，在课堂中运用多媒体演示、视频和板书相结合的方式开展教学，通过动态的多媒体演示、生动的案例教学法和自然的思考逻辑链，吸引学生的注意力。

2. 引导学生自主思考

课堂教学中运用提问互动的方式引导学生自主思考，例如，在讲完索洛模型的局限性时，可以先让学生自行思考有哪些方法可以修正假设，解决模型的不足。实践表明学生在教师的引导下自主思考得出的知识更容易被记忆，且这种自主思考得到肯定的成就感会增加学生学习本门课程的信心和积极性。

3. 引导学生活学活用

新时代的青年学生往往注重知识的价值，希望所学知识能够在未来的学习生活中发挥作用。因此，本课程有意识地培养学生建立理论联系实际的思维模式，课堂上学习经济增长理论的建模和分析方法，课下思考如何应用这些方法解决自己所熟悉的不同国家经济发展绩效的问题。

三、教学过程

(一) 教学设计思路

（1）回顾已学知识，明确本节课内容在整体知识框架中所处的位置，使学生能够将已学知识和将学知识建立联系。

（2）紧扣教学大纲和课程思政要求，让学生深入理解并掌握不同增长模型在增长理论图谱中的位置，为构建中国特色发展经济学提供基本思路。

（3）针对哈罗德—多马模型的局限性引出索洛对经济增长模型所做的关键修正，详细展示索洛模型的推导过程，明确模型的政策含义和局限性。

（4）针对索洛模型的局限性，引导学生思考修正模型的方法。阐明为了规避边际报酬递减的不利影响，学术界分别从知识资本和人力资本两个视角引入外部性构建内生增长模型的基本思路，并简要介绍当前新增长理论重点关注的前沿问题。

（5）总结学过的增长模型的适用范围及局限性，帮助学生再现增长理论的谱系，引导学生自主总结所学模型对构建中国特色发展经济学值得借鉴的地方。

（二）教学过程安排

教学意图	教学内容	环节设计
内容回顾和知识框架	（1）已学知识回顾。此前章节阐述了发展经济学的内涵、特征、对象、方法等基本问题。但经济发展是一个多维的概念，而增长问题是发展的核心，也是经济发展的必要条件。 增长理论对宏观经济动态变化过程进行了高度抽象的描述，试图揭示经济增长的根本原因。本节介绍主流经济学几个经典的增长模型，一方面有助于发展中国家从对发达国家经济增长的理论和经验分析中寻求借鉴，另一方面也有利于明确构建中国特色发展经济学的基本思路。此外，本单元知识也是下一单元介绍经济发展的阻碍因素——贫困陷阱的理论基础。 （2）建立知识框架。零散的知识点或独立的章节只有放在整体知识框架中才能显示出学科的脉络与体系。因此，本课程注重培养学生建立知识框架、运用思维导图总结知识，在本节开始时，会特别说明本节知识在课程知识框架中所处的位置，以及前后联系。	回顾已学知识，明确本节内容在整体知识框架中所处的位置，使学生能够将已学知识和将学知识建立联系。 多媒体演示、讲解。 （1分钟） 引导学生构建知识点的思维导图。 （1分钟）
经济增长理论的谱系	（1）增长理论在宏观经济学中的定位。宏观经济学中所学的经济增长理论为新古典主义主流增长理论，大都从索洛模型出发，很少涉及哈罗德—多马模型。 （2）增长理论的谱系及其在发展经济学中的定位。实际上，不同的经济学流派有不同的增长理论，马克思主义增长理论、新古典主义增长理论、后凯恩斯主义增长理论有着共同的基础——社会再生产理论，这也为构建中国特色发展经济学提供了基本思路。	紧扣教学大纲和课程思政要求，让学生深入理解并掌握不同增长模型在增长理论图谱中的位置，为构建中国特色发展经济学提供基本思路。 多媒体演示。 （1分钟） 多媒体演示、讲解。 （4分钟）

续表

教学意图	教学内容	环节设计
哈罗德—多马模型	（1）以苏联发展国民经济的"五年计划"为例，结合大国崛起纪录片《风云新途》中的视频片段，引出储蓄和资本形成在经济增长中的重要作用。 （2）通过宏观经济循环流量图推导凯恩斯宏观经济理论 $I=S$ 的静态均衡条件。 （3）将短期、静态分析扩展到长期，推导哈罗德—多马模型，得出基本方程式 $g=s/v$。 （4）通过引入实际增长率、有保证的增长率和自然增长率三种不同类型的增长率及不同的内在作用机理，揭示哈罗德—多马模型中不稳定均衡的结论。 （5）依据不稳定均衡的结论和基本方程式，阐述哈罗德—多马模型支持政府干预经济（特别是通过公共投资）的政策含义。 （6）结合前提假设分析哈罗德—多马模型的局限性（刚性生产函数的假设过于强调储蓄和资本形成，忽视了其他因素）。	结合苏联经济发展实例，详细讲解哈罗德—多马模型，引发学生对增长理论的兴趣。 思政：通过模型推导揭示出资本主义经济内在不稳定性，并在回顾哈罗德—多马模型起源的基础上使学生理解哈罗德—多马模型与马克思再生产理论同根同源，深刻认识马克思经济学的强大洞察力。 举例、播放视频资料。 （2分钟） 课堂板书。 （6分钟） 多媒体演示。 （4分钟）
索洛模型	（1）哈罗德—多马模型得出的资本主义经济不稳定增长的结论显然不能让新古典主流经济学家满意，为了论证资本主义制度的合理性，需要一个动态稳定的增长模型。 （2）阐明索洛对哈罗德—多马模型进行的关键修正：第一，放弃刚性生产函数假设，假设两种生产要素互相替代；第二，假设资本边际产出递减。正是这两项修正使索洛模型在均衡稳定性问题上得出了与哈罗德—多马模型截然不同的结论。 （3）详细推导基本的索洛模型，得出索洛模型的基本方程 $\Delta k=sf(k)-nk$，通过图形分析演示索洛模型均衡状态的稳定性。	针对哈罗德—多马模型的局限性引出索洛对经济增长模型所做的关键修正，详细展示索洛模型的推导过程，明确模型的政策含义和局限性。

续表

教学意图	教学内容	环节设计
索洛模型	（4）进一步将劳动增强型技术进步引入基本的索洛模型，通过数理推导证明技术进步是长期经济增长的决定因素。 （5）介绍增长核算的方法，以测度技术进步。 （6）依据稳定均衡的结论和索洛模型的基本方程，阐述索洛模型中提高储蓄率（不具有增长效应，但具有水平效应）和控制人口增长的政策含义。 （7）结合哈罗德—多马模型和增长理论的旨趣明确索洛模型的局限性（总量生产函数不能准确描绘现实；长期是一个模糊的概念；忽视了企业家预期对宏观经济的重要影响；将影响经济增长的因素假设为外生的），模型解释力有限。 （8）【小测试】 假设生产函数为 $Y = K^{\alpha} N^{1-\alpha}$，其中，$\alpha = 1/3$。 ①这个生产函数存在规模报酬不变吗？ ②资本存在规模报酬递减吗？ ③劳动力存在规模报酬递减吗？ ④将生产函数转化为劳均产出与劳均资本的关系式。 ⑤给定储蓄率 s 和折旧率 δ，写出稳态劳均资本的表达式。 ⑥写出稳态劳均产出的表达式。 ⑦$s = 0.32$，$\delta = 0.08$，稳态劳均产出为多少？ ⑧若折旧率仍为 0.08，储蓄率减半，新的稳态劳均产出为多少？ 答案：①②③均为存在；④$Y/N = (K/N)^{1/3}$；⑤在稳定状态，$sY/N = \delta K/N$，给定④中的生产函数，意味着 $K/N = (s/\delta)^{3/2}$；⑥$Y/N = (s/\delta)^{1/2}$；⑦$Y/N = 2$；⑧$Y/N = 2^{1/2}$。	思政：对比索洛模型与哈罗德—多马模型的结论，增长理论对资本主义经济特征的刻画由内在不稳定转变为内在稳定。一方面揭露了西方主流经济学意识形态刻意美化资本主义制度的工具功能；另一方面展示了经济学理论的意识形态作用。坚定构建以人民为中心的中国特色发展经济学的必要性和紧迫性。 多媒体演示。 （3分钟） 图形分析和课堂板书。 （7分钟） 随堂小测试。 （3分钟）

续表

教学意图	教学内容	环节设计
新增长理论	（1）以索洛模型的局限性为出发点，鼓励学生使用头脑风暴法探讨对索洛模型进行修正的可能性。 （2）结合罗默在2018年诺贝尔经济学奖颁奖现场的演讲视频介绍主流学者规避边际报酬递减的两种方法：知识资本方法和人力资本方法。 （3）通过对两类简单内生增长模型的数理推导，明确新增长模型引入外部性规避报酬递减的建模思路，理解新增长模型支持政府为克服竞争性均衡的外部性问题，主动干预经济、提高社会福利的政策含义。 （4）教材所阐述的两个新增长模型比较简单，稍显陈旧，没有反映最近的研究进展。通过简要介绍当前新增长理论研究的前沿问题（熊彼特增长模型、统一增长模型、制度增长模型），帮助学生跟踪最新文献，提高学术研究的问题意识和敏感度。	针对索洛模型的局限性，引导学生思考修正模型的方法。 阐明为了规避边际报酬递减的不利影响，学术界分别从知识资本和人力资本两个视角引入外部性构建内生增长模型的基本思路，并简要介绍当前新增长理论重点关注的前沿问题。 生生互动。 （2分钟） 视频播放。 （2分钟） 多媒体演示、板书。 （11分钟）
总结外部性知识点与课后思考题	（1）不同流派的经济增长理论有不同的分析方法和侧重点，但有一个共同的基础——社会资本再生产理论，构建中国特色的发展经济学应当以再生产理论为基础搭建各学派交流对话的平台，积极借鉴各方的有益成果。 （2）哈罗德—多马模型将凯恩斯短期静态分析扩展到长期，突出了储蓄和资本形成在经济增长中的作用，但刚性生产函数的假定导致不稳定均衡的出现，资本主义经济没有内在机制保证经济长期处于均衡增长路径。 （3）索洛模型对哈罗德—多马模型进行了修正，强调要素互相替代和边际生产力递减，由此得出了稳定的均衡增长路径，但对于长期经济增长的最终决定因素——技术进步，索洛模型却没能予以说明。	加强对本节课内容的理解，将所学知识应用于解决日常生活的问题。 对比各模型的基本结论。 思政：引导学生思考构建中国特色发展经济学应当积极吸收哪些模型的成果。 讲解、生生互动。 （3分钟）

续表

教学意图	教学内容	环节设计
	（4）新增长模型通过引入知识或人力资本的外部性规避了生产要素边际报酬递减，解释了长期技术的动态演化，但对于促进技术进步机制的分析却并未达成共识。 课后思考题：在构建中国特色发展经济学的过程中，哈罗德—多马模型、索洛模型、新增长模型有哪些值得借鉴的地方？	
延伸阅读	[1]斯诺登，文．现代宏观经济学：起源、发展和现状［M］．南京：江苏人民出版社，2018. [2]巴罗，等．经济增长［M］．上海：格致出版社，2010. [3]哈罗德．动态经济学［M］．北京：商务印书馆，2016. [4] LUCAS. On the Mechanics of Economic Development [J]. Journal of monetary economics, 1988（22）：3-42. 【说明】图书[1]~[3]是教材，由于各教材的侧重点不同，课后补充阅读这些教材有助于学生深入理解增长理论。文章[4]是卢卡斯开启内生增长理论研究的种子文献，提供给对此部分内容感兴趣的学生阅读。	了解课后阅读材料，扩展视野，有助于学生深入理解经济增长理论。 互联网资料分享。

四、教学效果分析

引入经济增长理论谱系一节旨在使学生明确各种增长模型的定位及不足，破除对西方经济理论的迷信，树立构建中国特色发展经济学的信心。从2020—2021学年度第二学期学生的反馈情况看，普遍认为这一节内容的引入有"画龙点睛"的作用，清楚地理解了所学模型的内在逻辑联系，但对于谱系图中未学过的其他模型则稍显陌生，还不能完全掌握理论图谱。今后在教学中应当努力用更清晰、易懂的语言阐释学生未学过的增长模型的核心思想。

民族要复兴，乡村必振兴

王少国

一、课程思政元素发掘

本课程在授课时可能包含以下思政元素。

元素1 在中国共产党的正确领导下，以中国特色的城乡一体化发展理论为指导，中国二元经济向现代一元经济的转型取得了巨大成功，积累了丰富的中国发展经验。

元素2 在中国共产党的正确领导下，中国农村走上致富路，特色的城乡一体化和农业协调，农村经济面貌焕然一新，传统农业加速向现代农业转换，积累了丰富的中国特色的乡村经济振兴经验。

二、教案设计

（一）教学目标

在中国特色社会主义经济理论指导下，认识和掌握刘易斯—拉尼斯—费景汉二元经济理论和改造传统农业的相关理论，并学会运用相关理论分析中国二元经济转型及改造传统农业的乡村振兴经验。

（二）教学内容和教学重点与难点

二元经济理论和中国经验，改造传统农业的中国经验。重点与难关为中国特色社会主义经济理论与发展经济学二元经济理论及改造传统农业理论的有机结合和现实运用。

（三）教学手段与方法

课下分组研讨案例，课上分组讨论、展示。

三、教学过程

教师课堂讲授二元经济理论和改造传统农业的理论，案例作为课下分组研讨作业。课上各组学生代表运用中国特色社会经济理论结合教师所讲理论阐述自己对中国二元经济转型和乡村振兴的认识，各组对问题的不同观点进行辩论，教师进行点评，最后对案例进行总结分析。

四、教学效果分析

使学生深刻理解中国在二元经济转型和改造传统农业方面所取得的巨大成就和中国经验，更加深刻地理解中央乡村振兴经济政策的重要意义，更加坚定"四个自信"。

案例：民族要复兴，乡村必振兴

在 2020 年 12 月 28 日至 29 日召开的中央农村工作会议上，习近平总书记发表重要讲话，要求"举全党全社会之力推动乡村振兴，促进农业高质高效、乡村宜居宜业、农民富裕富足"。在向第二个百年奋斗目标迈进的历史关口，在我国即将进入"十四五"时期、开启全面建设社会主义现代化国家新征程的重要历史交汇点，习近平总书记的重要讲话高瞻远瞩、意义重大，发出了全面推进乡村振兴的动员令。中国要强农业必须强，中国要美农村必须美，中国要富农民必须富。

《凯里新光村：芦笙歌悠扬，田园新风光》（贵州日报，2021-04-08）。踏着一路春光，走进凯里市舟溪镇新光村，村里的芦笙堂前，村民们正在准备竹管、安装簧片、凿按音孔，向游客展示着苗族传统芦笙制作技艺。

新光村地处山谷，风景优美，世代居住这里的苗族同胞拥有传承了 400 多年的传统芦笙制作技艺，是国家级非物质文化遗产。这里的芦笙以工艺精湛、外观精致、种类繁多而盛名海内外。2014 年以来，新光村大力发展旅游产业，实现了农文旅产业全面融合发展。

新光村目前从事芦笙制作的农户共 16 户，户均芦笙制作年收入在 8 000 元以上，芦笙已逐渐成为当地群众脱贫致富的支柱产业。原来一把芦笙卖二十几块钱，现在可以卖到两三千元了，还卖到了美国、英国。新光村将芦笙产业和传统景区旅游有机地结合在一起，精准把握研学路径，开发出一条面向中小学生的"文化+产业+旅游"的"研学游"线路，实现旅游增收。

为充分释放农村活力，新光村引进"精致农业"的发展理念和管理模式，在政府的支持下，于 2014 年建成云谷田园现代高效农业示范园，实现了以"云谷田园模式"为代表的农文旅产业全面融合发展。云谷田园目前建成温泉酒店、袋底洞主题屋、休闲垂钓区、烧烤区、生态农业区等 11 个业态项目，发展生态旅游，带动周边村寨增收。

云谷田园项目的建成还探索出一条可持续、有特色的"两金模式"文旅脱贫之路。一方面村民通过将土地流转给企业使用的形式，获得土地租金；

另一方面园区可为当地提供500余个就业岗位，村民可就近在园区务工，实现就业增收。

此外，新光村充分挖掘当地苗文化资源，推进舟溪片区农文旅一体化发展，于2019年建成云谷小镇，吸纳了苗族芦笙制作、苗侗美食、银饰刺绣、医药康养等项目入驻。至此，新光村走上了从单一的"芦笙产业"转变成为"农文旅"一体化多产业发展的美丽乡村之路。

《高招盘活集体经济　金沙县岩孔街道的致富"花路"越走越宽》（贵阳日报，2021-03-30）。近年来，贵州金沙县岩孔街道东光社区党支部依托街道打造"花卉小镇"的发展定位，探索"创花卉品牌、育果蔬精品、固粮油传统、助农旅融合"的发展路径。如今已成功打造了资金联入群众、合作联入企业、销售联入市场的"三联"模式，在坝区2 600余个大棚里发展种植鲜切花300亩、蔬菜700亩、圣女果800亩、蓝莓150亩。2020年两个合作社纯收益达到68万元，股东分红资金47.6万元。

参与务工的东光社区居民余昌伦说："自己家土地全部流转出来，现在在公司做管理工作，每个月有5 000元钱的工资。花卉产业对当地老百姓务工产生了很大的带动效益，大家都表示愿意加大资金投入到合作社的下一步发展中来。"

为了拓宽增收渠道，大棚基地还主动承接了园区劳务外包工程，在优先保证入社村民务工的同时，大量吸纳未入社劳动力。目前，长期务工群众有200多人，高峰期时可达到400余人，合作社可带动居民年人均增收9 000元以上。合作社还通过在核心区设置小吃摊点、出租小商品摊位，发展民宿、农家乐等方式，引导和支持居民自主经营，变农户为商户。在增加群众收入的同时，也让合作社的收益大幅提高，实现了村集体和群众"双增收"。

据了解，合作社正在积极拓展线上销售和旅游市场。依托农产品产销对接大数据平台优势，基地开设了"唯美东光"微信公众号，线上售卖农特产品。岩孔街道党工委书记陈斌还计划借助绿丰梁子和白云山的自然景观资源打造景区，大力发展集民宿餐饮、骑行观光、采摘体验等于一体的特色乡村旅游。

《贵州遵义：火红的辣椒映出红红火火的日子》（贵阳日报，2021-04-05）。全国最大的辣椒交易市场——贵州省遵义市新蒲新区虾子镇中国辣椒城。刚刚步入交易市场，不同品类的辣椒堆积如山，空气中辛辣的味道扑面而来。工人们正热火朝天地把辣椒装袋搬运到货车上，准备运往全国各地。

"贵州地处云贵高原高海拔地区，得天独厚的海拔气候，恰到好处的地理位置，贵州辣椒的品质在全国是最好的，我们的辣椒在市场上一直都是供不应求的,都在销往世界各地。"遵义市辣椒协会常务副会长石永松介绍道,我们采取的是"公司+基地+农户"的模式,结合市场需求订单种植朝天椒、珠子椒等特色辣椒品种,同时与农户签订产销合同,统一实行集中育、技术管理、质量标准、保底价收购,确保老百姓有稳定的收入。在辣椒城从事辣椒装卸十多年的村民石茂伦告诉记者,以前他在浙江打工一年收入三四万元,为了方便照顾老人,来到辣椒城打工一年收入七八万元。现在妻子也在家里和公司签订产销合同,订单式收购,每年家里又能增加一份稳定的收入。

据了解,遵义全市辣椒种植面积常年在200万亩以上,占贵州省的40%、全国的8%、全球的3%,居国内辣椒主产区地级市首位。已有了中国辣椒、虾子定价、影响全球的地位。新蒲新区围绕"一心两翼"辣椒产业布局,已形成了以国家级遵义辣椒市场——中国辣椒城为依托,辣椒加工园、辣椒物流园、辣椒智慧产业园为延伸的"一城三园"辣椒产业发展新格局。

《传统苗绣成乡村振兴动力源 一针一线绣出别样精彩》等(光明网,2021-03-31)。苗族女子自小就学习刺绣,"小时候看着妈妈在灯下刺绣补贴家用,我就想,什么时候苗绣能被更多的人知道,家里生活能好起来。"现在,杨文丽小时候的愿望已经实现。在贵州省毕节市黔西县新仁苗族乡化屋村,杨文丽作为扶贫车间的带头人,以苗绣、蜡染作为特色产业,生产的苗族服饰及手工艺品不仅受到广大游客的喜爱,还在电商直播带货中受到网友的追捧,乡亲们的生活越来越好。

化屋村村民以苗族为主,民族特色鲜明,被命名为"中国民间文化艺术之乡"。杨文丽原本与丈夫在其他地方从事刺绣事业,得知化屋村开设扶贫车间,经营刺绣业务后,两人主动提出回乡创业。随后苗绣、蜡染等成为化屋村重点发展的特色产业,吸纳了数十名村民就业。

黔西县新仁乡化屋村易地扶贫搬迁安置点民族刺绣扶贫车间,是新仁乡化屋村为解决易地扶贫搬迁安置点34户159名搬迁群众在家劳动力就业问题,引进原化屋村水库搬迁移民,党员尤华忠创办的一家苗族刺绣服装加工厂,主要生产苗族服饰及手工艺品等。

2021年2月3日,习近平总书记来到毕节市黔西县新仁苗族乡化屋村。在扶贫车间里,看到一件件精美的手工苗绣服装,习近平总书记勉励大家,一定要把苗绣发扬光大,这既是产业也是文化,发展好了既能弘扬民族文化、传统文化,同时也能为产业扶贫、为乡村振兴做出贡献。

苗族服饰较为尊重个性,善于自行设计图案,并用不同材料进行装饰,具有颜色艳丽、图案多样等特点,无固定款式,主要分为传统和现代两大类。这两大类服饰围绕本民族文化中的花纹、图案等基本元素,结合不同购买者对颜色、种类、款式的喜爱，可以设计生产出独一无二、不同风格的多种服装。

为了让更多的人了解和喜爱苗绣服饰和手工艺品，杨文丽聘请了一位专业设计师，结合传统与时尚元素，希望设计出更多受到消费者喜爱的产品。不仅如此，杨文丽还开设了电商直播带货。每天直播2~3个小时，最好的时候可以卖出十几套服饰。在杨文丽看来，传统服饰与现代工艺结合、与新媒体营销结合，不仅是走出发展的新路径，更是为了让更多的人了解苗绣、喜爱苗绣。

同时扶贫车间的建立，也是将工厂开在了易地扶贫搬迁户家门口，使易地扶贫搬迁安置点有了产业支撑，打造了一条"车间就在家门口、上班只需下个楼"的就近就业渠道，通过"一户一人就业"实现易地搬迁群众"搬得出、稳得住、能致富"的目标。

《农文旅相结合　走出"花茂"乡村振兴路》（新华网，2021-04-06）。走进花茂村，远远望去多是老木屋、土院墙以及蜿蜒的乡间石板路。四月初，油菜花、樱花仍在零星开放，山间云雾缭绕，花茂村宛若一幅美丽天成的黔北山乡画卷。近年来，遵义市加快推进乡村旅游业发展，依托农耕文化、土陶文化和乡愁文化等独特旅游资源优势，遵义市播州区枫香镇花茂村不少村民搭上了发展的"快车"，吃上了"旅游饭"。

"你好，这里是'红色人家'，有12桌客人用餐吗？可以安排吗？"中午时分，还在院坝里张罗客人吃饭的王治强忙个不停，他这里又被预订了12桌客人的用餐。走进"红色人家"，门口的石板路早已被踩得油光发亮。王治强说，自己2014年结束了在外打工生活，靠积攒的30多万元积蓄和借来的10多万元，把家里的四合院打造成了农家乐。最忙的时候，王治强一个星期营业额就能超过10万元，这样可观的收入是他以前从没想过的。

王治强家有一道招牌菜——盬子鸡——很受游客欢迎，大多数时候要通过预约才能吃得上。而制作这道佳肴所用的盬子，就出自花茂制陶手艺第四代传承人母先才之手。母先才13岁便跟父亲开始学做土陶。2014年，花茂村开始发展乡村旅游，凭借一身制陶手艺，他开办了村里第一家陶艺体验馆。如今，母先才的陶艺馆每年能卖出陶艺制品2 000多件，收入可达30万元。同王治强一样，母先才也成为花茂村里率先走上致富路的一员。

"怪不得大家都来，在这里找到乡愁了。"2015年6月16日，习近平总书记在花茂村视察时说了这样一句话。受启发的张胜迪带着酿酒的手艺和她的乡愁回到了花茂村。回到家乡的她创办了一家集展示、展销、体验、教学、传承为一体的文化工坊——"花茂人家"，围绕"一瓶酒、一张纸、一幅画、一盏灯"的发展思路，打造"千年古纸，书香花茂；百年传奇，酒香花茂"主题品牌，希望发扬传统文化，让游客在这里记得住乡愁。

"光传承没有用，要把它转化为产业，以产业带动乡村的发展，带动乡村振兴。"张胜迪说。为了带动大家一起致富，"花茂人家"吸纳了村里的老手艺人、农民书画家、大学生和村民来这里工作。如今，花茂村的山川河流、村庄、民居、星空大地，花茂人日常生活、民风民情，花茂的精神、花茂的思想都被画在了一张张纸上，被制成纸浆压花画和书本、信纸、台灯、油纸伞等文创产品，远销上海等地。

在旅游产业和文化产业蓬勃发展的同时，花茂村的农业也发生了翻天覆地的变化。"花茂村流转土地1 830亩，通过订单式生产，我们还发展'稻+蛙'、'稻+鱼'以及'稻+鸭'工程。当地还有蔬菜保供基地800亩，草莓基地60亩，花茂村农业产业实现规模化和景观化。"花茂村党支部副书记牟明弦介绍，花茂村还结合自身优势，推出系列特色美食，开发出各类特色旅游商品。

目前，花茂村建设了陶艺文化创意一条街、古法造纸特色商品馆等文化传承基地，培育乡村旅馆、特色农家乐13家，电商6户，特色产品店28家，陶艺作坊3家，文化企业4家，打造文化创意产品30余种、乡村旅游经营户100余户。

近年来，花茂村先后获得全国"最美红村""全国度假社区""中国乡村旅游创客示范基地""全国乡村旅游重点村寨"等称号。过去，花茂村因为贫困叫作"荒茅田"，今天的花茂，景比画美，乡愁味愈浓。

《宁夏红寺堡：村民变"股民"，过上"牛"日子》（人民网，2021-04-29）。近年来，红寺堡区弘德村牢牢牵住乡村振兴的"牛鼻子"，开辟了乡村振兴产业发展新局面。依靠肉牛养殖产业，村民们发起了"牛"财，日子也跟着"牛"了起来。为了发展当地养殖业，壮大村集体经济，带动农户发家致富，2016年，弘德村建设了中烟"飞地"肉牛养殖园区，探索出了一条新型农村规模化养殖的"致富路"。

2020年3月，红寺堡区15家专业合作社注册组建了鲁家窑养殖农民专业合作社联合社，以"农户+合作社+金融机构+企业+基地"的合作模式集中饲养肉牛，组织有养殖意愿的农户成立养殖专业合作社。统一分配圈棚、统一联系牛源、统一提供低于市场价格的饲草料、统一防疫、统一联系销售……合作社社员可自主饲养。截至目前，共520户村民入股变身"股民"，通过"抱团养牛"的方式，共同致富。除了每年的分红，"飞地"肉牛养殖园区还为村民提供就业岗位。

《小小"红果果"助推乡村振兴向前进》（中国青年报，2021-04-30）。同心县曾是位于宁夏中部干旱带核心区的深度贫困县，县内山脉纵横交错，土地沙化贫瘠，一度只能靠天吃饭。河西镇菊花台村和旱天岭两个移民村2 093户，其中建档立卡贫困户就有1 760户，占总户数的84%。为响应国家精准扶贫的号召，宁夏菊花台庄园枸杞种植有限公司以精准扶贫、产业脱贫为主攻方向，建设1万余亩有机枸杞标准化生产基地，1万平方米枸杞制干和加工车间，将菊花台村和旱天岭村的生态移民及周边农民转化为枸杞产业工人，让当地农民群众就近务工成为现实。同时，该公司将枸杞种植、研发、加工、营销、生态观光五个方面融合发展，建设现代枸杞农业产业园，布局枸杞产业现代化示范区，以标准化、规模化种出优质宁夏枸杞，持续推进企业发展和农户收入，助推乡村振兴向前进。

（注：对原始资料有删减）

讨论题

1. 运用中国特色社会主义经济理论，结合二元经济和改造传统农业等发展经济学理论，阐述上述中国农村经济发展实践的合理性及进一步发展的举措。

2. 结合材料，谈一谈你如何理解"民族要复兴，乡村必振兴"？

案例讨论应让学生理解：农为邦本，本固邦宁。解决好"三农"问题，实现乡村振兴，对于我们这个党、这个国家、这个民族的重要性不言而喻。我们党成立以后，充分认识到中国革命的基本问题是农民问题，把为广大农民谋幸福作为重要使命。改革开放以来，我们党领导农民率先拉开改革大幕，不断解放和发展农村社会生产力，推动农村全面进步。党的十八大以来，党中央坚持把解决好"三农"问题作为全党工作的重中之重，把脱贫攻坚作为全面建成小康社会的标志性工程，组织推进人类历史上规模空前、力度最大、惠及人口最多的脱贫攻坚战，启动实施乡村振兴战略，推动农业农村取得历史性成就、发生历史性变革。

正是因为始终把解决好"三农"问题作为全党工作的重中之重，我们才能历史性地解决困扰中华民族几千年的绝对贫困问题，为全面建成小康社会做出了重大贡献，为开启全面建设社会主义现代化国家新征程奠定了坚实基础。

脱贫攻坚取得胜利后，要全面推进乡村振兴，这是"三农"工作重心的历史性转移，也是摆在我们面前的历史使命和艰巨任务。全面建设社会主义现代化国家，实现中华民族伟大复兴，最艰巨、最繁重的任务依然在农村，最广泛、最深厚的基础依然在农村。我国发展不平衡、不充分的问题仍然突出，巩固拓展脱贫攻坚成果的任务依然艰巨。尽管"三农"工作取得了显著成就，但农业基础还不稳固，城乡发展不平衡、农村发展不充分仍是社会主要矛盾的集中体现。没有乡村的振兴，就没有中华民族的伟大复兴。

当前，我国经济发展的外部环境出现了更多不稳定性和不确定性。稳住农业基本盘、守好"三农"基础是应变局、开新局的"压舱石"。事实充分证明，发挥好"三农"压舱石作用，不断开辟"三农"工作新局面，对于推动中国经济乘风破浪、行稳致远，具有十分重要的意义。全面推进乡村振兴、加快农业农村现代化，既是"开启新征程，扬帆再出发"的重大使命，也是"在危机中育先机，于变局中开新局"的迫切要求。

经济不平等与贫困

王 钰

一、课程思政元素发掘

本课程在授课时可能包含以下思政元素。

元素 1 引领学生树牢"四个意识",坚定"四个自信",坚决做到"两个维护"。"四个意识""四个自信""两个维护"是党中央对全党同志的要求,同时也是中国经济建设和各项事业发展的充分和必要条件。2016 年 1 月 29 日,中央政治局会议提出增强"四个意识",即"政治意识、大局意识、核心意识、看齐意识";2016 年 7 月 1 日,提出中国共产党人要坚持"四个自信",是对"中国特色社会主义道路自信、理论自信、制度自信、文化自信";2018 年 9 月 21 日,中央政治局会议在审议《中国共产党支部工作条例(试行)》和《2018—2022 年全国干部教育培训规划》时,要求增强"四个意识",坚定"四个自信",做到"两个维护",其中"两个维护"是指坚决维护习近平总书记党中央的核心、全党的核心地位,坚决维护党中央权威和集中统一领导。

元素 2 深刻理解中国"精准扶贫"的伟大创新,脱贫攻坚战取得全面胜利,未来乡村振兴是实现中华民族伟大复兴的一项重大任务。中国主要进行过两次系统性的脱贫攻坚战,第一次是在 1993 年提出的,目标是 1994—2000 年解决 8 000 万人的温饱问题;第二次是在 2015 年 11 月《中共中央、国务院关于打赢脱贫攻坚战的决定》中提出的"确保到 2020 年现行标准下的农村贫困人口实现脱贫、贫困县全部摘帽、解决区域性整体贫困"。2015 年提出的攻坚脱贫是从 2020 年全面建成小康社会的重大战略目标出发,脱贫攻坚战的总体目标是:到 2020 年,稳定实现农村贫困人口不愁吃、不愁穿,义务教育、基本医疗和住房安全有保障。实现贫困地区农民人均可支配收入增长幅度高于全国平均水平,基本公共服务主要领域指标接近全国平均水平。确保到 2020 年中国现行标准下农村贫困人口实现脱贫,贫困县全部摘帽,解决区域性整体贫困问题,做到脱真贫、真脱贫。

二、教案设计

（一）教学目标

1. 知识目标

通过本课程的学习，能够掌握经济增长经典理论的主要内容，了解不同理论的主要缺陷，熟悉各种理论对发展中国家的政策含义。

2. 能力目标

通过对贫困水平的成因和贫困水平测度方法的学习，深入理解贫困对发展中国家的影响及减贫的重要意义。

3. 价值目标

（1）培养学生踏实努力、严谨治学的精神，扎实学好经济学理论，未来为国家建设贡献智慧和力量。

（2）弘扬爱国主义，激励学生的爱国情怀，使学生具有建设国家的责任感和使命感。

（3）弘扬奋斗精神，树立为国家发展建功立业的伟大理想。

（4）动态分析和面对中国经济发展中出现的问题，与时俱进。

（5）培养学生理论联系实际、学以致用的精神。

（二）教学内容和教学重点与难点

1. 教学内容

贫困的概念和识别，对贫困的衡量和评估，贫困的成因与对策。

2. 教学重点

绝对贫困是发展中国家主要面临的问题，如何衡量和比较不同的绝对贫困水平及其实际意义，系统理解导致贫困的原因。

3. 教学难点

绝对贫困衡量指标的理论意义和现实价值，不同地区贫困原因的差异性及减贫措施的有效性。

（三）教学手段与方法

本课程以培养学生的研究能力为目标，在教学过程中，贯穿以学生为中心的理念，采用学术研讨型能力培养模式的教学方法，通过案头调查和案例分析，使学生从实际出发自主探讨贫困的影响和贫困发生的原因，在此基础上讲解贫困的概念和测算指标，从理论层面分析贫困的原因和应对措施。结合中国的脱贫攻坚和"精准扶贫"的伟大创举，深入认识和分析贫困应对措施的有效性。

主要采用线上和线下结合的教学模式，以学生自主学习和认识为主，引导学生发现问题，激发学生的求知欲和解决问题的热情。通过线上阅读文献、收集数据、案例分析使学生对于贫困的现实性有一个感性的认知过程；线下则通过研讨和交流学习的方法，拓宽学生的视野，提高学生的思辨和表达能力，训练学生的经济学逻辑思维能力。再通过中国的伟大创新性脱贫的历史实践，分析脱贫措施的有效性，以及中国方案对世界做出的贡献。在整个教学过程中，教师要做好引导、贯通的作用，不断引导学生深入学习，由浅入深，在实践和理论之间反复认识，将线上和线下教学手段和方法相结合，帮助学生提升学习体验，增强知识的获得感，提高知识的获取能力。

在教学过程中，积极融入思政元素，通过数据收集和案例分析使学生客观准确地认识贫困是发展中国家普遍面对和必须解决的问题。结合中国的情况和世界其他国家的做法，使学生认识到中国进行脱贫攻坚和精准扶贫的重大历史意义，以及对中国和世界做出的贡献。通过学生的自主性学习过程，使学生自然地认识社会主义制度的优越性，坚定社会主义理想信念，激发学生的爱国热情，培养学生学习的积极性和主动性，同时增强社会责任感，明白消除贫困是一项长期事业，作为新时代接受高等教育的大学生，应当努力学好专业知识，在未来为解决中国的贫困问题贡献应有的力量。

具体采用的教学方法如下：

（1）课前发放思考题，找出世界上最贫困的国家及其对生产、生活的影响，线上让学生通过收集数据和整理案例回答这些国家为什么会大面积贫困。通过对贫困问题的感性认识，了解发展中国家面对的绝对贫困现状，明确贫困的影响和危害，深刻理解中国进行脱贫攻坚的重大历史意义和对世界的价值，增强民族自豪感。

（2）课上通过课堂展示，引导学生学习衡量贫困的各项指标，并对各指标的适用性和局限性进行对比分析，帮助学生理解贫困的分类和各种衡量指标所对应的贫困水平的差异。通过对指标的学习，使学生明确贫困问题的复杂性和长期性，使学生增强对消除贫困的社会责任感。

（3）对极度贫困的发展中国家的贫困原因进行分组研讨，让学生通过研讨自主对贫困原因进行分类和归纳总结，并提炼导致贫困的主要原因。通过对贫困原因的分析，使学生体会中国共产党带领人民建成小康社会的不易，深切体会新中国成立以来，中国发生的翻天覆地的变化，取得这样的经济建设成就不是世界上任何一个政党、国家都可以做到的。

（4）进行贫困发生原因的理论分析，并结合不同国家脱贫的措施和中国精准扶贫的伟大历史创举，对应治理贫困措施的有效性进行研讨。通过研讨使学生深入了解自己的国家，理解中国地域辽阔，精准扶贫在解决贫困问题时的重大意义,增强对"四个意识""四个自信""两个维护"的认识。

三、教学过程

(一) 教学设计思路

(1) 课前发放调研题目,对世界最贫困的国家及其人民生活情况进行调查,课上进行展示,在此基础上探寻贫困发生的根本原因。

(2) 课上针对学生展示的内容,让学生深入思考应该如何衡量贫困水平,针对目前主要的衡量指标进行讲解,让学生发表对各种指标测算重点和不足的看法。再结合课前学习的内容,让学生归纳导致贫困发生的原因,讲解关于贫困发生原因的理论内容,结合实际国家的案例,分析这些理论的有效性和实用性。

(3) 结合中国的脱贫攻坚和"精准扶贫"的伟大创举和实践,分析和讨论中国消除贫困对策的有效性和主要经验。通过对中国脱贫政策的剖析,理解社会主义制度的优越性,坚定社会主义理想信念,增强热爱党、热爱国家、热爱人民的情怀。

(4) 讨论相对贫困和绝对贫困的区别,为未来中国解决相对贫困问题做好相应的理论准备。

(二) 教学过程安排

本课程采用线上和线下混合模式,以提高学生的理论分析能力,培养研究型经济人才为目标,具体安排如下:

教学意图	教学内容	环节设计
线上收集数据,对于世界深度贫困国家进行排序,并就贫困对这些国家的影响进行分析,线下进行研讨	课前发放调研问题,学生课前收集数据并整理案例,课上以小组讨论的方式进行研究和展示。	线上和线下相结合。案例与研讨式教学方法相结合。
结合学生讨论,讲解贫困的衡量指标	指标讲解与学生的案例相结合,分析各指标衡量贫困的现实意义和贫困程度的差别。	线上。自主学习和研讨教学相结合。

续表

教学意图	教学内容	环节设计
对导致贫困的主要因素进行分析	结合学生对世界最贫困国家的调研，对导致贫困的原因进行归纳和分类。	线上和线下相结合。自主学习和研讨教学相结合。
对导致贫困的原因进行理论讲解	先对影响贫困的原因进行理论讲解，再让学生运用理论分析课前找到的最贫困国家贫困的原因。	线下。启发式教学和讲授相结合。
对应对贫困的政策措施进行讲解和研讨	先对贫困措施进行讲授，再针对中国"精准扶贫"的伟大创举进行研讨。	线上和线下相结合。自主学习、研讨和讲授相结合。

四、教学效果分析

本节课将爱党、爱国、爱社会主义、爱人民的精神与贫困问题的世界性解决对策比较相结合，从分析贫困和贫困影响出发，在全球范围内关注贫困的影响，针对不同国家的减贫措施的有效性进行研讨和比较。在深入了解中国国情的基础上，学习精准扶贫的有效性，达到对习近平总书记提出的"精准扶贫"伟大创举的认同，对于中国脱贫攻坚成果的深远影响具有明确的认识。

将爱党、爱国、爱人民、爱社会主义的情感与知识的学习融合在一起，充分了解中国的历史和今天取得的伟大成就，充分认识中国作为一个人口最多的发展中国家摆脱贫困进入中等收入国家是一件十分不易的事情，中国共产党不仅带领中国人民获得了民族独立，而且让人民富裕起来，过上了吃饱穿暖的幸福生活。在充分认识中国经济发展不平衡、不充分的情况下，对于贫困人口进行帮扶，使中国的绝对贫困人口彻底摆脱贫困，这无论对于中国还是世界的贡献都是不可估量的，对于贫困的微观主体的影响也是难以用多少钱来衡量的，充分体现了社会主义制度的优越性。通过对比分析，使学生自主认识到社会主义好，增强对社会主义的理想信念，好好学习，做社会主义事业的接班人。

经济增长理论

王 钰

一、课程思政元素发掘

本课程在授课时可能包含以下思政元素。

元素1 实现中华民族伟大复兴的中国梦，发扬伟大的中国精神。习近平总书记在党的十九大报告中指出："我们比历史上任何时期都更接近中华民族伟大复兴的目标，比历史上任何时期都更有信心、更有能力实现这个目标。"中华民族伟大复兴中国梦是以习近平同志为核心的党中央提出的重大战略思想，是党和国家面向未来的政治宣言。它着眼于坚持和发展中国特色社会主义，体现了中国共产党高度的历史担当和使命追求。中国经济取得的伟大成就离不开党的英明领导，中国精神则是民族精神、时代精神，更是党的宗旨和性质的根本体现。中国精神是以中国的传统文化为思想基础，是中国人团结统一、爱好和平、勤奋勇敢、自强不息的民族精神的继承和发展，而在新的历史时期，坚强、自信、友爱和奉献又丰富了中国精神的内涵。毛泽东主席说过，"人是要有一点精神的，无产阶级的革命精神就是由这里头出来的。"中国精神也是党的伟大精神的源泉，中国共产党通过百年的奋斗历程，带领中国人民取得了一个又一个胜利，形成了独特的精神谱系，包括革命战争时期的革命理想精神（井冈山精神、长征精神、延安精神等）、社会主义建设时期的建设创业精神（大庆精神、"两弹一星"精神、雷锋精神等）、改革开放时期的改革开放精神（解放思想、实事求是、与时俱进、开拓创新、知难而进、一往无前、独立自主、艰苦奋斗、勇于探索、敢闯敢干、锐意改革、务求实效等），党的伟大精神是以马克思列宁主义、毛泽东思想、邓小平理论、"三个代表"重要思想、科学发展观、习近平新时代中国特色社会主义思想为指导，体现了社会主义社会的核心价值观和科学发展观，是中国人民的宝贵精神财富，激励中国人民在党的领导下建设社会主义的巨大精神力量，是需要中国人民代代相传的。

元素2 引导学生深入理解加快构建双循环新发展格局，促进中国经济实现高质量发展。2013年12月10日，在中央经济工作会议上习近平总书记首次提出"新常态"的概念：我们注重处理好经济社会发展各类问题，既防范增长速度滑出底线，又理性对待高速增长转向中高速增长的新常态；既强调改善民生工作，又实事求是地调整一些过度承诺；既高度关注产能过剩、地方债务、房地产市场、影子银行、群体性事件等风险点，又采取有效措施化解区域性和系统性金融风险，防范局部性问题演变成全局性风险。中国进入新常态表现为以下三个方面：一是增长速度从高速增长转为中高速增长；二是经济结构不断优化升级，第三产业、消费需求逐步成为主体，城乡差距逐步缩小，居民收入占比上升，发展成果惠及广大民众；三是发展动力从要素驱动、投资驱动转向创新驱动。随着改革开放的深入和中国特色社会主义的深入发展，2017年，党的十九大报告指出："我国社会主义主要矛盾已经转化为人民日益增长的美好生活需要和不平衡不充分的发展之间的矛盾。"2017年12月的经济工作会议上中央又提出，推动高质量发展是当前和今后一个时期发展思路、制定经济政策、实施宏观调控的根本要求。高质量发展是创新、协调、绿色、开放、共享的新发展理念的有机统一，相互促进。

二、教案设计

（一）教学目标

1. 知识目标

通过本课程的学习，能够掌握经济增长经典理论的主要内容，了解不同理论的主要缺陷，熟悉各种理论对发展中国家的政策含义。

2. 能力目标

通过对经济增长理论的学习，透彻地理解促进经济增长的主要影响因素和动力机制，能结合相关理论对发展中国家经济发展中的经济增长问题进行相应的分析。

3. 价值目标

（1）培养学生踏实努力和严谨治学的精神，扎实学好经济学理论，未来为国家建设贡献智慧和力量。

（2）弘扬爱国主义，激励学生的爱国情怀，使学生具有建设国家的责任感和使命感。

（3）弘扬奋斗精神，树立为国家发展建功立业的伟大理想。

（4）动态面对和分析中国经济发展中出现的问题，与时俱进。

（5）培养学生理论联系实际、学以致用的精神。

(二) 教学内容和教学重点与难点

1. 教学内容

哈罗德—多马模型，索洛模型，新增长模型。

2. 教学重点

索洛模型的基本思想和对发展中国家的启示，索洛模型对发展中国家的阶段性理论意义。

3. 教学难点

从索洛模型到新增长理论的演变过程，新增长理论的主要内容及其对发展中国家的政策含义。

(三) 教学手段与方法

本课程的教学以培养学生的研究能力为目标，在教学过程中，贯穿以学生为中心的理念，采用引导和启发式教学方法，通过动态追踪全国主要经济体的经济增长水平数据，向学生展现不同经济体增长水平的差异，引导启发学生思考经济增长差异的原因，再结合中国的经济增长历程，通过比较促使学生真正领会经济增长理论的重要性和理论价值。

在教学过程中，不断创新教学方法，激励学生自主参与到学习过程中，通过阅读经典文献激发学生学习理论的热情，通过小组讨论相互学习扩展学生的思路，通过视频资料展示中国经济增长的成果，让实践和理论衔接起来，培养学生用理论分析实际问题的能力，同时通过剖析现实存在的问题，激发学生分析问题、解决问题的兴趣和热情。在整个教学过程中，教师要起到引导、贯通的作用，不断引导学生深入学习，由浅入深，在实践和理论之间反复认识，将线上和线下教学手段和方法相结合，帮助学生提升学习体验，增强知识的获得感，提高知识的获取能力。

在教学过程中，积极融入思政元素，将中国建设和发展的成果通过数据、文献和视频等多种形式展示给学生，让学生通过理论与中国的伟大经济建设实践相结合，分析中国取得的发展成就的理论解释，分析中国现在面对的主要问题及其理论解释。通过这个过程，帮助学生树立远大的人生观和社会主义理想信念，增强爱国主义热情，激发学生努力学习和工作的热情，增强民族自豪感、自信心，培养学生的奋斗精神和奉献精神。

具体采用的教学方法如下：

（1）课前收集数据并进行比较分析，以小组为单位进行课堂展示。让学生自主收集世界主要经济体的经济增长数据，并对数据进行比较分析，通过比较分析了解中国经济增长速度为什么世界罕见，以增强学生的民族自豪感和自信心。

（2）翻转课堂，阅读经典和优秀文献，总结中国的经济发展历程和阶段。将指定文献发送给学生，学生通过课前阅读、课中讨论，总结中国不同发展阶段的特点和主要政策措施。通过对中国发展历史的回顾和总结，理解中国从计划经济到市场经济，经历了高速经济增长阶段后，进入经济发展新常态，最终转向高质量发展的历史必然性。通过分析，让学生感受到只有中国共产党领导中国人民走社会主义道路，才能解决中国的问题，中国共产党在许多关键的历史时刻都做出了正确的判断和选择，中国共产党是英明伟大的党，深刻领会并坚决做到"两个维护"。

（3）通过三个经济增长理论的讲解和对比，提出问题，让学生思考和讨论中国经济为什么会进入新常态，以及向高质量发展转变的原因和历史必然性。通过理论联系实际的分析，使学生坚定"四个意识""四个自信""两个维护"，对中国的未来充满信心。

（4）课后安排学生自主观看关于中国经济增长的纪录片，包括《大国崛起》《激荡：1978—2008》，回顾和提升课堂知识的同时，总结中国发展的历史经验，进一步增强民族自豪感和自信心，提高为国家努力学习和工作的热情和信念，增强爱国热情和历史责任感、使命感。

三、教学过程

（一）教学设计思路

（1）通过学生收集的数据和数据分析结果，引出本课程研究的主要问题，在学生自主发现经济增长水平存在国家间差异的基础上，引导学生思考经济增长水平存在差异的原因。

（2）进行理论内容的讲授，对不同的理论进行对比分析，并说明不同理论对于发展中国家的政策含义。

（3）通过学生对中国经济发展历程的总结和回顾，让学生结合刚学习过的经济增长理论，分析中国经济经历高速和中高速增长的理论依据，认识中国经济向高质量发展转变的历史必然性和合理性。

（4）提供著名学者划分经济增长阶段的文献，通过课堂阅读和讨论，帮助学生理解经济增长速度变化的阶段性特征。

（5）课后观看纪录片，帮助学生更好地深化课堂内容，增强爱国主义热情，坚定"四个意识""四个自信""两个维护"，坚定社会主义理想信念，增强热爱党、热爱国家、热爱人民的情怀。

（二）教学过程安排

本课程采用线上和线下混合模式，以提高学生的理论分析能力，培养研究型经济人才为目标，本节课程的安排如下：

教学意图	教学内容	环节设计
线上收集和整理主要经济体经济增长数据，线下研讨	提供收集数据的网址，学生课前收集数据，并进行对比分析，课上以小组讨论的方式进行研究，并汇报研究成果。	线上和线下相结合。案例与研讨式教学方法相结合。
线下阅读文献，研讨回答设定的问题	线上发放文献，学生课前阅读，对提出的问题进行回答；线下小组讨论并汇报。	线上和线下相结合。自主学习和研讨教学方法相结合。
对经济增长理论进行系统讲授	将讲授的内容与前述文献阅读内容相结合，对中国的经济发展实践进行回顾和总结。	线下。讲授和讨论式教学相结合。
将现有研究经济增长阶段的文献发给学生，展开相应的讨论	将现有文献中关于经济增长阶段的文献整理成短文，课堂发放给学生，并组织研讨。	线下。启发式教学和研讨相结合。
课后观看关于中国经济增长奇迹的纪录片	通过观看相应的纪录片，使学生进一步深化本次课的理论知识，树立民族自豪感和自信心，增强爱国热情，树立远大理想和目标。	线上。自主学习。

四、教学效果分析

本节课将爱国、奋斗的精神和情怀与系统的经济学理论相互交织。作为新时代的大学生，应明确进行专业学习，精通专业理论和知识，才能更好地为祖国的建设添砖加瓦，用知识武装自己的头脑，未来才有能力为国家建设做出自己应有的贡献。通过学习，使学生在系统了解理论的基础上，明确中国发展的成果来之不易，珍惜幸福生活的同时，树立起建设国家的责任感和使命感。

将爱国和奋斗的精神融入课程的学习中，可以使学生更清楚地认识到中国正处于复杂多变的环境中，懂得中国选择高质量发展道路的原因，深刻领会党和国家未来发展的目标和政策措施，正确理解高质量发展是中国的必由之路。

世界经济

课程性质：专业课
课程类别：理论课
授课对象：经济学专业本科生

"世界经济"是经济学、国际经济与贸易专业本科生的必修课程之一。本课程致力于研究世界经济的特殊矛盾和运动规律，是马克思主义政治经济学的分支学科。本课程在人才培养方案中居于重要地位，起到巩固政治经济学理论基础，扩展政治经济学基础知识在解释世界经济现象中的应用。其主要任务是不断将世界经济前沿理论引入教学过程，使学生充分了解当今时代主题、世界经济运行机制，最终培养出一批了解世界经济运行规律和国际经济关系特征、具备扎实的理论功底、能够熟练进行国际交流的高素质人才，以适应国家政府部门、公司和企事业单位对于高级国际经贸战略人才的要求。此外，本课程涉及的知识面极为广泛，在教学中可结合现实案例激发学生对后续课程的学习兴趣。

经济全球化的作用与反全球化运动

李晶晶

一、课程思政元素发掘

本课程在授课时可能包含以下思政元素。

元素 1 共担时代责任，共促全球发展。2020 年 12 月 16 日第 24 期《求是》杂志发表了中共中央总书记习近平的重要文章《共担时代责任，共促全球发展》。文章强调：经济全球化是社会生产力发展的客观要求和科技进步的必然结果，为世界经济增长提供了强劲动力，促进了商品和资本流动、科技和文明进步、各国人民交往。把困扰世界的问题简单归咎于经济全球化，既不符合事实，也无助于问题的解决。面对经济全球化带来的机遇和挑战，正确的选择是，充分利用一切机遇，合作应对一切挑战，引导好经济全球化的走向。

元素 2 坚持对外开放的基本国策。历史的经验一再告诉我们，关起门来搞建设是不行的，中国的发展离不开世界。习近平在博鳌亚洲论坛 2018 年年会开幕式上指出："综合研判世界发展大势，经济全球化是不可逆转的时代潮流。正是基于这样的判断，我在中共十九大报告中强调，中国坚持对外开放的基本国策，坚持打开国门搞建设。我要明确告诉大家，中国开放的大门不会关闭，只会越开越大！"所以，我们要坚持对外开放的基本国策，积极参与国际经济竞争与合作，充分利用国际经济资源和科技成果来发展自己，赶上当代世界的科技和经济发展潮流。

元素 3 共建"一带一路"为经济全球化"铺路架桥"。2013 年 9 月和 10 月由中国国家主席习近平分别提出建设"新丝绸之路经济带"和"21 世纪海上丝绸之路"的合作倡议。"一带一路"倡议对中国进一步扩大对外开放意义重大，同时也是推动经济全球化的重要举措。"一带一路"倡议作为人类命运共同体理念的实践平台，在国际社会产生了广泛而深刻的影响，正在成为新一轮经济全球化的增长点。

二、教案设计

（一）教学目标

1. 知识目标

通过本课程的学习，能够掌握经济全球化的积极作用和消极影响，同时认识反全球化运动的兴起、发展及影响。

2. 能力目标

通过知识的学习，能辩证分析经济全球化的双刃剑作用，并能够在未来管理决策中对相关知识活学活用。

3. 价值目标

培养学生辩证看待问题的能力；培养学生认清事物主要矛盾的能力；培养学生不仅要具备全球视野、世界意识，更要树立民族自尊心、自信心、自豪感与历史责任心。

（二）教学内容和教学重点与难点

1. 教学内容

经济全球化的积极作用，经济全球化的消极作用，反全球化运动及其影响。

2. 重点与难点

教学重点是辩证看待经济全球化的双刃剑作用，教学难点是如何清楚认识当今世界西方国家反全球化的具体行动。

（三）教学手段与方法

本课程的教学内容组织以研究型教学为主，同时注重发挥学生的主观能动性，培养其学习兴趣。具体的教学手段包含：讲授法、案例教学法与自主学习法，将多重教学方法与思政元素相结合，具体如下：

1. 讲授法

教师主要运用口头语言向学生示范、呈现、讲解和分析经济全球化的理论知识，包括：经济全球化的双刃剑作用及反全球化运动的起源和影响。口头讲授的同时要融会贯通地借助图片、模型、视频、动画、网络资源等辅助课堂进程。其主要目的是帮助学生高效率地在原有经济全球化内涵与表现的知识体系中建立新的内容，即：全球化的作用与挑战（反全球化运动），使学生充分了解经济全球化是不可逆转的历史趋势。同时，使学生清楚地认识到经济全球化机遇和挑战并存，正确的选择是充分利用一切机遇，合作应对一切挑战，引导好经济全球化的走向。

2. 案例教学法

教师可使用案例教学法，使学生置身于充满问题的真实世界情境中，激励他们运用课程知识分析问题和找到切实可行的解决问题的方法。具体，可结合中国封建社会闭关锁国的历史教训，改革开放以来取得的主要成就，以及中国"一带一路"倡议取得的成就，使学生认识到凡是适应经济全球化历史趋势的后进国家就能快速发展经济，追赶先进国家；游离于经济全球化进程之外，就将落在时代后面。

3. 自主学习法

教师可以学生为主体，培养学生自主学习的能力，充分调动学生的积极性和主动性。具体可将学生分为多个小组，每个小组负责收集一些当今世界反经济全球化的具体案例：如美国特朗普政府的退群行为、英国脱欧等。然后引导学生结合课堂所学知识，分析反经济全球化运动的利弊，并在下次课上与同学讨论分享。通过自主学习可充分培养学生的信息收集能力、独立思考能力、学以致用能力、团队合作精神和交流展示能力。

三、教学过程

(一) 教学的总体思路

本课程旨在讲授经济全球化的作用，以及当今世界新发展起来的、颇有声势的反全球化运动。具体的教学思路如下：

1. 回顾知识

带领学生回顾经济全球化的内涵和经济全球化的表现形式等知识点，让学生回忆起已构建的知识体系。

2. 案例引入

以中国改革开放以来取得的成就为例，让学生思考经济全球化对中国的崛起起到了什么作用。其目的是引起学生的兴趣爱好和思考，为后面的学习做好铺垫。

课程思政体现：历史的经验一再告诉我们，关起门来搞建设是不行的，中国的发展离不开世界。我们必须坚持改革开放的基本国策，积极参与融入经济全球化的大趋势中。

3. 主体内容教学

辩证讲解和分析经济全球化的积极作用与消极影响，以及反经济全球化运动的源起和作用。

课程思政体现：经济全球化是社会生产力发展的客观要求和科技进步的必然结果，为世界经济增长提供了强劲动力，促进了商品和资本流动、科技和文明进步、各国人民交往。把困扰世界的问题简单归咎于经济全球化，既不符合事实，也无助于问题的解决。面对经济全球化带来的机遇和挑战，正确的选择是，充分利用一切机遇，合作应对一切挑战，引导好经济全球化的走向。

4. 课堂思考与总结

让学生思考中国近年来是如何应对经济全球化的机遇与挑战的，请学生谈一谈对"一带一路"的了解。在讨论基础上，对本课堂所涉及的知识点进行总结。

课程思政体现："一带一路"倡议对中国进一步扩大对外开放意义重大，同时也是推动经济全球化的重要举措。

（二）教学过程安排

根据教学任务和教学计划，对教学进行具体安排。其中涉及每个教学环节的教学意图、教学内容和教学环节安排：

教学意图	教学内容	环节设计
知识回顾：建立已有知识框架	回顾内容1：经济全球化的内涵。经济全球化是以当代科技革命、市场经济和跨国公司的大发展为驱动力，国际贸易、国际金融、国际投资、国际交通和通信的大发展，使生产要素在世界范围内大规模流动，使企业生产的内部分工扩展为全球性的分工，使生产要素在全球范围内优化组合和优化配置，从而使各国相互依存和相互融合的状态和过程。 回顾内容2：经济全球化的表现。贸易自由化与全球网络化；金融、货币、投资市场的全球化；人力资源流动的全球化；全球产业链的形成和国际生产体系的全球化；国际经济协调机制逐步形成。	PPT展示。（3分钟）
案例引入：提出问题	以中国改革开放以来取得的成就为例，让学生思考并讨论经济全球化对中国的崛起起到了什么作用？引出本课程重点教学内容：经济全球化的作用。 思政元素：坚持对外开放的基本国策。	课堂提问。（3分钟）
核心内容：教学重点1	经济全球化的积极作用： （1）经济全球化为后进国家的崛起提供了机遇； （2）经济全球化为世界经济开辟了和平共处的新时代。 经济全球化促进了国际经济合作（举例：一带一路）； 经济全球化促进了经济主权互让； 经济全球化促进了世界多极化。 思政元素：共担时代责任，共促全球发展。	课堂讲授+案例分析。（13分钟）

续表

教学意图	教学内容	环节设计
核心内容： 教学重点2	经济全球化的消极作用。 （1）对发达国家的负面作用——就业问题。 （2）对发展中国家的负面作用增强了发展中国家对发达国家金融市场、商品市场的依赖（举例：金融危机的传染性）； 发达国家限制尖端技术和产品输出国外、造成技术差距拉大（举例：华为芯片）； 资源过度开发、环境污染严重（举例：沙漠化）。 （3）对整个世界的负面作用：全球性公害问题日益突出。 非法收入国际转移（举例：洗钱）； 非法移民（举例：欧洲难民）； 毒品走私。 思政元素：习近平总书记指出，困扰世界的很多问题，并不是经济全球化造成的。比如，过去几年来，源自中东、北非的难民潮牵动全球，数以百万计的民众颠沛流离，甚至不少年幼的孩子在路途中葬身大海，让我们痛心疾首。导致这一问题的原因是战乱、冲突、地区动荡。解决这一问题的出路是谋求和平、推动和解、恢复稳定。再比如，国际金融危机也不是经济全球化发展的必然产物，而是金融资本过度逐利、金融监管严重缺失的结果。把困扰世界的问题简单归咎于经济全球化，既不符合事实，也无助于问题的解决。	课堂讲授+ 案例分析。 （14分钟）
核心内容： 教学重点3	反经济全球化运动及其影响。 （1）反经济全球化运动的兴起。1994年1月1日，世界上最早和最大的反全球化组织"人民全球行动"成立，正值《北美自由贸易协定》生效的日子。此后出现了多个反全球化组织： "减免债务"，该组织总部设在英国伦敦。 "直接行动网络"，该组织是一个由北美洲多个组织组成的松散网络。	课堂讲授+ 案例分析。 （14分钟）

续表

教学意图	教学内容	环节设计
核心内容： 教学重点3	"关注全球化中的南方"，该组织主要是由泰国的一些智囊人士组成的。 "国际地球之友"，总部位于荷兰的68个国家环保组织联盟，主要游说国际货币基金组织、世界银行和贸易官员多注意当地的需要，并评估他们的计划对环境的影响。 （2）反经济全球化运动的新发展：英国脱欧、特朗普政府美国第一的政策标准等。 背后原因：右翼势力和民粹主义抬头，全球金融危机后遗症影响深远，全球性问题带来的挑战。 （3）反全球化运动的影响。 积极方面：反全球化运动引起了世界各国人民对全球化负面影响的理性思考。反全球化提出了构建合理的国际经济秩序的迫切性。反全球化提出了全球治理的迫切性。为发展中国家南南合作奠定了新的基础。反全球化最现实、最直接的影响是使发达国家的政府、企业和劳动者之间的关系出现调整。 消极方面：反全球化者对全球化的认识具有片面性，所提出的理论缺乏科学性。有的反全球化行为虽然切中当今世界要害，但是没有提出切实可行的解决方案，找不到解决问题的科学途径。反全球化运动容易被发达国家利用，成为其实施贸易保护主义、对发展中国家的经济发展施加限制的新借口。 思政元素：共担时代责任，共促全球发展。	课堂讲授+案例分析。 （14分钟）
课程总结	总结课程主要内容，对教学重点进行概括。 （1）经济全球化为后进国家的崛起提供了机遇；为世界开辟了和平共处的新时代。 （2）经济全球化的负面作用：从发达国家、发展中国家、世界加以归纳。 （3）反全球化运动。	课堂讲授。 （2分钟）

续表

教学意图	教学内容	环节设计
课后作业，自主学习	（1）分析"一带一路"倡议对中国参与经济全球化的重要意义； （2）举例说明当今世界一些新出现的反经济全球化行为，并分析其主要影响。	自主学习。 （1分钟）

四、教学效果分析

本课程教学内容和课程设计符合国际经济与贸易专业本科二年级学生的知识水平和认知规律，通过课堂讲授、案例教学与自主学习三种教学手段，可充分激发学生的学习热情，达到良好的教学效果。

思政元素的引入，使本课程内容更加丰富。首先，"共担时代责任，共促全球发展"充分体现了经济全球化是一把双刃剑，正确的选择是，充分利用一切机遇，合作应对一切挑战，引导好经济全球化的走向。其次，坚持对外开放的基本国策，是中国积极参与经济全球化的引领方针。我国改革开放以来取得的巨大成就，从侧面证明了本课程的重要观点：能够适应经济全球化历史趋势的后进国家就能快速发展经济，追赶先进国家；游离于经济全球化进程之外，就将落在时代后面。最后，共建"一带一路"为经济全球化"铺路架桥"，是中国近年来积极参与经济全球化，构建人类命运共同体的重要举措。以上三个思政元素贯穿课程始终，有助于培养学生的全球意识和爱国情怀，使学生树立坚定的民族自信心。

生产国际化与国际直接投资

李晶晶

一、课程思政元素发掘

本课程在授课时可能包含以下思政元素。

元素1 "一带一路"打造中国对外投资新格局。当今世界正在发生复杂深刻的变化,国际投资贸易格局和多边投资贸易规则酝酿深刻调整,"一带一路"倡议开创了中国对外投资的新局面。随着"一带一路"的持续稳步推进,中国对沿线国家和地区的直接投资日益增强。2019年我国对"一带一路"沿线国家直接投资流量达186.9亿美元,占同期中国对外直接投资流量的13.7%。"一带一路"倡议,为实现世界共赢共享发展做出了巨大贡献。

元素2 人类命运共同体。2015年9月,习近平在纽约联合国总部发表重要讲话,指出:"当今世界,各国相互依存、休戚与共。我们要继承和弘扬联合国宪章的宗旨和原则,构建以合作共赢为核心的新型国际关系,打造人类命运共同体。"我国对外投资中注重提高企业投资质量和经济效益,引导境外企业应用先进技术和绿色生产,尊重东道国的法律和文化习俗,通过树立良好的企业形象"讲好中国故事""做世界和平的建设者、全球发展的贡献者、国际秩序的维护者",为构建我国与世界各国的利益共同体、责任共同体和命运共同体发挥重要的桥梁作用。

二、教案设计

(一) 教学目标

1. 知识目标

通过本课程的学习,能够掌握国际直接投资的概念、特点、类型和战后直接投资迅速发展的原因,了解当今世界国际直接投资的格局与流向变化。

2. 能力目标

通过知识的学习,能够熟知国际直接投资的相关理论,并能够在未来跨国公司管理决策中对相关知识活学活用。

3. 价值目标

培养学生树立正确的投资观；培养学生不仅要具备全球视野、世界意识，更要树立民族自尊心、自信心、自豪感与历史责任心。

(二) 教学内容和教学重点与难点

1. 教学内容

资本国际化与生产国际化，国际直接投资及其类型，战后国际直接投资的迅速发展及其原因，国际直接投资的格局与流向的变化。

2. 重点和难点

教学重点是国际直接投资及其类型、战后国际直接投资的迅速发展及其原因；教学难点是如何清楚认识当今世界的国际直接投资格局。

(三) 教学手段与方法

本课程以研究型教学为主，同时注重发挥学生的主观能动性，培养其学习兴趣。具体的教学手段包含：讲授法、案例教学法与自主学习法。

1. 讲授法

教师主要运用口头语言向学生示范、呈现、讲解和分析资本国际化、生产国际化与国际直接投资等相关理论和概念。口头教授的同时要融会贯通地借助图片、模型、视频、动画、网络资源等辅助课堂进程。其主要目的是帮助学生高效率地在原有世界经济基础与经济全球化知识体系中建立新的内容，即国际直接投资，使学生充分了解市场经济体系和资本循环突破国界不断发展的趋势。

2. 案例教学法

教师可使用案例教学法，使学生置身于充满问题的真实世界情境中，并且激励他们运用课程知识分析问题和找到切实可行的解决问题的方法。具体可结合中国对外投资的经验，尤其是"一带一路"倡议取得的巨大成就，引导学生更好地理解对外投资的概念和意义。同时让学生了解中国为推动建设开放型世界经济、构建人类命运共同体做出的巨大贡献以及取得的辉煌成就，树立民族自信心和自豪感。

3. 自主学习法

教师可以学生为主体，培养学生自主学习的能力，充分调动学生的积极性和主动性。具体可将学生分为多个小组，每个小组负责收集各国对外投资的新数据和新举措，引导学生结合课堂所学知识总结当下世界各国对外投资的新局面，并在下次课上与其他同学讨论分享。通过自主学习可充分培养学生的信息收集能力、独立思考能力、学以致用能力、团队合作精神和交流展示能力。

三、教学过程

（一）教学的总体思路

本课程旨在讲授经济全球化的作用，以及当今世界新发展起来的、颇有声势的反全球化运动。具体教学思路如下：

1. 回顾知识

以提问的方式带领学生回顾世界经济的基础包含哪些部分，世界市场的三大领域是什么，让学生回忆起已构建的知识体系。

2. 案例引入

在宏观层面，以中国"一带一路"倡议为例，使学生形成一国对外投资的基础认识。在微观层面，以跨国公司，如微软、沃尔玛、甲骨文为例，使学生形成一公司对外投资的基础认识。案例的目的是引起学生的兴趣、爱好和思考，为后面的内容做好铺垫。

课程思政体现："一带一路"建设打开了中国对外投资的新局面，取得了辉煌的成就。中国企业应紧紧抓住"一带一路"的重大机遇，在推动共建"一带一路"的过程中，实现对外投资的价值和社会效益的最大化。

3. 主体内容教学

资本国际化与生产国际化、国际直接投资及其类型、战后国际直接投资的迅速发展及其原因、国际直接投资的格局与流向的变化。

课程思政体现：习近平总书记强调，中国的发展得益于国际社会，中国也为全球发展做出了贡献。中国将继续坚持互利共赢的开放战略，将自身发展机遇同世界各国分享，欢迎各国搭乘中国发展的"顺风车"。所以，对外投资不仅要考虑投资效益，还要考虑社会效益，服务于构建人类命运共同体，实现共赢共享。

4. 课堂思考与总结

请学生谈一谈对本课程重点内容——对外投资的理解和感悟，进而对本课程所涉及的重要知识点进行归纳总结。

（二）教学过程安排

根据教学任务和教学计划，对教学进行具体安排。其中涉及每个教学环节的教学意图、教学内容和教学环节安排如下：

教学意图	教学内容	环节设计
知识回顾：建立已有知识框架	回顾内容1：世界经济形成的基础，包含国际分工和世界市场。 回顾内容2：世界市场的主要内容，包含国际商品流通领域、国际资本流通领域、国际货币流通领域。 提出问题：国际资本是如何在世界市场流通的。	课堂讲授+课堂提问。 （2分钟）
案例引入：提出问题	举例1：以中国对外投资的经验，尤其是"一带一路"建设中取得的辉煌成就为例，引出一国是如何通过对外投资促使资本流通的。 举例2：以学生熟知的跨国公司（如微软、沃尔玛、甲骨文等）为例，引出企业是如何通过对外投资促使资本流通的。 思政元素："一带一路"打造中国对外投资新格局，为实现世界共赢共享发展做出了巨大贡献。	课堂讲授+案例分析。 （4分钟）
核心内容：教学重点1	资本国际化的原因： （1）资本作为能够带来剩余价值的价值，只有在不断地运动中才能存在和发展（见图1）。 资本运动过程中的三种形态 货币资本 ⇒ 生产资本 ⇒ 商品资本 ↑　　　　　　↑　　　　　　↑ 国际间接投资　国际直接投资　国际贸易 图1 （2）资本的本性要求它不受国家或民族疆域的局限，在一切可能的范围内寻求最优配置，以便最大限度地发挥效率，同时取得更多的收益。 （3）国际资本流动是指资本跨越国界，从一个国家或地区转移到其他国家或地区的过程，是资本的一种跨国运动形态。 生产国际化。 概念：指世界各国的社会生产过程日益突破国界，不断向国际范围延伸并结合为一个有机整体的过程。它是生产社会化即分工合作超出国界而在国际的扩展。	课堂讲授+案例分析。 （10分钟）

续表

教学意图	教学内容	环节设计
核心内容：教学重点1	本质：当一国的社会生产过程超出国家和民族疆界的狭隘范围以后，它就转变为国际性的社会生产过程，国别的社会化生产也就发展成为国际性的社会化生产。 原因：生产力发展和国际分工进一步扩大的客观要求。	课堂讲授+案例分析。 （10分钟）
核心内容：教学重点2	相关定义和概念。 （1）国际直接投资：是指投资者为了在国外获得长期的投资效益并得到对企业的控制权，通过直接建立新的企业、公司或并购原有企业等方式进行的国际投资活动（举例：跨国公司在中国投资建厂）。 （2）国际间接投资：是指国际收支表中金融资产交易项下的投资活动，具体包括国际信贷、国际有价证券投资、国际融资租赁等（举例：购买美国债券）。 （3）对外直接投资：在投资者所属经济体（国家）以外的经济体所经营的企业中拥有持续利益的一种投资，其目的在于对该企业的经营管理具有有效的发言权（举例：等同于国际直接投资，跨国公司）。 国际直接投资的特点。 （1）投资者拥有被投资企业的控制权； （2）能够实现生产要素的跨国流动； （3）投资周期长、风险大； （4）国际直接投资主要通过跨国公司进行。 国际直接投资的类型。 （1）按投资者控制被投资企业产权的程度划分（见图2）： 图2	课堂讲授+案例分析。 （11分钟）

教学意图	教学内容	环节设计
核心内容：教学重点2	（2）按照投资者控制被投资企业的方式划分（见图3）： 国际直接投资 —— 绿化地投资 国际直接投资 —— 跨国并购 图3 （3）按照投资者与其投资企业之间国际分工方式划分（见图4）： 国际直接投资 —— 水平型投资、垂直型投资、混合型投资 图4	课堂讲授+案例分析。 （11分钟）
核心内容：教学重点3	战后国际直接投资的迅速发展。 （1）战后，资本国际化进一步从流通领域深入生产领域，国际直接投资急剧增长，在国际资本流动中的地位和作用不断上升。 （2）战后国际直接投资的发展经历了四个高潮： 第一个高潮是20世纪六七十年代，西方国家经济的持续增长、国际水平分工的扩展和新技术革命的出现，使世界直接投资出现了前所未有的蓬勃发展势头。 第二个高潮是在80年代后期，与世界范围内的经济高涨和贸易扩张同时出现。 1995—2000年，伴随着经济的全球化趋势和信息、通信技术的革新，国际直接投资出现了第三次增长高潮。 2005—2007年，在良好的全球经济发展态势和相对宽松的全球资金环境下，国际直接投资又出现了一次小的高潮。 战后国际直接投资迅速发展的原因。 （1）根本原因：国际资本流动是随着生产力水平的提高和世界市场的成熟而从流通领域逐步深入到国际生产领域的。	课堂讲授+案例分析。 （10分钟）

教学意图	教学内容	环节设计
核心内容： 教学重点3	（2）从宏观层面来看，主要包括以下几方面： 第三次科技革命为现代跨国公司的形成提供了物质技术基础。 发达资本主义国家生产集中趋势的加强与国际竞争的激化成为国际直接投资的巨大推动力量。 战后世界经济全球化和投资自由化趋势为直接投资的发展创造了有利的政策环境。 发展中国家的兴起和国际产业结构的调整也是促进国际直接投资和生产国际化发展的重要因素。	课堂讲授+ 案例分析。 （10分钟）
核心内容： 教学重点4	投资来源国结构的变化及原因。 （1）变化：投资流出国数量增加，呈现多元化趋势，但仍然以发达国家为主。美国在国际直接投资中的地位有所下降，西欧和日本在国际投资中的地位上升，但美国仍是最大的对外直接投资国。 （2）原因：首先是20世纪80年代以来发达国家间的相互投资尤其是西欧各国在一体化进程中相互投资大幅增加，使发达国家内部投资来源分散化；其次是发展中国家对外直接投资的增长。 投资流向地区结构的变化及原因。 （1）变化：最显著的变化就是对发展中国家的投资比重下降，发达国家之间资本的对向流动和相互渗透大大增加。战后发达国家既是进行对外直接投资的主要国家，也是吸收外国直接投资的主要国家。但需要注意的是，进入21世纪之后，流入发展中国家的直接投资比重明显上升。 （2）原因：首先，随着经济全球化的不断发展，投资者越来越倾向于在全球范围内组织自己的生产经营活动。无论是为了获得低成本劳动力，还是为了打入东道国市场，投资企业的眼光都不仅仅放在发达国家，而是发达国家与发展中国家并重。其次，随着近年来许多发展中国家经济增速的提高，一方面其资本收益率上升，吸引了越来越多的来自资本收益率相对较低的发达国家的直接投资；另一方面，发展中国家的经济发展和企业的成长也推动了发展中国家相互间的直接投资。	课堂讲授+ 案例分析。 （10分钟）

续表

教学意图	教学内容	环节设计
核心内容：教学重点4	投资的产业部门结构的变化及原因。 （1）变化：首先，从二战结束到20世纪70年代，从生产初级产品的第一产业（矿业和石油业）向制造业转移。其次，20世纪80年代以来，各国对第二产业（制造业）的直接投资呈现相对下降趋势，而对第三产业（包括批发业、服务业、金融业、保险业）的直接投资大幅度增长。最后，90年代之后，国际直接投资转向高新技术产业。 （2）原因：一方面，对投资国来说，第三产业的投资普及面广，影响范围大，比制造业和初级产业投资的灵活性高，投资回收期短，有利于获得更加可观的盈利；另一方面，从东道国来看，在第一、二产业发展到相当程度后，必然对第三产业发展提出更高的要求，必须尽快增加这部分项目和设施，提高银行服务、贸易服务和旅游服务的效率。 思政元素：进入21世纪之后，流入发展中国家的直接投资比重明显上升。尤其是中国对外投资取得了瞩目的成就，对构建我国与世界各国的利益共同体、责任共同体和命运共同体发挥了重要的桥梁作用。	课堂讲授+案例分析。（10分钟）
课程总结	总结课程主要学习内容，对教学重点进行概括：资本国际化与生产国际化；国际直接投资及其类型；战后国际直接投资的迅速发展及其原因；国际直接投资的格局与流向的变化。	课堂讲授。（2分钟）
课后作业，自主学习	（1）分析"一带一路"倡议对中国融入世界市场、打造人类命运共同体的作用； （2）调研一些国家对外投资的新数据和新举措。	自主学习。（1分钟）

四、教学效果分析

本课程教学内容和课程设计符合国际经济与贸易专业本科二年级学生的知识水平和认知规律，通过课堂讲授、案例教学与自主学习三种教学手段，可充分激发学生的学习热情，达到良好的教学效果。

思政元素的引入，使本课程内容更加充实和丰富。首先，"一带一路"思政元素的引入，使学生能更深刻地了解一国对外投资的具体模式。其次，人类命运共同体思政元素的引入，能培养学生的大局观，使学生充分认识到当今世界经济你中有我、我中有你的基本格局，认识到对外投资不仅要关注投资效益，更需要注重社会效益。以上思政元素贯穿课程始终，有助于培养学生的全球意识和爱国情怀，使学生树立坚定的民族自信心。

"和而不同"的全球气候治理

申 萌

一、课程思政元素发掘

本课程在授课时可能包含以下思政元素。

元素1 强化学生对"人与自然生命共同体"的认知。2017年10月,习近平总书记在党的十九大报告中强调:"中国人民愿同各国人民一道,推动人类命运共同体建设,共同创造人类的美好未来。"2021年4月22日,习近平总书记在国家和国际组织领导人气候峰会重要讲话中首次提出构建人与自然生命共同体,这是中国政府继提出构建人类命运共同体的主张之后,面向世界发出的又一具有重大深远意义的战略倡议,是应对全球生态危机的"中国方案"。习近平总书记进一步丰富了马克思主义关于人与自然和谐共生的理念,以发展眼光把握人与自然之间的共存性关系,从而把马克思主义的生态思想与时俱进地提升到一个新的高度。

元素2 引领学生坚定全球治理的中国自信。习近平总书记在党的十九大报告中指出:"坚持正确的义利观,树立共同综合合作可持续的新的安全观来加强全球治理是中国大国外交的价值指向和实践内容。"新时代中国有自信担当起全球治理的引领者与建设者,全球治理的中国自信,源于中国的四个自信,即中国特色社会主义道路自信、理论自信、制度自信和文化自信。中国特色社会主义道路引领中国取得了举世瞩目的成就;中国特色社会主义理论体系是指导党和人民实现中华民族伟大复兴的正确理论,是立于时代前沿、与时俱进的科学理论;中国特色社会主义制度是具有鲜明中国特色、明显制度优势、强大自我完善能力的先进制度;中国特色社会主义文化是中国特色社会主义事业向前推进的精神脊梁。

元素3 传授新时代全球治理体系的科学内涵。2017年10月18日,习近平总书记在党的十九大报告中指出"中国特色社会主义进入新时代",这意味着中国日益走近世界舞台中央,能够为人类做出更大的贡献。当今国际经济、政治等方面在发展过程中面临一系列矛盾、分歧甚至冲突,如贸易保护、关税壁垒、政治意识形态,导致全球治理效率低下,中国必须站在全球治理的高度来综合考虑、系统分析当前的挑战。

新时代全球治理体系的内涵主要包括三个方面：一是基于共商共建共享的价值理念。习近平总书记指出："全球治理体系是由全球共建共享共治的基本理念所构成的，不可能由哪一个国家独自地掌握独自地运用和独自地实施。"世界急迫需要一个公正、合理、强大的国际新秩序，这需要各国人民共商促互信、共建扩互利、共享迎互赢。二是追求人类命运共同体的美好目标。正如习近平总书记所言："各国之间的联系从来没有像今天这样紧密，世界人民对美好生活的向往从来没有像今天这样强烈，人类战胜困难的手段从来没有像今天这样丰富。我们要抓住历史机遇，作出正确选择，推动构建人类命运共同体，开创人类更加光明的未来。"三是不断完善发展战略。世界各国参与全球治理要基于公平正义的原则，积极应对国际形势的变化，制定与时俱进、体现共同意识的发展战略。

二、教案设计

（一）教学目标

1. 知识目标

本课程将帮助学生了解全球气候治理的制度结构和关键机制，认识全球气候治理面临的挑战和机遇，掌握中国参与全球气候治理的基本内容。

2. 能力目标

本课程将锻炼学生文献检索、整合知识、举一反三的科研能力，提高学生对全球气候治理基本知识的认知水平，引导学生运用相关历史经验分析中国如何更好地参与全球气候治理。

3. 价值目标

（1）培养学生参与构建社会主义现代化国家的使命感和责任感。

（2）使学生坚定人与自然可持续发展的理念。

（3）树立爱国主义价值观，正确分析中国如何更好地参与全球气候治理。

（4）坚定新时代全球气候治理的中国自信。

（二）教学内容和教学重点与难点

1. 教学内容

全球气候治理的内涵和结构，全球气候治理的制度结构和关键机制，全球气候治理的机遇和挑战，全球气候治理的经典案例分析，中国如何参与全球气候治理。

2. 教学重点

全球气候治理的内涵和结构，当前全球气候治理面临的机遇和挑战；中国如何参与全球气候治理。

3. 教学难点

运用相关历史经验分析中国如何更好地参与全球气候治理，对中国在全球气候治理中更好地发挥大国作用，引领全球气候治理提出想法。

(三) 教学手段与方法

本课程采用自主型教学方法。这种教学方法是以学生为中心，引导学生独立解决教师提出的问题，有效提高学生的自主学习能力和研究能力。全球气候治理是不断变化更新的内容，众多学者对此进行了全面的研究分析，形成了丰富的研究成果。在课程内容上，学生以读文献、讲文献的方式，掌握并分享国际气候治理的前沿知识和经典案例；教师则引导学生发现问题并解决问题。通过以学生为主的教学方式，挖掘学生的潜能，激发学生学习新知识的主动性，并锻炼学生思考问题的逻辑思维能力。课堂上教师和每一个学生都是学习新知识的参与者，都要贡献自己的智慧，因此团队讨论的学习形式很有必要，这可以引导学生积极参与到课程教学中，并培养学生的团队协作意识。

本课程教学采用文献阅读研讨和课堂小组讨论的形式。文献阅读研讨法的课堂教学形式可以加深学生对全球气候治理相关知识的理解，并锻炼学生的语言表达能力和逻辑思维能力。课堂小组讨论是一种集体思维碰撞的多边学习互动，可以让每个学生都参与到课堂教学中。自主型教学以"学生主导、教师指导"为特征，关键在于课堂上每一个人都参与到课堂互动中，每个人都能从课堂中学有所得。这种教学模式下，教师是课堂的引导者和参与者，并不是把所有时间都交给学生。在课堂讨论中，教师不发表具有倾向性的意见，为学生提供一个包容的平台，鼓励学生主动发表意见，从而能够激发学生的学习愿望。高效的教学方法可以营造积极的课堂学习氛围，提高教师的教学质量，从而提高学生的学习效率，达到人才培养的目的。

具体的教学方法与手段如下：

1. 文献阅读研讨法

文献阅读研讨法的特点是"学生自主学习为主、教师组织引导为辅"，主要分为文献检索、文献阅读、文献汇报和文献讨论四个步骤。在这种学习模式下，教师组织和引导学生查文献和读文献，学生独立探究国际气候治理相关问题，这个学习过程可以培养学生建立评判性思维和创新性思维，从而提高学生解决问题的能力。文献检索直接影响了学生所掌握资料的质量和数量，教师应该向学生提供基本的检索方法，如选择近3年发表在高质量期刊上的文献、追踪这一领域知名学者的研究文献。文献阅读是积累知识、培养科研能力的重要途径，主要有泛读和精读两种形式，泛读是了解文献的基本信息，方便之后做文献归类。精读要求学生在看懂文献的基础上能够提炼主要内容，并做好阅读笔记。在阅读文献的过程中，做笔记和归类是两项重要的工作，便于做文献综述以较为全面地了解该领域的研究现状。文献汇报是学生阅读成果的重要体现，汇报内容主要包括该领域的研究背景及现状、常用的研究方法、理论机制和研究成果，以及学生自己对该领域的认识。文献讨论是以教师引导为主，首先教师对汇报内容做简单点评，然后根据文献汇报的内容鼓励其他学生分享学习所得，最后教师根据讨论情况进行解释、总结和知识延伸。文献阅读研讨法可以加强课堂上教师与学生之间的互动，激发学生自主学习的兴趣，培养学生自主创新的科研能力，同时也有助于提高教师的教学水平。

2. 多媒体教学

多媒体是现代教育教学的重要手段之一，有助于提高课堂学习效率和教学质量，主要以 PPT 形式居多。在文献阅读研讨法下，学生需要借助 PPT 展示自己的成果，这有助于学生梳理文献内容，并能提高学生制作 PPT 的技能水平。

三、教学过程

(一) 教学设计思路

1. 以中国碳达峰、碳中和目标为切入点，引出全球气候治理主题

本课程以时事政治热点话题引发学生的兴趣和思考，一方面丰富教学内容，培养学生关注时事政治的习惯；另一方面引导学生将理论知识应用于实践。

课程思政体现：中国提出 2030 年碳达峰和 2060 年碳中和的目标，是经过深思熟虑做出的重大战略决策，表明了中国高层的政治决心，体现了中国应对全球气候变化的大国担当，彰显了中国对绿色转型的战略自信。这样的切入点帮助学生了解碳中和目标背后的战略背景，增强学生的民族自信心和民族自豪感。

2. 学生分享有关全球气候治理的文献阅读成果

本次课程的教学思路是，教师引出本次课程的主题，以学生分享文献的形式分析并解决相关问题。教师会在本次课程之前一周或更长时间提出问题，使学生有足够时间阅读相关文献并做文献汇报以及回答问题。

课程思政体现：世界正面临百年未有之大变局，全球气候治理任重而道远。中国正在积极推进全方位多层次立体化的外交布局，参与全球气候治理

是推进国家治理体系和治理能力现代化的内在需要。我们必须认识到,当今国际形势已经提出了加强全球治理的紧迫性和必要性,习近平新时代中国特色社会主义思想为加强全球治理提供了一个全新的理念和思路,中国大国外交的行动为推进和加强全球治理提供了一个现实的基础和推进的路径。因此,新时代中国有自信自觉担当起全球治理的引领者与建设者。学生阅读全球气候治理的相关文献,可以更深入地了解中国新时代全球治理体系的科学内涵,理解中国倡导的共商共建共享的价值理念和人类命运共同体的美好目标。

3. 讨论并扩展文献汇报的内容

教师给学生提供自由的讨论环境,与学生一起参与到汇报内容的讨论中,探讨文献的可取之处,最后由教师进行总结与拓展。这个环节是本课程的重要一环,通过课堂讨论,加深学生对全球气候治理主题相关概念的理解,同时为学生之间互学互助提供机会。

课程思政体现:教师与学生共同讨论全球气候治理相关内容,拉近了学生与国家大事之间的距离,增强了学生关心时事政治的意识,有助于培养学生胸怀天下,匹夫有责的民族责任感和历史使命感。

4. 课堂做笔记,课后思考与训练

好记性不如烂笔头,要求学生养成课堂做笔记的习惯有助于学生今后的温故而知新。汲取新知识后勤思考,并活学活用到现实案例解读上,才能使其内化为学生自己的知识储备。

课程思政体现:基于现有文献对全球气候治理的介绍,运用相关历史经验分析全球气候治理当前面临的挑战和机遇。通过总结其他经济体参与全球气候治理的经验教训,为中国在全球气候治理中更好地发挥大国作用,引领全球气候治理提供启示。

(二)教学过程安排

详细教学进程安排如下:

教学意图	教学内容	环节设计
引出主题	播放名为"关于'碳中和''碳达峰'你需要了解这些"的视频,向学生简单介绍中国2030年碳达峰和2060年碳中和目标,阐述本课程的现实意义。	以视频的形式向学生展示本次课程的主题,激发学生的学习兴趣,并初步构建学习该主题的框架。 (2分钟)

续表

教学意图	教学内容	环节设计
介绍课堂任务、阐明课堂目标	（1）全球气候治理的内涵和结构； （2）全球气候治理的制度结构和关键机制； （3）全球气候治理面临的挑战和机遇； （4）中国参与全球气候治理。	介绍课堂要解决的问题，以及要达到的目标，使学生清楚本次课程的任务与目标。 （1分钟）
学生汇报1	第一组学生展示文献阅读成果。 展示形式：PPT。 要解决的问题： （1）全球气候治理的内涵和结构； （2）全球气候治理的制度结构和关键机制问题； 基于现有文献，按照文献汇报的主要内容顺序框架，回答上述两个问题，并表达自己对该问题的理解与看法。	PPT内容要简练，需要学生熟悉文献内容，对所汇报的内容有清晰的思路，这一环节对学生的逻辑思维能力、语言表达能力和时间安排能力要求较高。 （8分钟）
课堂讨论1	课堂讨论是在教师的引导下，围绕学生汇报的内容展开的，教师和学生都是参与者，共同学习探讨所汇报的内容中包含的文献信息价值。教师要寻找合适的方法充分调动学生参与讨论的积极性，比如，可以给发言的学生在课程的成绩上加分。	加强师生间的互动性，引导更多的学生参与到课堂教学中，充分调动学生自主学习的兴趣。 （12分钟）
学生汇报2	第二组学生展示文献阅读成果。 展示形式：PPT。 要解决的问题： （1）全球气候治理面临的挑战和机遇； （2）中国参与全球气候治理。 基于现有文献，按照文献汇报的主要内容顺序框架，回答上述两个问题，并表达自己对该问题的理解与看法。	PPT内容要简练，需要学生熟悉文献内容，对所汇报的内容有清晰的思路，这一环节对学生的逻辑思维能力、语言表达能力和时间安排能力要求较高。 （8分钟）

续表

教学意图	教学内容	环节设计
课堂讨论2	课堂讨论是在教师的引导下，围绕学生汇报的内容展开的，教师和学生都是参与者，共同学习探讨所汇报的内容中包含的文献信息价值。教师要寻找合适的方法充分调动学生参与讨论的积极性，比如，可以给发言的学生在课程的成绩上加分。	加强师生间的互动性，引导更多的学生参与到课堂教学中，充分调动学生自主学习的兴趣。 （12分钟）
课程总结	（1）对本次课堂做汇报的两组学生进行简要点评，指出可取之处和有待继续完善的地方，为今后进行展示的学生提供借鉴。 （2）针对本次课程的内容进行总结，批判性地分析现有文献对全球气候治理相关问题的解答。 （3）布置课后思考问题：中国如何更好地参与全球气候治理？	总结本次课程，并提出思考问题，帮助学生培养勤思考的习惯，同时巩固本次课程所学知识。 （2分钟）

四、教学效果分析

本课程的教学方法符合研究生培养目标，注重培养学生的自主学习能力，锻炼学生文献检索和阅读能力，训练学生使用经济学思维分析实际问题的科研能力，课堂讨论的教学方式能够有效激发学生的主观能动性，强化学生思考问题的能力，从而收获高质量的教学效果。

本课程重在培养学生的民族自信心和历史责任感。新时代中国有信心、有责任引领全球气候治理，推动构建人类命运共同体，与世界各国共创人类更加光明的未来。中国正在推进全方位多层次立体化的外交布局，如实施"一带一路"倡议、创办亚洲基础设施投资银行、设立丝路基金、举办首届"一带一路"国际合作高峰论坛等一系列外交活动。中国积极推进双边多边等一系列外交措施，加强全球治理的理念和思维，以提高全球治理的效率和质量。气候变化是全人类共同面对的难题，需要全球所有国家共同努力，中国作为全球第二大经济体，也是全球温室气体排放量居前的国家，在国际气候治理中，大国作用和责任更加突出。中国为全球气候治理做出了卓越贡献，积极参与历次气候问题谈判，坚决捍卫发展中国家利益。坚定民族自信心，加强历史责任感是大学生正确价值观中最重要的部分，有助于彰显中国的负责任大国担当。

全球可持续发展

申 萌

一、课程思政元素发掘

本课程在授课时可能包含以下思政元素。

元素1 体现"人类命运共同体"的内涵。2019年6月7日,国家主席习近平在第二十三届圣彼得堡国际经济论坛上深刻阐释可持续发展的重要意义,指出:"可持续发展是各方的最大利益契合点和最佳合作切入点","是破解当前全球性问题的'金钥匙'。"当今世界疫情和百年变局交织,不同国家和地区的政府、企业和社会在经济、政治、生态等领域面临挑战,可持续发展是各利益群体共同关注、存在合作空间的命题。面对全球性问题,包括但不限于世界经济、和谐社会、生态文明、城市发展、公私合作和PPP等话题,需要世界各国合作共治、共同建设美好未来。可持续发展顺应构建"人类命运共同体"的历史潮流,中国高度重视可持续发展问题,这关乎世界各国眼前乃至长远利益。

元素2 统筹推进"一带一路"建设和可持续发展进程。习近平总书记在第二届"一带一路"国际合作高峰论坛上指出:要把支持联合国2030年可持续发展议程融入共建"一带一路",对接国际上普遍认可的规则、标准和最佳实践,统筹推进经济增长、社会发展、环境保护,让各国都从中受益,实现共同发展。该讲话着重阐述了"一带一路"和可持续发展的关系,为"一带一路"的发展指明了方向,也为联合国"2030年可持续发展议程"的实现奠定了坚实的基础。可持续发展议程融入共建"一带一路"不仅能够提高我国应对气候变化的能力,同时也能够为世界提供应对气候变化的中国经验、中国方案。

统筹推进经济增长、社会发展、环境保护,标志着共建"一带一路"倡议和联合国"2030年可持续发展议程"在目标上的高度契合。

元素3 培养学生生态价值观。中国对可持续发展思想的探索与实践高度重视,党的十九大将"坚持人与自然和谐共生"明确为习近平新时代中国特色社会主义思想的重要内容,中国生态文明思想丰富了人类文明对可持续发展的认识。生态、经济和社会发展息息相关，培养学生热爱环境、保护环境的生态价值观至关重要。本课程引导学生树立环保与生态文明的价值观，养成绿色、低碳、节能、环保的生态文明理念，培养新时期具有绿色环保理念和生态文明理念的综合型人才，推动社会的绿色创新驱动发展。

二、教案设计

（一）教学目标

1. 知识目标

掌握可持续发展目标的基本内容和指标统计现状，了解全球实施可持续发展目标的进展，认识中国落实可持续发展目标的现状。

2. 能力目标

通过总结现有的可持续发展指标统计监测方法，能够选择合适的指标检测方法独立研究中国落实可持续发展目标的进展，同时锻炼学习能力和创新能力，能够用可持续发展的眼光看待问题。

3. 价值目标

通过学习全球可持续发展目标的基本内容，了解可持续发展目标与中国发展战略的联系，培养学生参与构建社会主义现代化国家的使命感和责任感，引导学生坚定创新、协调、绿色、开放、共享的新发展理念。

（四）教学内容和教学重点与难点

1. 教学内容

可持续发展目标的基本内容，可持续发展目标的演进脉络，可持续发展目标的指标统计框架，全球落实可持续发展目标的进展，中国落实可持续发展目标的现状，中国如何进一步落实可持续发展目标。

2. 教学重点

可持续发展目标的基本内容，可持续发展目标的指标统计框架，中国落实可持续发展目标的现状。

3. 教学难点

学习可持续发展目标的指标监测方法，独立分析中国可持续发展目标落实情况，从而为中国进一步落实可持续发展目标建言献策。

（五）教学手段与方法

本课程采用自主型教学方法。在授课方式上，学生自愿结组，教师课前将需要解决的问题告诉学生，指导他们查找文献，由学习小组合作解决问题，做好课前预习工作。课上由教师引出主题，学习小组派出代表用 PPT 展示小组学习成果，展示结束后教师引导其他学生参与问题的讨论，最后由教师做简要点评，并总结本次课程的重点与难点。

自主型教学以"学生主导、教师指导"为特征，坚持以学生为中心，注重师生互动交流，激发学生对学习的主动性和积极性，鼓励学生主动探究新知识，提高学生用经济学思维解决问题的能力。这种教学模式下，教师是课堂的引导者和参与者，并不是把所有时间都交给学生。通过以学生为主的教学方式，帮助学生在尝试、探索、思考、交流中获得真知，提高学生的学习能力和创新能力。课堂上每个学生都参与到课堂互动中，每个学生都能从课堂学有所得。

具体的教学方法和改革手段如下：

1. 文献阅读研讨法

文献阅读研讨法主要分为文献检索、文献阅读、文献汇报和文献讨论四个步骤。第一，文献检索直接影响了学生所掌握资料的质量和数量，重点在于关键词的选择，这需要学生充分理解所研究的主题。第二，文献阅读是积累知识、培养科研能力的重要途径，主要有泛读和精读两种形式。泛读是了解文献的基本框架，方便之后做文献归类。学生可以选择高质量、与研究主题相关的文献进行精读，总结文献的主要内容和重点，并做好阅读笔记。第三，文献汇报是学生阅读成果的重要体现，汇报内容主要包括该领域的研究背景及现状、常用的研究方法、理论机制和研究成果，以及学生自己对该研究领域的认识。第四，文献讨论是以教师引导为主，首先教师对汇报内容做简单点评，然后根据文献汇报的内容鼓励其他学生分享学习所得，最后教师根据讨论情况进行解释、总结和知识延伸。在这种学习模式下，教师组织和引导学生查文献和读文献，学生需要独立探究全球可持续发展的相关问题，这个学习过程可以培养学生建立评判性思维和创新性思维，从而提高学生解决问题的能力。

2. 多媒体教学

多媒体是现代教育教学的重要手段之一，有助于提高课堂学习效率和教学质量，主要以PPT形式居多。在文献阅读研讨法下，学生需要借助PPT展示自己的学习成果，这有助于学生梳理文献内容，并能提高学生制作PPT的技能水平。

3. 成绩评定指标

构建成绩评定指标框架可以激发学生的主动性和创新性，通过观察学生的课堂表现，将从以下几方面进行考核评价：一是文献查阅能力（10%）；二是文献理解和表达的完整性（20%）；三是PPT制作水平（10%）；四是汇报时语言表达的流畅性和条理性（30%）；五是回答问题的反应能力和准确性（20%）；六是团队协作的总体参与度（10%）。另外，对于课堂上主动回答问题的学生，教师做好记录，在课程结束后评定平时成绩时做参考。

三、教学过程

（一）教学设计思路

本次课程的设计思路是启发学生对全球可持续话题的研究，始终以问题为导向，引导学生查阅相关文献，从文献中总结自己的见解，基于梳理并巩固知识的目的，为学生提供展示研究成果的机会。

1987年，世界环境与发展委员会在《我们共同的未来》报告中这样定义可持续发展的概念："能满足当代人的需要，又不对后代人满足其需要的能力构成危害的发展。"可持续发展理念作为一种新的发展观，是全球发展合作的重要内容，被世界各国纳入本国的发展战略。中国高度认可可持续发展观，在"十三五"规划中明确提出要"积极落实2030年可持续发展议程"。可持续发展目标进展监测事项是目前世界各国推进可持续发展目标的主要难题。根据国家统计局的评估结果显示，目前我国仅能提供全球指标框架中1/3的相对稳定的指标数据。

面对指标统计数据缺口问题，了解可持续发展目标的指标统计现状，思考如何完善统计指标以便开展中国本土化统计监测工作，从而为中国进一步落实可持续发展目标提供科学依据，这是本次课程重点要解决的问题。

课程思政体现：习近平主席在第二十三届圣彼得堡国际经济论坛上指出，"作为世界最大的发展中国家和负责任大国，中国始终坚定不移履行可持续发展承诺，取得了世人公认的成就。""中国高度重视加强可持续发展国际合作。"可持续发展目标已经与国家发展理念、各领域发展规划深度融合，体现了中国积极承担国际责任和义务的大国担当。本课程帮助学生了解碳可持续发展目标与我国发展战略深度融合，通过了解中国在落实可持续发展目标过程中做出的贡献，进一步理解中国倡导的共商共建共享的价值理念和人类命运共同体的美好目标，增强学生的民族自信心和民族自豪感。

（二）教学过程安排

根据教学要求和教学计划，从教学意图、教学内容和环节设计三方面对教学进程进行系统安排。具体的教学进程安排如下：

教学意图	教学内容	环节设计
引出主题	使用多媒体打开联合国官网，向学生展示17个可持续发展目标，简单阐述本课程主题的主要内容、重点和难点。 （1）可持续发展目标的基本内容； （2）可持续发展目标的演进脉络； （3）可持续发展目标的指标统计框架； （4）全球落实可持续发展目标的进展； （5）中国落实可持续发展目标的现状； （6）中国如何进一步落实可持续发展目标。	使用多媒体向学生展示本次课程的主题，激发学生的学习兴趣。 （1分钟）
学生汇报1	第一组学生展示文献阅读成果。 展示形式：PPT。 要解决的问题： （1）可持续发展目标的基本内容； （2）可持续发展目标的演进脉络； （3）可持续发展目标的指标统计框架。 基于现有文献，按照文献汇报的主要内容顺序框架，回答上述三个问题，并表达自己对该问题的理解与看法。	PPT内容要简练，需要学生熟悉文献内容，对所汇报的内容有清晰的思路，这一环节对学生的逻辑思维能力、语言表达能力和时间安排能力要求较高。 （8分钟）
课堂讨论1	课堂讨论是在教师的引导下，围绕学生汇报的内容展开的。教师和学生都是参与者，共同学习探讨所汇报的内容中包含的文献信息价值。教师要寻找合适的方法充分调动学生参与讨论的积极性，比如，可以给发言的学生在课程的成绩上加分。	加强师生间的互动性，引导更多的学生参与到课堂教学中，充分调动学生的自主学习兴趣。 （12分钟）
学生汇报2	第二组学生展示文献阅读成果。 展示形式：PPT。 要解决的问题： （1）全球落实可持续发展目标的进展； （2）中国落实可持续发展目标的现状； （3）中国如何进一步落实可持续发展目标。 基于现有文献，按照文献汇报的主要内容顺序框架，回答上述三个问题，并表达自己对该问题的理解与看法。	PPT内容要简练，需要学生熟悉文献内容，对所汇报的内容有清晰的思路，这一环节对学生的逻辑思维能力、语言表达能力和时间安排能力要求较高。 （8分钟）

续表

教学意图	教学内容	环节设计
课堂讨论2	课堂讨论是在教师的引导下，围绕学生汇报的内容展开的。教师和学生都是参与者，共同学习探讨所汇报的内容中包含的文献信息价值。教师要寻找合适的方法充分调动学生参与讨论的积极性，比如可以给发言的学生在课程的成绩上加分。	加强师生间的互动性，引导更多的学生参与到课堂教学中，充分调动学生的自主学习兴趣。 （12分钟）
课程总结	（1）对本次课堂做汇报的两组学生进行简要点评，指出可取之处和有待继续完善的地方，为今后进行展示的学生提供借鉴。 （2）针对本次课程的内容进行总结，重申本次课程关于全球可持续发展目标的重点和难点。 （3）布置课后思考问题：中国如何进一步落实可持续发展目标？	总结本次课程，并提出思考问题，帮助学生培养勤思考的习惯，同时巩固本次课程所学知识。 （3分钟）

四、教学效果分析

本课程以学生为中心，注重培养学生自主学习的能力，提高学生的科研能力和科研素质，同时通过解决特定问题锻炼学生查阅文献和制作PPT的技能，使课程获得良好的教学效果。

本课程重在引导学生树立可持续发展观念，培养可持续发展能力。可持续发展是在生态、经济和社会等方面协调发展的战略，新时代中国实施可持续发展战略面临诸多的挑战和机遇。2019年中国第二次发布《中国落实2030年可持续发展议程进展报告》，阐述了中国在精准脱贫、创新引领发展、生态文明建设、乡村振兴、共建"一带一路"五个方面落实可持续发展目标的典型案例。通过学习可持续发展的相关内容，帮助学生树立尊重生命、尊重社会、尊重自然的可持续发展价值观，培养学生发扬中华传统文化的自豪感和责任感，引导学生养成爱护环境、勤俭节约的习惯，提高学生用可持续发展眼光解决生态、经济和社会可持续发展实际问题的能力。

产业经济学

课程性质：专业课
课程类别：理论课
授课对象：经济与贸易类专业本科生

"产业经济学"是一门分析现实产业问题的新兴应用经济学课程。课程主要包括产业组织理论、产业结构理论及产业政策等，具体内容包括古典及现代企业理论、市场的结构、企业的行为、市场绩效、政府规制、反垄断及竞争政策等微观产业组织内容，以及产业关联理论、产业结构演变规律、产业结构优化与升级、产业的空间布局与集聚以及产业发展等内容。

　　通过对本课程的学习，学生将会对国内外产业经济学的理论与方法有全面和系统的了解和认识；能够使用产业经济学的基本原理，分析中国社会主义市场经济发展过程中的企业行为、产业中的垄断和竞争现象、产业结构演化以及产业发展等现实产业问题，从而夯实学生的经济学理论基础，培养学生解决实际问题的能力，准确认识中国在国际范畴内的产业竞争力，树立正确的爱国主义价值观。

产业组织：市场结构分析

李春梅

一、课程思政元素发掘

本课程在授课时可能包含以下思政元素。

元素 1 深入了解改革开放后中国具体行业的发展状况，明晰当前市场经济运行中制造业的垄断竞争程度，准确判断现阶段社会主义市场经济发展运行状况，以及存在的不足和问题。

元素 2 认识到发展本国工业企业的重要性，以及垄断竞争程度对市场绩效的重要影响。为维护国家在全球范围内的经济利益、树立正确的爱国主义情怀、增强中国企业在国际市场中的竞争力而不断努力学习。

二、教案设计

（一）教学目标

（1）认识现实经济中不同类型的市场结构及各自的特征。

（2）理解市场结构的含义、衡量方法及主要构成因素等基础理论知识。

（3）掌握分析市场结构的方法，搜集行业数据，学会运用本章的理论对某个行业的市场结构状况进行实证分析。

（二）教学内容和教学重点与难点

本课程主要学习产业组织理论中的市场结构及其现实应用问题。学习的重点和难点包括以下内容。

1. 教学重点

（1）市场结构的含义与界定，不同市场结构类型的主要特征。

（2）市场结构的构成因素：规模经济、产品差异化、进入与退出壁垒等。

（3）市场结构的衡量依据，及其在具体行业部门中的应用。

2. 教学难点

（1）对市场结构类型的理解，现实经济中具体行业垄断与竞争程度的辨识。

（2）市场结构构成因素的衡量方法，市场垄断竞争程度衡量方法的掌握。

（3）搜集数据并使用不同衡量方法，分析某个行业的市场结构状况，对得到的市场垄断与竞争程度结果进行判断。

（三）教学手段与方法

详细了解本课程在整个课程中的位置和作用，要求学生在学习过程中能够提前预习，小组搜集资料，以便课堂讨论。具体需要学生预习及准备的内容有：

（1）结合中国经济新阶段的历史时期，通过搜索国家统计局网站的宏观数据，使用绝对集中度或相对集中度指标分析中国制造业的市场结构状况，思考制造业行业的垄断竞争情况。

（2）结合当下疫情对中国制造业的冲击，尝试搜寻上市公司的微观企业数据，比较疫情前后市场集中度的变化。其中涉及数据采集方式、数据处理方式、精度水平等内容。可以小组方式进行实地数据采集，并撰写研究报告。

三、教学过程

本课程教学实施计划分为四个部分，时间为 100 分钟，考虑到课堂时间有限，需要学生对基础知识进行预习，并熟悉案例内容。包括：理论知识讲解 30 分钟，实际应用介绍 30 分钟，课堂分组讨论 30 分钟，总结与课程作业布置 10 分钟。具体如下：

教学意图		教学内容	环节设计
理论基础	前述回顾及新课程导入	产业组织理论。（SCP 范式）	教师讲授。教材与 PPT 展示。（30 分钟）
	理论部分	（1）市场结构基础理论；（2）规模经济、产品差异化；（3）进入与退出壁垒。	
应用方法	绝对集中度指标	CR_4。CR_8。	教师讲授及问答，教材与 PPT 展示。（30 分钟）
	相对集中度指标	（1）洛伦兹曲线；（2）基尼系数。	
	其他指标	HHI 指数	
课堂讨论	绝对与相对集中度指标比较	优缺点及应用情况。	教师引导、学生分组讨论，教材与案例资料。（30 分钟）
	中国具体市场集中度案例分析	（1）市场现状（如制造业）；（2）集中度的结果解读。	

教学意图		教学内容	环节设计
总结与课程作业	课程总结	（1）知识点、案例分析； （2）总结及要点说明。	教师讲解，PPT展示。 （10分钟）
	作业布置	参照课堂案例，自选样本进行市场结构分析。	

第一部分：知识点回顾与理论知识讲解。

产业组织中市场结构部分教学的知识体系结构如图1所示。其中，产业组织经典理论为前述课程知识点，在本部分教学中进行简要回顾。本课程在授课过程中需要结合前述产业组织经典SCP范式理论，向学生详细讲述市场结构在SCP范式中的重要位置和经验性分析方法的重要性，能够系统掌握市场结构的主要构成要素及衡量方法，并运用数据对具体行业的垄断竞争程度进行分析，为课后延伸探讨、后续章节的市场行为及企业的策略性行为的学习做好铺垫。

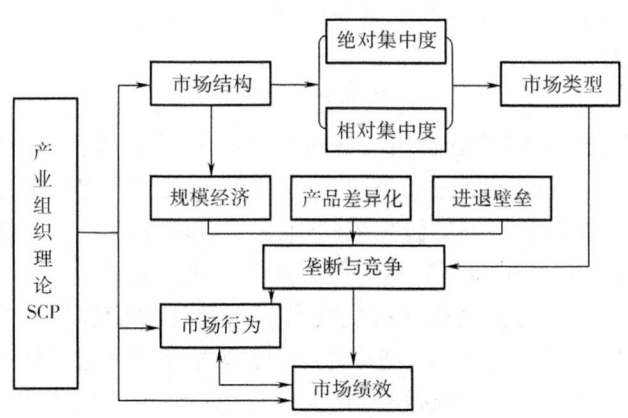

图1　课程的知识体系关联

学生在本课程开始前，应完整学习并掌握微观经济学中市场结构的主要类型及特征，包括完全竞争市场、完全垄断市场的内涵及特征判断。

课程的主要理论内容包括①：市场结构及其主要影响因素。

---

① 理论部分主要参考杨公朴、夏大慰、龚仰军，产业经济学教程（第三版），第三章第二节市场结构的内容，上海财经大学出版社，2008年版。

市场结构的界定：构成市场的交易各方（买者之间、卖者之间、买者和卖者、现有商家与潜在商家）之间的关系，及其所反映出的市场特征。判断市场结构主要从以下几个方面进行：

（1）规模经济。随着生产经营规模的扩大，平均成本将不断下降、平均收益将不断增加。规模经济的类别主要有四种：①单一产品的规模经济；②工厂水平上的规模经济；③企业内部规模经济；④产业内部规模经济。

（2）产品差别化。在同一市场中，由于提供的产品在质量、性能、服务以及偏好等多个方面存在不同，使得产品之间出现替代不完全的现象。现实中的企业之所以追求产品差异，主要因为产品差异化会使企业面临的需求曲线不再是水平线，而是一条向右下方倾斜的剩余需求曲线，这使得企业拥有一定的市场势力，也就是企业有能力将价格提高到高于边际成本之上。产品差异化的衡量方法有：

①产品的需求交叉弹性：

$$\theta_{ij} = \frac{\mathrm{d}q_i/q_i}{\mathrm{d}p_j/p_j} \tag{1}$$

其中，θ_{ij} 为产品 i 的需求量对产品 j 价格的交叉弹性；$\mathrm{d}q_i/q_i$ 为产品 i 的需求变化率；$\mathrm{d}p_j/p_j$ 为产品 j 的价格变化率。

②广告密度：

$$广告密度 = AD/Y \tag{2}$$

其中：AD 表示产品广告费用的绝对数目；Y 表示企业产品的销售总额。

（3）进入壁垒与退出壁垒。关于进入壁垒含义的界定目前学术界仍存在分歧，研究者们从各自不同的研究视角给出了不同的界定。比如，20 世纪 40 年代梅森（Mason）和贝恩（Bain）等人认为，进入壁垒是指一个产业中，相对于进入企业而言，在位企业拥有的优势，这种优势能够使得在位企业持续地把产品的价格维持在高于最小平均生产与销售成本之上，然而又不会引起潜在进入者进入该市场。而施蒂格勒（George J. Stigler）则指出，进入壁垒是新企业欲进入某个市场时所必须承担的高于市场中现有企业的生产成本。

从理论上讲，一个特定产业的进入壁垒大小，可以用新企业无意或不能进入该产业的最高价格来衡量。

退出壁垒：企业在退出某个市场时所要付出的成本。构成退出壁垒的主要因素有：专用性资产、沉没成本、政府的干预、政策与法律的约束和限制。

第二部分：应用方法，市场结构的衡量。

（1）市场结构的衡量依据。一般集中度：在整个国民经济或全部企业的经济活动中，最大的企业所占的比重。市场集中度是指在特定的市场或产业中，买者或卖者所占的比重（相对规模）结构的指标。因此市场集中度包括买方集中度和卖方集中度。尽管如此，产业组织理论所论述的集中度一般都是指卖方集中度。

（2）市场结构的衡量方法：绝对集中度指标，是最常用也是最基本的集中度指标，也被称为行业集中度（concentration ratio，CR），是指规模上处于前几位的企业在生产、销售等方面的累计数量占整个产业或市场的比重。即：

$$CRn = \sum_{i=1}^{n} X_i / \sum_{i=1}^{N} X_i \tag{3}$$

其中，X 表示市场中企业的规模（主要指标为销售总额，也可以使用产量、资产总量以及职工总数等）；n 的取值通常根据需要选为 4 或者 8。

尽管如此，绝对集中度仍存在片面性、不能反映个别情况、静态性等缺点。

（3）市场结构的衡量方法：相对集中度指标。反映一个产业或市场内企业规模总体的分布情况，常用的计算方法有洛伦兹曲线和基尼系数。

①洛伦兹曲线（Lorenz curve）。一种主要的相对集中度的指标，可以表示出企业的市场占有率，以及企业市场占有率由小到大的累计百分比情况，见图 2。

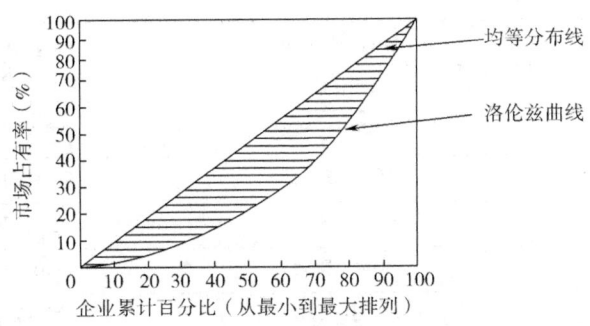

图 2 洛伦兹曲线

②基尼系数（Gini coefficient）。相对集中度的一种指标，建立在洛伦兹曲线的基础之上。如图 2 所示，均等分布线（即对角线）与洛伦兹曲线之间的阴影部分的面积，与以横轴为直角边，以均等分布线为斜边所形成的三角形面积的比值为基尼系数的大小。即：

$$基尼系数 = \frac{均等分布线与洛伦兹曲线围成的面积}{均等分布线以下的三角形面积} \tag{4}$$

可以看到，基尼系数处于 0~1 之间，当基尼系数等于 0 时，所有企业规模相等；基尼系数趋向于1时，企业规模分布不均匀。

通过前面的公式及分析可以总结绝对集中度指标和相对集中度指标的差别：绝对集中度指标仅能反映出市场中前几家最大企业的集中度，而并没有考虑到参与整个市场的企业的数量和所有企业规模上的差异程度；相反，相对集中度并没有考虑前几位最大企业对市场的掌控能力，包括对市场竞争情况、对价格等的控制和影响，而是主要衡量参与整个市场的企业规模之间的差异。

③其他指标。赫芬达尔—赫希曼指数（Herfindahl-Hirschman index，HHI）。衡量某市场中所有企业市场占有率的指标，计算公式为：

$$HHI = \sum_{i=1}^{n}(X_i/X)^2 = \sum_{i=1}^{n} S_i^2 \qquad (5)$$

其中，X 表示市场的总体规模；X_i 表示市场中第 i 个企业的市场规模；S_i 表示市场中第 i 个企业的市场占有率；n 表示市场中企业的数目。

按照市场的垄断竞争结构，可以把市场结构的类型做进一步细分。根据市场集中的程度，不同的学者划分了不同类型的市场结构，见表1、表2和表3。

表1　贝恩的市场结构分类

市场结构	CR_4 值（%）	CR_8 值（%）
寡占Ⅰ型	$85 \leqslant CR_4$	—
寡占Ⅱ型	$75 < CR_4 \leqslant 85$	或 $85 \leqslant CR_8$
寡占Ⅲ型	$50 \leqslant CR_4 < 75$	$75 \leqslant CR_8 < 85$
寡占Ⅳ型	$35 \leqslant CR_4 < 50$	$45 \leqslant CR_8 < 75$
寡占Ⅴ型	$30 \leqslant CR_4 < 35$	或 $40 \leqslant CR_8 < 45$
竞争型	$CR_4 < 30$	或 $CR_8 < 40$

表2　植草益的市场结构分类法

市场结构		CR_8 值（%）	产业规模（亿日元）	
粗分	细分		大规模	小规模
寡占型	极高寡占型	$70 < CR_8$	年生产额大于200	年生产额小于200
	高、中寡占型	$40 < CR_8 < 70$	年生产额大于200	年生产额小于200
竞争型	低集中竞争型	$20 < CR_8 < 40$	年生产额大于200	年生产额小于200
	分散竞争型	$CR_8 < 20$	年生产额大于200	年生产额小于200

表 3　谢佩德的市场结构分类法

市场结构	主要条件
完全垄断	一个厂商占有 100%的市场份额
主导厂商	一个厂商拥有的市场份额在 50%~100%之间，没有与之相抗衡的厂商
紧密寡头	前 4 位厂商共同占有 60%~100%的市场份额，它们之间很容易串谋固定价格
松散寡头	前 4 位厂商共同占有最高 40%的市场份额，它们之间串谋固定价格是不可能的
垄断竞争	存在许多有实力的竞争对手，任一厂商都不能占有 10%以上的市场份额
完全竞争	至少存在 50 个以上的竞争者，任一厂商的市场占有率均微不足道

第三部分：中国制造业市场集中度案例分析。

根据课前的准备资料，查找国家统计局公开数据，利用网络搜索企业公开年报数据，分组讨论中国制造业的不同类型，行业的市场集中度（使用绝对集中度指标、相对集中度指标及其他指标衡量）。

比较不同衡量方法之下的差异和优缺点。

分组讨论不同行业集中度的年度变化趋势、地区差异及由此得到的该行业垄断竞争程度。

第四部分：课后思考及复习题。

（1）结合现实具体行业，分析市场结构的不同类型及主要特点。

（2）什么是规模经济？规模经济的类型有哪些？

（3）比较市场集中度的不同衡量指标，分析它们的优缺点和实用性。

（4）根据课堂讨论的方法，分析中国制造业的市场集中度程度，并判断该行业市场的垄断竞争程度。

四、教学效果分析

本课程的教学内容符合经济与贸易类本科学生的知识水平和专业基础要求。

通过理论与案例的内容学习，能够使学生较好地掌握专业理论知识，并应用于社会实际经济分析中。本课程通过对中国当前市场经济运行中代表性市场，如中国制造业的垄断竞争程度的分析，帮助学生更加准确地认识中国现阶段社会主义市场经济的发展运行状况，认识发展本国工业企业及品牌的重要性，维护国家在全球范围内的经济利益，树立正确的爱国主义情怀，为增强中国在国际市场中的竞争力而不断地努力学习。

国际贸易实务

课程性质：专业课
课程类别：理论实践一体课
授课对象：经济与贸易类、贸易经济类专业本科生

"国际贸易实务"是国际经济与贸易专业的核心主干课程，也是经管类相关专业的专业必修课程。国际贸易实务专门研究国际有形商品交换的具体过程，涉及国际贸易理论与政策、国际商法、国际贸易惯例、国际货物运输与保险、国际结算、国际市场营销等多个学科知识及综合运用，是一门具有涉外活动特点、实践性非常强的综合性、应用性学科。

学生通过本课程的学习，不仅应掌握国际贸易的基本理论、对外贸易的原则、方针与政策，还应该掌握进出口业务知识和技能，在熟练运用国际贸易惯例和国际商法的基础上，培养实际动手操作能力，做好进出口贸易业务。

商品品质条款

于晓云

一、课程思政元素发掘

本课程在授课时可能包含以下思政元素。

元素1 推进中国标准向国际标准的转化对推动我国由贸易大国向贸易强国转变的作用。习近平总书记在党的十九大报告中指出，要"拓展对外贸易，培育贸易新业态新模式，推进贸易强国建设"。我国在国际贸易中要实现由贸易大国向贸易强国的转变，必须实施"科技兴贸"和"以质取胜"的基本战略。

对外贸易中的"以质取胜"具体而言是指要提高出口商品的技术含量，结合国情采用国际标准，并推进中国标准向国际标准的转化。在国际贸易中某些商品规定品质时采用的是"凭标准买卖"，除了采用贸易双方当事人所在国自己的标准外，还可以采用国际标准和国外先进标准，并且后者在国际贸易中被广泛采用。如果能将中国标准提升为国际标准，或在国际标准中嵌入中国元素，如中国技术水平、中国智慧（中国特色），那么这种标准将会更接近中国产业的生产能力和产品品质，中国产品更能在国际市场上获取竞争优势。因此商品的国内标准向国际标准的推进一定会助力中国由贸易大国向贸易强国的转变。

元素2 进口商品的品质应保证人民生活提升、经济发展与国家安全，维护企业与国家利益。2017年，国务院发布了《国务院关于完善进出口商品质量安全风险预警和快速反应监管体系切实保护消费者权益的意见》（以下简称《意见》），明确提出："进出口商品质量安全事关人民群众切身利益、国门安全和对外贸易可持续发展，是实现质量强国的重要组成部分。"对于外贸企业来说应思考如何保证进口商品的品质符合《意见》要求。

企业在进口商品时，应对卖方所提供商品的品质有充分了解，对达不到强制性国家标准的商品及质量低劣的商品一律不得进口，此外还应考虑我国经济发展现状及国内实际的消费水平，保证进口的商品符合国内经济发展与国家安全的目标，能提升人民的生活水平、满足人民群众所期盼的对高质量产品的需求。

元素 3 品质条款规定方法与外贸人精益求精工匠精神的培养。习近平总书记在 2020 年 11 月出席全国劳动模范和先进工作者表彰大会时强调"大力弘扬劳模精神、劳动精神、工匠精神""在长期实践中，我们培育形成了'执着专注、精益求精、一丝不苟、追求卓越的工匠精神'"。工匠精神是我们时代精神的生动体现，是以爱国主义为核心的民族精神的生动体现。在对外贸易活动中，我们在订立与履行品质条款时同样要弘扬工匠精神，将关注细节、追求完美作为我们在合同订立过程中培育工匠精神的关键要素。

进出口合同中对于商品品质条款因商品自身的特点、加工程度、交易情况等不同而有不同的规定方法，如用实物样品表示商品品质或用文字说明表示商品品质。一名合格的外贸业务员在交易磋商过程中首先需要确认交易标的物（商品品名）及品质，品质会影响成交价格，因此交货商品的品质不仅会影响交易双方的经济利益，还会影响商品、企业、国家的信誉与形象。

在合同品质条款磋商过程中，为防止合同履行过程中出现品质纠纷，该条款应尽可能明确具体，但某些商品因生产工艺或自身特性又不能将某些指标绝对化，这就要求外贸业务员在品质条款内容的规定上既要明确又要具有一定的灵活性、可操作性，将关注细节、追求完美作为培养我们工匠精神的关键要素。

二、教案设计

（一）教学目标

合同中的商品品质是国际货物交易中买卖双方当事人首先须确定的交易条件，是交易磋商的基础。通过本节内容的学习，学生应了解商品品质的定义、在国际贸易中的重要性及对进出口商品质量的基本要求，理解表示商品质量的方法，并掌握常见的品质条款的规定方法、品质条款的内容及规定品质条款时应注意的事项。

（二）教学内容和教学重点与难点

1. 教学内容

本课程教学内容包括商品品质的定义、在国际贸易中的重要性，对进出口商品质量的基本要求、品质条款的规定方法、品质条款的内容及规定品质条款时应注意的事项。

2. 教学重点

表示品质的方法、品质条款的内容与订立的技巧。

3. 教学难点

不同商品如何采用合理的表示商品品质的方法以及各种表示方法应注意的事项。

(三) 教学手段与方法

本课程作为一门偏重实践的课程，在课堂教学中教师主要借助于课堂互动教学与案例教学的形式讲授主要知识点。

1. 课堂互动教学

课堂互动教学模式源于社会构建主义模式，该模式认为，学生、教师、任务、环境四个方面的多种因素会影响学习过程，并强调教师与学生之间、学生之间的相互合作对于教学活动的重要性。

在本课程的教学活动中，教师会在线发布对学生自主学习内容的安排，如"商品质量的含义""对进出口商品质量的基本要求"，并给出相关讨论题请学生思考并准备课堂讨论，如"在网上购物时，商家如何描述商品质量？""常见的描述商品质量的方法有哪些？""你认为描述商品质量的方法有规律可循吗？""在海淘时有没有特别关注过进口商品（食品）的品质？如果特别关注过，原因是什么？"

在课堂讲授过程中，教师首先要求三四位学生陈述对课前讨论话题的理解，并邀请其他学生评述或补充。教师提供阅读材料：根据世贸组织数据，2011年我国就成为全球第一大食品农产品进口市场。根据海关数据，2019年我国各类肉进口总量484.1万吨，水产品进口量626.5万吨，同比分别增长58%和19.9%。2020年1月至6月，我国肉类（包括杂碎）进口量为475万吨，相比上年同期增幅达73.5%。可见，进口食品已经成为我国消费者重要的食品来源。以阅读材料为例讲解为什么要特别关注此类商品的品质。食品进口企业不仅要关注企业的经营活动给企业带来的经济利益，作为企业社会责任的一种表现，他们也要关注进口食品的品质，关注进口食品能否实现人民群众对过上美好生活的期待。在此基础上让学生加深对"在进口贸易中，必须严格把好质量关"的理解。

2. 案例教学

案例教学作为一种较成熟的各学科都能使用的开放式教学方法，在课堂上应用的主要目的是启发学生对给定条件或对现实问题的思考、讨论以及进一步探索的方向。通常学生通过案例讨论获得的收获或启发与其在案例课堂讨论中的参与程度正相关。

在本节内容的讲授过程中我们会讨论一些案例，诸如"卖方所交付商品品质高于合同规定品质是否合适""合同品质条款内容是否适当"等。通过对案例的讨论，学生应明白作为一名外贸业务员为什么应该严格按合同规定办事，一方面，这体现了一名业务员最基本的素质，关系到合同双方当事人、双方企业的利益；另一方面，这不仅关系到个人、企业的形象，也关系到国家的利益以及出口国与进口国之间的关系。从这个意义上讲，案例讨论也告诉我们外贸业务员所应该具备的个人素质和职业素养。

3. 经济事件评述

经济事件评述和案例教学不同，尽管都源于一个基本事件，但前者更强调对经济事件的剖析，在掌握事件发生的前因后果的基础上，有述有评、评述结合，以达到揭示事件本质或趋向的目的。

在本节内容讲授中我们选择了"我国成为 IEC SC46F'射频和微波无源元件'国际标准的引领者"这个经济事件作为评述对象，IEC 标准对中国标准发展的影响伴随着我国实力的不同而产生较大的变化，主要分为跟随、参与、引领三个阶段。在中国制造走遍全球的背景下，我国标准如果能够国际化就表明我们掌握了制定国际标准的主导权，使标准更能体现我国产品的技术水平和特色，并通过标准提高国际市场的进入门槛从而让我们的产品获得竞争优势。因此评述这个经济事件能让学生理解作为描述商品品质的一种方法——标准，由中国企业组织引领是一件多么重要并且可以引以为豪的事情，不由自主地从心头迸发出对我国技术发展成就、制度发展成就的自豪感。

三、教学过程

(一) 教学总体思路

1. 以问题讨论引入主题

以问题讨论的形式引入本节课授课的主题"商品质量的含义和要求""商品质量的规定方法"，要求学生分享课前预习问题"在网上购物时，商家如何描述商品质量？""你认为描述商品质量的方法有规律可循吗？""对进出口商品质量的基本要求""如何看待'固体废物（俗称洋垃圾）'进口现象"的答案，让学生从身边最基本的经济活动——购物体验中引出商品品质的含义、规定方法和规定进出口商品质量基本要求的意义，希望在轻松熟悉的氛围中引入课程内容，并以讨论的形式由学生总结商品品质的规定方法和规律。

课程思政体现："对进出口商品质量的基本要求"这部分内容在课堂讲授中属于理论性的讲解，如果只是梳理基本要求，学生能理解为什么要对进口商品的质量规定基本要求，但在被问及"如何看待'洋垃圾'进口现象"

时，学生才真正理解课本上所提到的"进口商品的质量应顺应国内经济建设……人民生活、安全卫生及环境保护等方面的要求"，认识到入境"洋垃圾"实际上是以牺牲当地环境和危害健康为代价来实现当地经济的畸形发展，以致于污染了当地生态环境。这种商品的进口不符合我们对进口商品品质的要求，因此生态环境部、商务部、国家发改委和海关总署四部门联合发布了《关于全面禁止进口固体废物有关事项的公告》，规定自 2021 年 1 月 1 日起，禁止以任何方式进口固体废物。

通过课堂讨论我们将课程内容与企业经济活动、国家法规联系起来，对商品品质的要求不再是空洞的条文，而是伴随着我国经济发展历程而变化的，而这种变化正是我国经济实力提升与满足人民生活品质要求的体现。

2. 商品品质规定方法

用对比的方式、案例的呈现、新闻事件的报道讲授商品质量的规定方法（用实物样品表示；用文字说明表示，如凭规格买卖、凭等级买卖、凭标准买卖、凭品牌或商标买卖、凭产地名称买卖、凭说明书和图样买卖等）、买卖合同中的质量条款基本内容（凭样品买卖时要列明品名、确认样品的编号及确认日期；凭文字说明时要列明品名、规格、等级等内容）及注意事项（如指标数量、质量机动幅度、质量公差等）、在合同执行过程中如何理解提供符合合同品质要求的商品。

课程思政体现：不同的商品在规定商品品质时有不同的方法，可能几种方法都适合，但如果在合同中列明所有适合的方式可能会对卖方所提交货物的品质提出更高的甚至是互相矛盾的无法操作的要求，如本节一个案例中的合同商品约定按规格买卖，但合同签订后卖方又去电确认所交货物与样品一致，将一种凭规格的买卖变成了既凭规格又凭样品的买卖。剖析案例，我们会发现由于案例中的卖方业务员对凭样品买卖的性质及国际贸易中关于品质规定的惯常做法不够熟悉和了解，用两种方法规定一种商品的品质纯粹是多此一举，并且让卖方承担了本可不承担的责任。另一个案例中合同要求卖方提供的是二等品，但卖方因为二等品短缺，自作主张地用一等品替换，结果遭到买方的索赔。

通过案例分析，学生会体会到一名合格的外贸业务员在合同磋商、签订过程中应具备的素质，不仅要熟知业务知识，还要有极强的工作责任心，在业务活动中也要关注细节、追求完美，培养精益求精、一丝不苟、追求卓越的工匠精神。

3. 课后作业

以完成课后案例作业的形式帮助学生掌握在制定品质条款时应注意的事

项（如何选择合适的商品品质规定方法、如何体现严谨性与灵活性的统一）；给学生提供一份阅读材料"我国成为 IEC SC46F'射频和微波无源元件'国际标准的引领者"，让他们根据阅读材料并联系本节课所讲授的"对于出口商品，努力做到结合国情采用国际标准，推进中国标准与国外标准之间的转化运用"写一篇感想，内容可与出口商品质量要求、如何将中国标准向国际标准转化及转化意义等相关。

课程思政体现：合同中品质条款内容要体现出严谨性与灵活性的统一，实际上是外贸业务员关注细节、追求完美的业务能力的体现，学生通过对合同品质案例的剖析对外贸业务员应具备的这种职业素养有了一个更直观的认识与体会。中国标准转化为国际标准与我国对外经济发展方式的转变和开放型经济水平的提高分不开，是有效提高我国国际话语权、提升整体国际竞争力的有效途径之一。在认识到这些转化意义后，学生自然而然地会对我国的经济发展之路、发展成就产生认同感与自豪感。

（二）具体教学过程

本节的教学内容包括商品品质的定义、在国际贸易中的重要性及对进出口商品质量的基本要求、品质条款的规定方法、品质条款的内容及规定品质条款时应注意的事项。

教学意图	教学内容	环节设计
导入教学内容	商品品质的含义（包括外观形态和内在品质）。 以课堂提问的形式引入对某一商品的品质描述。	让学生明确本节课要讲授的内容。 （2分钟）
核心内容1	对进出口商品品质的基本要求（进口商品和出口商品分别讲授）。 以 PPT、图片、新闻评述、课堂讨论相结合的方式进行讲授及课堂讨论	利用 PPT、图片和新闻评述讲授如何理解对进出口商品严把质量关的含义及意义，课堂讨论"如何看待'固体废物（俗称洋垃圾）'进口现象"。 （6分钟）

续表

教学意图	教学内容	环节设计
核心内容2	商品质量的规定方法（用实物用品表示；用文字说明表示）。 以PPT与案例分析相结合的方式讲授并对两种规定方式进行对比。 案例"凭样买卖留错样本""凭产地名称买卖新疆产哈密瓜非新疆产"等。	PPT讲授用实物用品和用文字说明表示商品品质的具体内容；其间插入案例，让学生分析商品品质不同的规定方法对特定商品的适用性及需注意的事项，告诉学生一个名合格的外贸业务员如何选择合适的方式规定商品的品质。 （25分钟）
核心内容3	买卖合同中品质条款基本内容。 以PPT与案例分析相结合的方式讲授。 案例"凭样买卖，留存样品丢失，检验表明品质差幅7%"等。	PPT讲授质量条款应包括的基本内容（区分用实物用品表示和用文字说明表示分别应包括的内容）。 案例分析主要剖析合同品质条款中常见的瑕疵并由学生总结应如何避免，培养学生认真仔细、精益求精的职业素养。 （6分钟）
核心内容4	买卖合同执行过程中关于所提交商品品质应注意的事项。 以PPT与案例分析相结合的方式讲授，由学生讨论、总结注意事项。 案例"卖方所交付商品高于合同规定品质是否合适""合同品质条款内容是否适当"等。	PPT讲授合同执行过程中关于提交商品的品质应注意的事项。 案例分析主要剖析合同执行中常见的瑕疵并由学生总结应如何避免，让学生明白签订合同只是起点，在合同整个履行过程中都要关注细节，一丝不苟。 （11分钟）

续表

教学意图	教学内容	环节设计
课后作业	关于合同品质条款签订不当引发纠纷的案例分析；根据阅读材料"我国成为IEC SC46F'射频和微波无源元件'国际标准的引领者"提交一份中国标准向国际标准转化意义的感想。	

四、教学效果分析

本课程的教学借助于案例教学、经济事件评述、图片、课堂讨论等形式让学生在相对活跃的气氛中完成与商品品质的含义、对进出口商品品质的基本要求、商品品质的规定方法、买卖合同中的品质条款等内容的学习；两种规定方法的对比教学方式有助于学生对所讲授的内容进行对比、思考，加深学生对所学内容的理解。

在课程预习阶段及课堂讨论环节，引入"如何看待'固体废物（俗称洋垃圾）'进口现象"阅读材料，让学生对进口商品的品质与我们的经济生活、经济发展战略之间的关系有一个直观的认识，对进口商品品质的要求不再是抽象的条文。与合同品质条款中常见的瑕疵相关的案例让学生更容易理解未来工作中应具备的职业素养，既要熟知业务知识，又要有极强的工作责任心。课后阅读材料会让学生对我国的经济发展之路、发展成就产生认同感与自豪感。

运输方式的选择与运输单据的使用

于晓云

一、课程思政元素发掘

本课程在授课时可能包含以下思政元素。

元素1 更深层次地理解"一带一路"倡议下开展国际合作的意义。2013年秋,习近平总书记提出了共建"丝绸之路经济带"和"二十一世纪海上丝绸之路"重大倡议。"一带一路"倡议的核心内涵是促进基础设施建设和互联互通,促进协同联动发展,实现共同繁荣。

2014年连接欧亚大陆货运的中欧班列开通的初衷是对接我国的西进战略,当前中欧班列以其运距短、速度快、安全性高的特点以及安全快捷、绿色环保、受自然环境影响小的优势改变了海运是国际贸易中绝对的唯一的运输主力的现状。欧亚大陆的陆地由阻碍变成了通道,形成了欧亚大陆岛效应,作为丝绸之路经济带发展战略重要组成部分的中欧班列已经成为国际物流中陆路运输的新方式,它的运行,已上升到国家战略的高度,并取得了令人瞩目的成就。2021年1月和2月,中欧班列在中国和欧洲城市之间共发送了2 213列货运列车,同比增长96%;货物交付量同比增长106%。

元素2 坚持创新驱动的经济发展模式。2018年,习近平总书记在视察武汉一家高新技术企业时说:"创新始终是推动一个国家、一个民族向前发展的重要力量。"实施创新驱动发展战略,是应对发展环境变化、把握发展自主权、提高核心竞争力的必然选择,是更好引领我国经济发展新常态、保持我国经济持续健康发展的必然选择。

这种创新驱动的经济发展并不局限于中国范围内,还可以包括"一带一路"建设中的创新。中欧班列的核心价值在于以其为载体,探索构建并完善符合"一带一路"倡议的国际物流和经贸规则。我国是世界第二大经济体和第一大进出口贸易国,面对国际经济调整格局,我们该如何围绕"一带一路"倡议构建全面开放的新局面。在西向贸易下,中欧班列当前使用的国际铁路运输规则尚不完善,但套用海运贸易规则又存在缺陷,实现班列运单的"提单化"是一条可行之路,这种"提单化"离不开互联网等现代信息技术手段，会涉及应用技术与模式等方面的创新，会推动全面开放新局面的形成。

元素 3 坚定自信，提升民族自豪感。2018 年 10 月，习近平总书记在出席港珠澳大桥开通仪式时强调"大桥建成通车，进一步坚定了我们对中国特色社会主义的道路自信、理论自信、制度自信、文化自信，充分说明社会主义是干出来的，新时代也是干出来的！"

这种自信在我们经济发展的很多领域都有所体现。"十三五"期间，我国港口规模不断扩大，沿海港口万吨级及以上泊位数 2 530 个。在全球港口货物吞吐量和集装箱吞吐量排名前十名的港口中，我国港口均占 7 席。这些数据充分说明我国这些年在港口建设方面的成就，坚定了我们的道路自信，提升了我们的民族自豪感。

元素 4 培养学生踏实认真、关注细节的职业素养。国际货物买卖合同的签订和履行离不开外贸从业者踏实认真、关注细节的工作作风，这也是一名外贸从业者应该具备的基本职业素养。国际货物运输是合同履行中的一个重要环节，涉及托运、订舱等环节，内容烦琐。单据填写不适当会影响到合同的顺利履行甚至争议的发生，所以在课堂教学中要时时提醒学生注重踏实认真、关注细节的职业素养的培养。

二、教案设计

（一）教学目标

国际货物买卖合同中的运输条款包括货物的运输方式、装运时间、装卸港（地）以及买卖当事人在运输方面的责任。买卖双方在货物运输过程中所应承担的责任和该合同所选择的贸易术语相关。运输方式部分的教学要求学生不仅要了解各种运输方式的特点，而且要理解影响各种运输方式使用的因素、可能出现的运输方式的新趋势，以便能够在今后的实际业务活动中灵活高效地选择合适的运输方式。

（二）教学内容和教学重点与难点

1. 教学内容

本课程教学内容包括国际货物运输的主要类型、海洋运输的特点（类型、优点、局限性、运费的计算、影响运费的因素）、铁路运输的特点（优点、局限性、运费的计算、影响运费的因素）、海洋运输中的单据（提单的性质、作用、内容、类型）、铁路运输中的单据（铁路运单的性质、作用）、海洋运输和铁路运输的对比（联系苏伊士运河堵塞事件和中欧班列的发展）、海洋运输和铁路运输对我国对外贸易发展的影响。

2. 教学重点

海洋运输作为国际货物贸易中最常用的运输方式包括租船和订舱两种具体形式，如何向船公司预定舱位、如何和船公司签订租船合同，在装运后应从船公司取得何种类型的单据对合同履行的意义；铁路运输尤其是中欧班列在我国对外运输中的作用。

3. 教学难点

作为海运主要运输单据的提单的性质、作用和提单的主要内容；国际货物铁路联运的概念与组织。

(三) 教学手段与方法

本课程作为一门偏重实践的课程，在课堂教学中教师主要借助于课堂互动教学与案例教学的形式讲授主要知识点。

1. 课堂互动教学

教师在课堂讲授过程中，不是将所有课堂时间都用于知识点的讲授，而是有意识地要求学生课前预习相关内容，课堂上以师生间的问答、同学间的讨论的形式检查相关知识点的掌握情况。这种问答、讨论会真实地反映学生对知识点的认知状况，易于评判学生对知识点的掌握程度，并且在课堂上创造的这种问答、讨论的学习氛围要求学生集中注意力，也易于提升学生对课程教学的参与度。

在本课程的教学中，教师要求学生预习有关海洋运输的优点与局限性。课堂上，教师为学生提供相关数据与文献，如"截至 2018 年 8 月底，中国船队共拥有 7 744 艘船，运力 1.7 亿总吨，超过了日本的 1.676 亿总吨，排到世界第二""船队离不开港口，在这方面中国具有绝对的领先优势。以集装箱为例，上海港在 2017 年以 4 018 万 TEU 的集装箱吞吐量，排名全球第一。之后就是深圳港、宁波舟山港、韩国釜山港、香港港、广州港、青岛港、迪拜港和天津港。前十名中，只有 3 个不是中国的""2018 年，中国的海运进口量占到全世界海运贸易的四分之一。在此情况下，全球海运贸易高度依赖中国经济的发展。在中国经济发展从高投入和制造业向消费和服务业转型的进程中，中国铁矿石和煤炭进口需求量下降，这一下降对干散货海运贸易造成的负面效应已经显现"等，请学生讨论"中国海运业在全球的地位""影响海运业发展的因素"等内容。通过对文献的解读与讨论，学生对中国海运业的发展现状有了一个较为直观的认识，在此基础上可以要求学生进一步查阅有关我国海运业的发展状况、在全球海运业的地位、对全球海运业及全球贸易的影响等方面的文献，并思考海运业对国内相关产业发展的影响。

2. 案例教学

案例教学作为一种具有启发性、实践性并能开发学生智力和提高学生综合素质的新型教学方法，在本课程的实际应用大致可以分为三个环节：课前查找资料分析案例，课堂上的讨论、阐述和课后撰写案例报告。

课程知识点的讲授90%左右都与案例内容相关联。课堂案例既包括该课程的经典案例，也包括根据最新经济新闻或经济活动而编写的案例。这两种案例既能让学生尽快掌握该课程的基本知识点，又能够让课程的学习与我们的实际经济生活相联系，让学生更自然地接受课程内容。本节课的课堂案例主要与提单内容的填写及类型相关，如案例"提单中托运人一栏能否填写进口商""记名提单能否被接受"等，让学生明白提单每一个栏目该如何填写，我们在实际运输中可以接受何种提单，了解记名提单的特殊性等。案例分析使学生加深买卖双方在运输环节所应该履行义务的理解。

3. 新闻热点评述

国际贸易实务课程作为一门实践课程，与现实经济生活的联系非常密切。因此，在课堂教学中我们会有意识地将课程学习与经济生活联系起来，让学生参与到教学内容的安排中，如让学生关注经济新闻或经济事件，查阅该新闻或事件发生的背景、进展、影响，并要求他们思考该新闻或事件对我们课程学习的启示或将来从事相关业务工作的启示。

如在本课程教学中，教师基于2021年3月23日一艘台湾货轮在埃及苏伊士运河意外搁浅，导致运河被完全堵塞的事件，要求学生思考这个意外事件给全球运输、中国对外贸易可能带来的影响。在学生了解了这次运河堵塞的经过后，教师再将行业内针对此次苏伊士运河堵塞所带来的影响的估算告知学生，如丹麦"海运情报"咨询公司预测每天约有30艘重型货船通过苏伊士运河，堵塞一天就意味着5.5万个集装箱延迟交付；德国保险巨头安联集团估算苏伊士运河堵塞会令全球贸易每周损失60亿至100亿美元，要求学生联系中国的"一带一路"倡议和中欧班列的运行思考苏伊士运河意外堵塞给全球货运和贸易带来的"蝴蝶效应"会对世界互联互通产生何种影响。

三、教学过程

（一）教学总体思路

1. 以问题讨论引入主题

以问题讨论的形式引入本节课授课的主题"国际货物运输的主要方式及使用的单据"，要求学生分享自己或身边熟悉的人在海淘中使用的货运方式并加以简单介绍，希望这种形式能够将课程学习和实际微观经济生活相联系，引发学生学习该节课内容的兴趣。

课程思政体现：将课程学习与学生的实践、思考相结合，专业知识的学习不是空洞的词条，而是与我们个体的微观经济活动、企业的运营活动、国家的发展战略有着密切的联系，提升我们对国家发展战略的理解与支持，树立民族自豪感。

2. 讲授运输的特点、运输中的单据

用对比的方式、案例的呈现、新闻事件的报道讲授海洋运输的特点（类型、优点、局限性、运费的计算、影响运费的因素）、铁路运输的特点（优点、局限性、运费的计算、影响运费的因素）、海洋运输中的单据（提单的性质、作用、内容、类型）、铁路运输中的单据（铁路运单的性质、作用），使学生对这两种主要运输形式的特点、使用的条件、运输环节等有一个更清晰的认识。

案例"提单中托运人一栏能否填写进口商""记名提单能否被接受"等可以让学生掌握如何填写海运提单中的各栏内容，进口商作为托运人/发货人会对合同的履行造成何种影响；记名提单对托运人有何种潜在风险等。借助于案例分析与新闻报道可以提升学生案例分析的能力，增强他们理解新闻"背后"的故事。

课程思政体现：借助于苏伊士运河的意外堵塞事件讲述海洋运输方式的优点和缺点，将课程内容的讲解与国际经济时事联系起来，让学生感到课程的学习与我们的现实联系密切，学会将理论学习融入实际的经济环境中。在国际铁路货物联运规则内容部分，除《国际货约》《国际货协》两个协定外，课堂内容增加"一带一路"中欧班列规则体系内容，表明中国所倡导的中欧班列项目正在推动与铁路合作组织、国际铁路联盟、世界海关组织、万国邮政联盟等国际组织的合作，建立统一互认的单证格式、货物安全等规则体系。尤其是我国依托中欧班列，正在加快研究以提单为核心载体且符合实际的国际多式联运规则体系，探索设立国际多式联运提单。融入国际铁路货物运输规则的中欧班列规则体系实际上是中国铁路运输规则在全球铁路运输规则话语权提升的表现，学生会更为深刻地领会开通中欧班列的意义，并且会极大地提升他们的民族自信心。

通过对案例的剖析，学生会认识到一张运输单据如海运提单所承载的功能、对合同能否顺利履行的影响、在实际业务中如何操作才不会出现差错，增强提升踏实认真、关注细节的职业素养。

3. 课后习题

以课后习题的形式帮助学生掌握海运提单、铁路运单的内容与作用；并要求学生联系中国的"一带一路"倡议、中欧班列的运行现状以小组讨论的形式思考苏伊士运河的一次意外堵塞事件对全球货运和贸易带来的"蝴蝶效应"会对全球的互联互通产生怎样的影响,下次课以小组为单位进行课堂分享。

课程思政体现:海运提单和铁路运单性质的差异很大程度上说明除了运费因素外,海运运输是国际货物运输中最主要方式的原因。中欧班列的迅猛发展将运往非货协成员目的地的运输纳入其中。为解决铁路运输中的单据难题,在结合既有国际规则和贸易术语的基础上,我国开始研究推进铁路运单"提单化",并率先在国内多式联运领域试点,成熟后向"一带一路"重点国别国际多式联运领域推广。"中国提单"探索推进过程充分体现了技术、模式等创新的理念。中欧班列、"中国提单"的概念是"一带一路"倡议所倡导的"促进基础设施建设和互联互通、协同联动发展、实现共同繁荣"的具体体现,并且创新驱动发展的思路也推动了对外贸易的发展。这种种表现加深了学生对我国具有中国特色社会主义的对外经济发展战略即"形成陆海内外联动、东西双向互济的开放格局"的理解,增强了他们的经济自信与民族自信。

(二) 具体教学过程

本课程的教学内容包括货物运输的主要类型、海洋运输的特点(类型,优点,局限性,运费的计算,影响运费的因素)、铁路运输的特点(优点,局限性,运费的计算,影响运费的因素)、海洋运输中的单据(提单的性质、作用、内容、类型)、铁路运输中的单据(铁路运单的性质、作用)、海洋运输和铁路运输的对比(联系苏伊士运河堵塞事件和中欧班列的发展)、海洋运输和铁路运输对我国对外贸易发展的影响。

教学意图	教学内容	环节设计
导入教学内容	货物运输的主要类型。以课堂讨论、PPT、图片形式展示运输类型。	让学生明确本节课讲授的内容。(2分钟)
核心内容1	海洋运输:优缺点、海运船舶营运方式、海上货物运输费用。以PPT、图片、习题的形式进行讲授。	利用PPT、图片讲授班轮运输和租船运输的场景、运输费用的构成;以习题的形式将运费计算时要考虑的因素让学生进行互动,加深对运费计算的理解。(15分钟)

教学意图	教学内容	环节设计
课堂讨论（在课前发放思考题的前提下）	铁路运输：优缺点、国际铁路货物联运规则、范围、运输费用。 以 PPT、图片、新闻报道的形式进行讲授。	利用 PPT、图片、新闻报道讲授国际铁路运输的场景、运输费用的构成。 （5 分钟）
核心内容 2	海洋运输中的单据：海运提单的性质和作用、种类、提单内容；海运单。 以 PPT、案例分析的形式进行讲授（"提单中托运人一栏能否填写进口商""记名提单能被否接受"等）。	利用 PPT、案例讲授提单的性质、作用、类型；海运单出现的背景、发展趋势。强调海运提单的功能和内容填写的重要性，提醒学生注意关注细节，培养职业素养。 （18 分钟）
课堂讨论（在课前发放思考题的前提下）	铁路运输中的单据：国际铁路联运单。 以 PPT、图片的形式进行讲授。	利用 PPT、图片讲授国际铁路联运单的内容及新发展。 （5 分钟）
课堂讨论	海洋运输和铁路运输的对比。	利用图片、新闻评述（由苏伊士运河堵塞事件引发的对于国际铁路运输尤其是中欧班列发展的思考）。 （5 分钟）
课后作业	如何理解海运提单的作用及铁路运单"提单化"的意义。	

四、教学效果分析

本节课程的教学借助于案例教学、新闻评述、图片等形式让学生在比较活跃的气氛中完成与国际海运和国际铁路运输两种运输方式相关的优缺点、规则、单据等内容的学习；对比教学方式有助于学生对所讲授的内容进行对比、思考，容易激发学生的学习兴趣，提升思考的深度。

在课程预习阶段及课堂讨论环节，引入与苏伊士运河堵塞事件可能带来的商品市场价格变动、中欧班列自开通以来的发展成就相关联的新闻报道，让学生将海上运输、铁路运输与我国所倡导的"一带一路"、中欧班列的开通有一个直观的认识，真真切切地坚定我们对中国特色社会主义的道路自信、理论自信、制度自信、文化自信，提升民族自豪感。通过课堂案例的剖析，学生对什么是踏实认真、关注细节的职业素养有了更深入的理解，并对未来成为一名合格的外贸人充满信心。

期货贸易

课程性质：专业课
课程类别：理论实践一体课
授课对象：经济学专业本科生

期货是金融市场非常重要的投资和投机工具。学习期货贸易能够有效地提升学生对经济学的理解能力，帮助其建立专业的经济学思维，提高其专业素养。学好期货贸易课程，学生能够运用经济学分析框架和方法，对现实经济现象做出解释和分析，掌握前沿的投资技巧。课程将重点介绍期货市场的基本原理、期货发展历史、期货市场构成、期货分析技术、投机套利、套期保值、金融期货、金融资产风险控制等知识。

构建中国金融安全体系

——以香港金融保卫战为例

陈建先

一、课程思政元素发掘

本课程在授课对可能包含以下思政元素。

元素1 引导学生认识中国金融改革的伟大成就。期货作为金融市场工具之一，其改革和发展历程伴随着中国金融改革不断深化和广化的过程。1978年中国实施改革开放政策以来，中国的金融行业随着中国经济的发展而取得了重要成就。党的十八大以来，党中央和国务院针对新形势、新发展阶段提出了一系列金融改革政策，绘制了金融发展的新蓝图，改革也有序推进，金融结构得到了进一步优化。与此同时，金融行业仍然面临着较大的压力，抵抗风险的能力需进一步巩固和加强，既要防范"灰犀牛"，也要防范"黑天鹅"，保证金融安全。习近平总书记强调"要抓住完善金融服务、防范金融风险这个重点"，推动金融业高质量发展。

元素2 帮助学生正确认识新时代金融改革的方向。习近平总书记指出，金融活，经济活；金融稳，经济稳。经济兴，金融兴；经济强，金融强。经济与金融是一体的，不可分割的。经济离开了金融，将很难实现又稳又快发展。金融离开了经济，则会成为无水之源，并将走向危机。因此，习近平总书记强调"经济是肌体，金融是血脉，两者共生共荣"。

针对金融改革的方向，习近平总书记提出了"6个要"，覆盖了银行体系、资本市场、金融服务、金融创新创造、服务实体经济等方面，对金融改革提出了新方向，制定了新策略，为中国金融改革和健康发展奠定了基础。

元素3 引导学生认识到金融安全和防控金融风险的重要性。金融安全是中国全面安全的有机构成之一，是实现中华民族伟大复兴的基础之一。然而，"十四五"期间我国面临的金融风险形势依然严峻。一方面，外部环境发生了改变。其一是中美关系发生了质变，美国采取了包括金融手段在内的各种政策对中国施压。其二是欧盟的债务危机并未消除，对中国的金融安全构成挑战。另一方面，国内金融风险也发生了一些变化。疫情冲击仍在持续和蔓延、宏观杠杆率居高不下、科技创新也对金融安全构成新的挑战等。国内外金融环境的变化都对中国的金融安全提出了挑战。

针对日益复杂的金融风险,习近平总书记指出:"要注重在稳增长的基础上防风险,强化财政政策、货币政策的逆周期调节作用,确保经济运行在合理区间,坚持在推动高质量发展中防范化解风险""防范化解金融风险特别是防止发生系统性金融风险,是金融工作的根本性任务。"针对这个根本性任务,习近平总书记又做出了严密的部署,提出了六大措施。一是完善和加快金融市场的信息化和国产化基础设施建设;二是建立金融风险预警机制;三是"管住人、看住钱、扎牢制度防火墙";四是建立金融领域的防腐败机制;五是让科技为管控金融风险服务;六是完善金融从业人员的监管体系。

二、教案设计

(一)教学目标

1. 知识目标

通过本课程的学习,能够掌握金融安全的构成和影响因素,分析期货市场和汇率市场安全的重要性。通过案例讲解,阐述政府如何通过合理的手段,有效地打击国际投机客,保证中国的期货市场安全和外汇市场安全,从而实现中国的金融安全。

2. 能力目标

通过知识的学习,学生需要掌握以下几种能力:一是利用经济学分析方法,分析金融期货的价格影响因素;二是掌握国际投机客做空手段和策略;三是理解政府干预市场的手段和措施;四是理解金融风险的重要性和来源。

(二)教学内容

(1)股指期货、外汇期货的概念和影响因素。

(2)国际投机客的做空过程。

(3)政府的应对措施。

(4)金融安全的重要性。

(三)教学手段与方法

教学手段是多样的,针对不同的内容,采取不同的教学手段,目的是激发学生的学习兴趣,提高学习效果。

其一,在授课的开始阶段,采取现场提问方式,引导学生进行提前思考,充分调动学生的学习主观能动性。

其二,在分析国际投机客和香港政府多空博弈过程时,采取视频和软件手段,直观地展示两大阵容的交锋过程,把学生带入香港金融保卫战的场景中，让其真实体验金融市场的残酷性和不稳定性，从而有利于其加深对金融安全和金融风险的认识。

其三，在最后的学习总结阶段，采取分组讨论的方式，充分利用学生的积极性，要求和指导学生完成课程任务。

三、教学过程

（一）理论部分

1. 金融期货的概念

金融期货（financial futures）是指交易双方在金融市场上，以约定的时间和价格，买卖某种金融工具的具有约束力的标准化合约，即以金融工具为标的物的期货合约。金融期货作为期货中的一种，具有期货的一般特点，但与商品期货相比，其合约标的物不是实物商品，而是传统的金融商品，如证券、货币、利率等。金融期货产生于20世纪70年代的美国市场，当前金融期货在许多方面已经走在商品期货的前面，占整个期货市场交易量的80%，成为西方金融创新成功的例证。

2. 股指期货

股指期货合约是金融期货的构成之一，是指交易所统一制定的一种标准化合约。股指期货合约的内容需要在交易前事先明确。合约价值由相关标的指数的点数与某一既定的货币金额的乘积表示，这一既定的货币金额称为乘数。股指期货合约交易的报价是按照指数点进行的，其价格必须是交易所规定的最小价值的整数倍，指数期货中最小的变动价位通常比基础指数的实际最小变动价位大。

3. 外汇期货

外汇期货简称为FxFut，是"forex futures"的缩写，是在集中形式的期货交易所内，交易双方通过公开叫价，以某种非本国货币买进或卖出另一种非本国货币，并签订一个在未来的某一日期根据协议价格交割标准数量外汇的合约。为了说明方便，我们先把广义的外汇期货交易与狭义的外汇期货交易区别开来。广义的外汇期货交易，包括外汇期货合约交易和外汇期权合约交易；而狭义的外汇期货则专指外汇期货合约。外汇期货的主要内容包括：①交易单位；②最小变动价位；③每日价格最大波动限制；④合约月份；⑤交易时间；⑥最后交易日；⑦交割日期；⑧交割地点。

4. 利率期货

利率期货是交易对象的中长短期可交割金融凭证，以附有利率的有价证券为标准的一种金融期货。它实际上是交易市场上的固定到期日和标准交易额进行交易的短期投资，是货币市场和资本市场工具的远期合约。同其他期货一样，利率期货也是在法律的约束下，通过市场公开竞价，买卖双方商定在未来规定日期按约定利率进行一定数额的有价证券的交割。

5. 香港的汇率

香港采取的是联系汇率制度。该制度属于固定汇率制，即将港币和美元严格挂钩，实行一个固定的比例关系，所以也被称作"美元化制度（dollarlization）"。

联系汇率制度往往与稳定性有关。当今许多发展中国家采用联汇制为外商投资创造一个稳定的环境。在联汇制下，投资者将随时知道他的投资项目的价值，而不需担心每天汇率的波动。此外，由于对货币的稳定性有更大的信心，联汇制更可能有助降低通胀。

19 世纪末，英国为殖民地提出并设立了联系汇率制。香港作为英国殖民地而采用此汇率制度，与英镑联系，1972 年取消，1983 年再度启用，与美元联系，7.8 港元兑 1 美元。

（二）案例实体部分

1. 背景

1997 年，在以索罗斯为代表的国际游资做空以泰国为代表的东南亚国家，导致泰国出现金融危机，并蔓延至马来西亚、新加坡、韩国等亚洲国家。泰国、印度尼西亚、韩国等国的货币大幅贬值，同时造成亚洲大部分主要股市的大幅下跌，并由此引起了经济危机，亚洲各国外贸企业纷纷破产，大量工人失业，收入大幅下降。中国和中国台湾地区则几乎不受影响。

泰国等东南亚国家发生金融危机的原因主要来自内部和外部两大因素。内部方面，一是透支性经济高增长和不良资产的膨胀；二是市场体制发育不成熟；三是"出口替代"型模式的缺陷。外部方面，以索罗斯为代表的国际投机大鳄，通过一系列组合策略，先在期市做多、汇市买进泰铢，再在股市大量吃进造成跟风，等股市升到外资机构都看空的时候再在期市反向做空同时大量抛售股票和泰铢造成恐慌性抛售，从而迫使泰国放弃维持已久的与美元挂钩的固定汇率而实行自由浮动，由此引发了一场泰国金融市场前所未有的危机。随后危机迅速蔓延至其他东南亚地区，导致了区域性的金融危机。

2. 以索罗斯为代表的国际投机客的做空策略

1998 年，国际金融大鳄把目标瞄向了香港，这些金融大鳄主要是以索罗斯的量子基金为代表，还有摩根、美林和老虎基金等。这些国际基金有很大的优势，一是形成了一套做空金融市场的组合策略；二是在东南亚国家获得了巨大成功，金融市场对其望而生畏；三是资金体量大，超过千亿资金规模。

做空策略涉及多个市场，主要是外汇、期货和证券市场。首先，国际大鳄先借入港元和香港权重公司的股票，然后在外汇市场和证券市场抛售，形成市场恐慌情绪。金管局为了维持联系汇率制度，不得不收紧港元，导致利率上升。利率的上涨又对证券市场形成压力。其次，国际金融大鳄借机抛售香港的权重股，进一步加大了证券市场的动荡，恐慌情绪进一步蔓延；接着，他们会利用金融市场的话语权优势，时时发表一些利空的消息，进一步加剧了投资者的恐慌心理。当这些做空因素合在一起，达到了质变，港元汇率将大幅下跌，证券市场大幅下挫，市场哀鸿遍野。最后，他们平仓外汇市场和证券市场的做空合约，获取巨大的投机收益。

3. 香港政府的应对策略

国际金融大鳄攻击来势汹汹，凶悍无比，市场上弥漫着令人恐惧的恐慌心理，外汇市场和证券市场出现了大幅下跌状况。面对着如此困境，香港金管局面临着两难选择。如果不干预市场，香港将会出现金融危机，导致企业破产，大量香港人失业，无家可归；如果干预市场，那么香港的金融自由港名誉将会受到严重影响。金管局权衡利弊，决定对市场进行干预。主要手段有：一是禁止银行借港元给国际金融大鳄；二是在市场最恐慌的时候，做空动能边际效率递减之后入市，大量买入权重股票，并在期货市场积极买入多单合约；三是向市场喊话，增强市场的信心；四是取得内地支持，在关键时候守住香港。

4. 双方的交战过程

1998 年 8 月 5 日，美国证券市场大幅下跌，金融大鳄在期货市场继续加大做空头寸，合约价值达到惊人的 300 亿港元。香港金管局快速做出反应，利用外汇储备积极做多，增加市场的多头头寸。随后的 6 日、7 日和 14 日，双方再次大幅增加头寸，战斗进入胶着状态。14 日，香港金管局不仅在期货市场积极做多，而且在证券市场加大了购买力度，战斗进入了白热化阶段。

28 日是 8 月期指结算日，也成为最为惨烈的一天。早上一开盘，国际资本大鳄就气势汹汹，大幅做空恒指期货和证券市场，而香港金管局则调动资金，大幅做多期货和证券市场，上午的两个半小时交易量达到了惊人的 400 亿港元。下午一开盘，国际金融大鳄孤注一掷，再次加大做空力度，香港金管局积极应对，一个半小时的成交量就达到了 390 亿港元。随后，国际金融大鳄弹尽粮绝，俯首称臣。恒生期货和证券市场出现了大幅上涨，恒生指数收在 7 829 点，创下了近 800 亿港元的成交天量，大约是平时成交量的 10 倍。据测算，8 月 28 日一天大约有 600 亿港元成交量为特区政府所为，政府成为市场的唯一买家。8 月 14 日至 8 月 28 日特区政府共计买入并持有蓝筹股

1 300多亿港元，占恒指蓝筹股总值的10%以上。

5. 这场世纪大战的胜负

香港政府为了应对国际金融大鳄，不得不采取一些非市场的手段，改变游戏规则，限制了金融大鳄的做空手段，从而有效地抵抗了金融大鳄的后续进攻。

一场激烈的金融大战至此告一段落。香港虽然打退了国际金融大鳄的疯狂进攻，但自身也损失惨重。资本市场萎靡不振，投资大幅减少，房价下跌，失业率大幅上升。此外，香港政府违反了常规做法，干预了证券市场和期货市场，影响了其国际金融中心的地位。

6. 这场战役的意义和影响

其一，保卫了香港，使得香港金融市场重回正轨；其二，保住了香港作为国际金融中心的核心政策之一——联系汇率制度，避免了发生重大的金融危机，甚至经济危机；其三，沉重打击了国际金融大鳄。此次金融大战后，许多国家的政要和学者纷纷要求整顿国际金融市场秩序、限制国际投机资金对金融市场的冲击。

四、教学效果分析

案例包括思政教育内容，采用多种形式进行讲授。案例教学不仅提高了学生学习的积极性，而且进一步了解了中国金融安全的重要性，掌握了金融安全的主要内容、防范手段，取得了预期的效果。

汇率及汇率期货的价格决定机制

——以人民币保卫战为例

陈建先

一、课程思政元素发掘

本课程在授课时可能包含以下思政元素。

元素1 引导学生认识中国汇率改革的伟大历程。中国汇率改革是伴随着中国经济的发展而进行的。党和政府根据经济发展状况，审时度势，不断地推进中国汇率改革，形成具有中国特色的汇率决定机制，保证了中国的外汇市场安全。

元素2 引导学生认识到金融安全和防控金融风险的重要性。金融安全是中国全面安全的有机构成之一，是实现中华民族伟大复兴的基础之一。然而，"十四五"期间我国面临的金融风险形势依然严峻。一方面，外部环境发生了改变。其一是中美关系发生了质变，美国采取了包括金融手段在内的各种政策对中国施压。其二是欧盟的债务危机并未消除，对中国的金融安全构成挑战。另一方面，国内金融风险也发生了一些变化。疫情冲击仍在持续和蔓延、宏观杠杆率居高不下、科技创新也对金融安全构成新的挑战。国内外金融环境的变化都对中国的金融安全提出了挑战。

二、教案设计

（一）教学目标

通过本课程的学习，能够掌握汇率价格的形成、影响因素，并通过案例讲解，阐述政府如何通过合理的手段，有效地管控汇率价格，保证中国的金融安全。

（二）教学内容

人民币汇率改革历程，人民币汇率决定因素，国际投机与人民币汇率期货，央行管控人民币汇率期货的手段和措施，金融风险的类型和具体表现。

（三）教学手段与方法

教学手段是多样的，针对不同的内容，采取不同的教学手段，目的是激发学生的学习兴趣,提高学习效果。

其一,在授课的开始阶段,采取现场提问方式,引导学生进行提前思考,充分调动学生学习的主观能动性。

其二,在分析人民币汇率变动和影响机制阶段,采取视频和软件手段,直观地展示人民币汇率期货及其价格的波动过程,把学生带入人民币汇率保卫战的场景中,让其真实体验金融市场的残酷性和不稳定性,从而有利于其加深对金融安全和金融风险的认识。

其三,在最后的学习总结阶段,采取分组讨论的方式,充分利用学生的积极性,要求和指导学生完成课程任务。

三、教学过程

(一) 理论部分

1. 汇率和外汇市场

汇率是某个国家货币的相对价格,是一种货币对另一种货币的比率。汇率的标定由市场供求关系决定,供求关系受市场上通货膨胀、利率、政治动荡、金融市场波动等因素影响。汇率可分为两大类:一是浮动的汇率体系,二是固定的汇率体系。

2. 汇率的决定因素

(1) 国际收支。如果一个国家出现贸易顺差,汇率市场上对该国货币的需求会增加,从而导致汇率上涨,本币升值,反之亦然。如果一个国家的资本出现净流入,该国的货币需求也会增加,汇率上涨,本币同样会出现升值。

(2) 通货膨胀情况。如果一个国家出现较为严重的通货膨胀,该国的货币购买力下降,对其需求就会减少,从而导致(货币)贬值。

(3) 利率水平。如果一个国家的利率高于国际利率水平,那么在其他条件不变的情况下,国际资本会流入该国,导致对该国货币的需求增加,货币升值,汇率上涨。

(4) 投资者的心理预期。投资者的心理预期在国际金融市场上表现得尤为突出。汇兑心理学认为,外汇汇率是外汇供求双方对货币主观心理评价的集中体现。评价高,信心强,则货币升值。这一理论在解释无数短线或极短线的汇率波动上起到了至关重要的作用。

(5) 其他因素,包括经济增长率、财政收支情况、汇率政策等。

3. 汇率期货

汇率期货简称为FxFut,是"forex futures"的缩写,是在集中形式的期货交易所内,交易双方通过公开叫价,以某种非本国货币买进或卖出另一种非本国货币，并签订一个在未来的某一日期根据协议价格交割标准数量外汇的合约。外汇期货的主要内容包括：①交易单位；②最小变动价位；③每日价格最大波动限制；④合约月份；⑤交易时间；⑥最后交易日；⑦交割日期；⑧交割地点。

4. 汇率期货价格波动影响因素

与其他商品一样，汇率的期货价格取决于外汇市场的供求关系。价格的变化取决于供求关系的变化。当某一个因素变动导致外汇需求的增加或供给的减少，汇率期货价格也会上涨，反之亦然。不过，相对于现货市场外汇的价格，汇率期货价格受更多因素的影响，其中不仅包括政治因素、经济因素，也包括投资者的心理因素。这就导致汇率期货价格变动更难以判断，波动性也会更强。

（二）案例实体部分

1. 背景

2015年12月16日，美联储的货币政策转向，由宽松的货币政策转变为紧缩的货币政策，采取了加息策略，引起了全球资本市场的动荡。首当其冲的是阿根廷，阿根廷新政府不得不放弃固定汇率制度，而选择了浮动汇率制度，随后阿根廷货币比索汇率应声下跌，当天最大跌幅高达41%。外汇市场风险随之转移至巴西，巴西货币随之贬值超过4%，一年来贬值幅度超过50%。2015年前三个季度，巴西GDP增速分别为-0.8%、-2.1%、-1.7%；货币贬值随之带来的是严重的输入型通货膨胀（进口商品变贵），2015年，巴西通胀率高达10.67%，让经济学家最为头疼的滞胀问题困扰着巴西。另一个金砖国家南非也倒下了——自美联储加息以来，南非货币兰特贬值9%，过去一年累计贬值44%。

每个国家的汇率波动，都是国际资本背后搅动的结果。这些大幅贬值的货币，也意味着国际资本大发横财，从20世纪90年代初的英镑危机到1997年东南亚金融危机，再到俄罗斯金融危机，国际资本从未缺席。

最后，国际投机资本连战连捷，它们将目光瞄准了人民币、世界第二大经济体中国。其实中国实体经济和汇率市场面临着短期困难情况，一是经济进入新时代，经济增速减缓；二是2015年中国对人民币汇率进行了再次改革。

2. 人民币汇率面临巨大的做空压力，外汇期货价格快速下跌

人民币的交易市场分为两类，在岸市场与离岸市场。在岸市场即内地的人民币交易市场；离岸市场则指在香港、新加坡、伦敦等地的人民币市场。

由于国际投资者进入在岸市场尚有诸多限制，因此国际资本主要在离岸市场交易。在岸市场人民币存量远远大于离岸市场，长期以来，离岸价格偏

离在岸价格时，最终会向在岸价格收敛。但在国际热钱的冲击下，这样的规律在 2014 年 11 月被彻底打破，离岸市场价格不但没有向在岸市场价格收敛，反而越拉越大。

在离岸市场，汇率投机的玩法远比在岸市场更为丰富，也更为刺激。在离岸市场，有大量对冲基金等顶级玩家；中国人民银行极少干预，交易连续且波动不受限制；有即期、掉期、远期以及期权等各种类型的金融衍生品可供选择，而这些金融衍生品本身就带有较高的杠杆，在经过改良或者经过不同的组合后还可继续提高杠杆，进而放大收益。

据国联证券提供的数据，仅仅在 2014 年，人民币离岸市场的日均成交金额就已经超过 500 亿美元，可以推测，此时的成交量，已经远远超过了这一数字。正是由于离岸市场这一特性，使得它成为国际炒家狙击人民币的主要战场。而这场由国际炒家发起的战争，在 2015 年年初达到了最为疯狂的程度：

2016 年 1 月 4 日，离岸市场人民币汇率从前一日的 6.567 3，一举突破 6.6 大关，当天收在 6.627 2，人民币全天贬值 600 个基点；2016 年 1 月 6 日，离岸市场人民币汇率再度贬值 700 个基点，盘中一度达到 6.731 6 的位置；1 月 7 日，离岸市场人民币汇率最多贬值至 6.758 5。

在经过连续飙涨后，离岸和在岸市场最大汇差一度高达 2 000 个基点。这是怎样的一个概念？在不考虑交易成本的情况下，投机资金先用 1 美元在离岸市场换成人民币，然后再将换到手的人民币拿到在岸市场换 1 美元，一来一回，可以净赚 0.2 元人民币。考虑到通过金融衍生品的杠杆加成，其实际赚到的可能是 2 元人民币，甚至 4 元、5 元乃至更多，而且这是 $T+0$ 的交易，理论上一天可以交易无数次。

需要注意的是，在实际操作中，还有更为简单的套利方式，即卖空人民币：国际炒家在离岸市场借入人民币，然后立即抛售；等到人民币贬值后，再从市场买入人民币并偿还。中间的差价即为利润。

金融市场的可怕之处在于，一旦正反馈形成，将有更多投机资金进入并推动这一反馈，如此循环将导致某个趋势加速前进。事实上，自 2014 年 11 月初以来，在岸人民币交易量开始快速上升，资金快速流出中国，而其中一部分资金不排除进入了投机市场。2016 年 1 月 7 日，央行数据显示，2015 年 12 月外汇储备 3.33 万亿美元，较前月大降 1 079 亿美元。最高峰时期，中国的外汇储备逼近 4 万亿美元。

3. 央行的应对策略

（1）利用宣传策略，稳住市场舆论。2016 年 1 月 7 日，中国人民银行发表文章警告国际炒家：一些投机势力试图炒作人民币并从中牟利，其交易行为与实体经济需求无关，不代表真正的市场供求，只会导致人民币汇率异常波动，向市场发出错误的价格信号。面对这些投机势力，中国人民银行有能力保持人民币汇率在合理均衡水平上的基本稳定。

（2）精准出击，斩断套利链条。从套利链条来看，国际炒家的三寸应当是人民币的供应，没有了人民币供应，整个套利动作也就无法完成。实施打击的地点，则是香港最佳，截至2015年9月，香港人民币存款为8 954亿元，占全部离岸人民币存款余额的一半以上；据SWIFT数据显示，香港在全球人民币支付中占比超过70%，而且香港与内地的人民币收付在跨境人民币收付中占比一直维持在50%以上。

1月11日，对人民币国际炒家的汇率战正式打响。1月11日，香港人民币同业拆借利率（Hibor）突然大幅走高，其中隔夜利率从11月8日的4.01%飙升至13.40%，上涨939个基点，并创下2010年有数据以来的新高。

对于Hibor突然走高，香港金管局新闻发言人表示，离岸人民币拆息是由市场对人民币资金的供求所主导的，近期离岸人民币资金池有所收缩，加上离岸人民币资金供应较为紧张，因此推高拆息。

Hibor走高对借入人民币并卖空的投机者的打击是巨大的。由于借入人民币的成本急剧上升，一部分利润空间相对较少的人民币空头可能率先投降：赶紧从市场买入人民币，平掉自己手中的人民币空头仓位，以防将来人民币融资成本继续升高。

平掉人民币空头仓位等于做多人民币。1月11日当天，离岸人民币汇率全天大幅升值846个基点；收盘位置6.602 1；汇差也急剧下降至400个基点左右。

（3）乘胜追击，收复失地。2016年1月12日，人民币空头遭遇更为沉重的打击，当天Hibor隔夜拆借利率竟然高达66.815%，这意味着国际炒家想要在香港市场买入人民币平掉自己的空头仓位，需要支付的利息成本至少是66.815%！即便是最为昂贵的高利贷，在这样高的利率面前也相形见绌。

国际炒家精通杠杆，这能让他们的收益成倍放大，但同时也可能让他们的损失成倍增加。面对66.815%的拆借利率，国际炒家应当如何处之？1月12日，离岸人民币汇率再度升值225个基点，收于6.579 6，基本收复2016年年初的失地；截至1月12日晚上7时45分，人民币汇差收窄至50点。正如1997年香港击败索罗斯，成功捍卫恒生指数和港币一样，央行也打赢了这场人民币汇率保卫战。

四、教学效果分析

本课程教学达到了预期效果,学生对人民币汇率及其汇率期货价格决定机制有了更深入的了解,也了解了中国人民币汇率改革历程,达到了思政教育的目的。

期货市场在实体经济

徐 雪

一、课程思政元素发掘

本课程在授课时可能包含以下思政元素。

元素1 通过梳理我国期货市场的发展历程,从可行性研究、试点起步到快速发展,从治理整顿到走入正轨再到对外开放,让学生了解期货市场与国家宏观经济平稳运行之间的关联,通过我国期货市场高起点起步、快速发展和制度建设与法制建设的逐步完善,使学生对我国期货市场发展的历史有所了解,进而对中国期货市场跻身国际市场,不断提高影响力和话语权坚定了信心。

元素2 通过我国期货市场助力、服务实体经济的真实案例,使学生了解我国期货市场为服务实体经济发展采取的有效措施及其取得的成就,通过案例加深期货市场规避风险的基本功能对宏观经济平稳运行的重要作用的理解,尤其是我国期货市场为服务"三农",助力农业、农村、农民发展推出的举措。我国作为农业大国,"三农"问题关系到国家的发展,一直是党和政府工作的重中之重,期货市场高度重视"三农"问题,充分体现了社会主义国家的制度优越性。

二、教案设计

(一)教学目标

1. 知识目标

根据学生的认知规律,通过课堂讲解、案例介绍和讨论、小组互动等方式帮助学生掌握期货贸易的基本概念,通过比较期货交易与现货交易的区别,领会期货交易的特点,通过原理讲授和案例剖析,理解期货市场的基本功能和作用。

2. 能力目标

通过本章的学习,使学生了解期货交易与现货交易的区别,掌握期货交易的基本概念和特点,理解期货市场基本功能及原理,并充分认识期市场在现代市场经济中的作用，尤其是我国期货市场在国际市场的影响力和话语权提升的重要意义以及期货市场对宏观经济发展和平稳运行的积极作用。

3. 情感目标

通过对中国期货市场30年发展历程尤其是近十几年的高速发展成果的介绍，使学生感受到改革开放以来中国经济的高速发展，体验新中国创造的"中国奇迹"，坚定学生的"四个自信"。

4. 价值目标

加强课堂正能量输出，培养学生的爱国情怀和使命感，充分肯定我国期货市场的发展特色和成就，同时正确认识中国期货市场与发达国家期货市场存在的差距，坚定"四个自信"。

(二) 教学内容和教学重点与难点

1. 教学内容

按照教学大纲的要求，本课程的主要教学内容分为三个部分。

(1) 期货交易的含义，期货交易与现货交易的区别特别是与现货交易范畴的远期合约交易的区别，期货交易的特点。

(2) 国际期货市场的产生与发展，中国期货市场的建立与发展历程。

(3) 期货市场的功能——规避风险和价格发现，期货市场的作用。

2. 教学重点

(1) 掌握期货交易的基本概念、特点。

(2) 了解国际期货市场产生的背景和发展轨迹，具有里程碑意义的制度创新、重大事件的时间节点；熟悉我国期货市场发展历程中的四个阶段。

(3) 理解期货市场的基本功能和作用。

3. 教学难点

(1) 如何让学生理解离现实生活较远的期货交易的概念，把期货交易与现货交易范畴的远期合约交易相区别。

对难点(1)的处理：在强调"期货交易是标准化合约交易"的概念时，通过观看芝加哥期货交易所的视频资料，首先对期货交易有一个感性认识，然后通过期货交易与现货交易中的即期交易和远期合约交易的交易目的、交易对象、交易方式、交易场所、结算方式、履约方式、交割方式等十个方面的比较，使学生深刻理解期货交易与现货交易的本质区别，从而掌握期货交易的概念和含义。

(2) 期货市场避险功能和价格发现功能的原理如何理解？

对难点（2）的处理：针对期货市场的避险功能和价格发现功能，通过"价格平行性"和"价格收敛性"的分析，使学生理解期货市场的避险功能和价格发现功能的经济原理，从而使学生深刻认识期货市场这种高级的市场组织形式作为现代市场经济不可或缺的组成部分在形成规范的交易秩序和有影响的预期价值方面的巨大优越性和市场导向作用。

（三）教学手段与方法

1. 教学方法

（1）知识讲解。期货交易不同于我们日常熟悉的现货交易，离我们的生活较远，从而增加了理解难度，学生经常将期货交易与现货交易范畴的远期合约交易混为一谈，还有些学生认为期货市场类似于赌场。为此，首先要让学生对期货交易的概念、期货市场的功能和作用有一个正确的理解和认识。在课堂上充分利用多媒体设备，采用灵活多样的方式，利用视频演示、多媒体课件、图片和板书相结合的方式开展教学，通过视频资料演示，不仅把学生的注意力集中到课堂上，同时使学生对期货交易从感性认识提高到理性认识，通过我国期货市场发展成就的展示，增强学生的民族自豪感，坚定"四个自信"。

（2）小组讨论。为了让学生真正掌握期货交易的概念，专门设计小组讨论的教学环节，让学生在讨论中厘清期货交易与现货交易的区别，从而加深对期货交易概念和特点的认识；通过讨论，发现学生知识点理解的薄弱环节，有针对性地加强相关知识点的讲解。

（3）案例分析。为突出期货课程实践性强的特点，加强案例教学，尽量在教学中贯穿真实案例，在每个知识点都能用相关的案例进行解释说明，从而加深对基本概念、原理的理解和掌握，同时增强学生的学习兴趣。案例教学中突出正能量的作用，用我国期货市场的发展成就、服务实体经济特别是助力"三农"产业基地发展等真实案例，进行社会主义制度优越性教育，将思政元素融入期货课堂教学中。

2. 教学手段

（1）多媒体演示。运用多媒体演示将教学课件展示给学生，包括文字、表格、图片、视频等多种形式。

（2）板书。在对基本概念和经济学原理进行说明的时候，主要依靠多媒体演示将重点内容和逻辑脉络展示给学生，同时配合适当的板书对重点内容进行强化和释义。

三、教学过程

教学的总体思路是将课程思政体现在各个教学环节，融入每个知识点的传授中。详细的教学过程如下：

教学意图	教学内容	环节设计
期货交易的基本概念	知识点：期货交易的含义；期货交易与现货交易的区别；期货交易的特点。 （1）期货市场是一种高级的市场组织形式，是市场经济发展到一定阶段的产物，也是现代市场体系不可缺少的组成部分。我国市场经济建立不久就引入这种现代交易方式，标志着我国市场体系的逐步完善，由此使学生产生民族自豪感。 （2）学习和掌握期货交易与现货交易的区别不仅仅是为了了解期货市场，更是为了运用期货知识理解期货市场在宏观经济体系中的作用以及期货市场对于我国经济与世界接轨的重要意义。 （3）期货交易标准化带来的高效率、高杠杆带来的高风险、双向交易和对冲机制带来的投资机会、集中化带来的公开公正公平、无负债结算制度带来的防范信用风险的保障机制是期货交易的突出特点，市场参与者可以充分利用高度有效的期货市场的以上特点进行投资活动、为实体经济服务。无论微观层面和宏观层面，期货市场都可以发挥积极作用。通过正能量的案例分析，使学生对期货市场建立正确的理解和认识，纠正学生对期货概念的错误理解，扭转学生认为期货市场就像赌场的错误认知。	芝加哥期货交易所视频资料演示；期货交易与现货交易区别列表对比；期货交易特点归纳的板书，概念、原理、重点与逻辑脉络的课件展示。

教学意图	教学内容	环节设计
期货市场的产生与发展	知识点：国际期货市场的产生、发展与趋势，我国期货市场的建立与发展历程。 （1）市场经济运行是一个有机整体，金融市场是现代市场体系的重要组成部分，而期货市场的建立是现代金融市场完善健全的标志。由此我们骄傲地看到我国现代市场体系已经基本建立。 （2）经过短短30年的发展，我国期货市场从零开始，在制度建设、法制建设、品种建设、专业队伍建设、投资者培育等方面取得了令人瞩目的成就，国内四家交易所在国际市场的影响力与话语权不断提升，很多品种的交易量已经跻身世界前列，影响力和话语权的提升为相关品种扭转在国际贸易中的被动地位做出了积极的贡献。通过真实案例讲解，特别是在期货市场品种选择和推出方面不仅讲求经济效益同时注重社会效益，使学生了解政府监管部门和市场主体在期货市场建设方面做出的努力，感受社会主义国家在期货市场定位和期货市场服务实体经济发展特别是助力"三农"发展，建立相关产业基地方面的制度优越性。	我国期货交易所视频资料演示；国际市场与中国期货市场相关品种交易量排名列表对比；中外期货市场发展大事件、期货市场发展趋势等教学内容的展示。

续表

教学意图	教学内容	环节设计
期货市场的基本功能	知识点：期货市场的基本功能；期货市场的作用。 （1）期货交易虽然是"零和博弈"，并不创造新价值，但它在现代市场经济中发挥着重要作用，它的规避风险和价格发现功能是任何市场不能取代的。期货市场规避风险的功能，为生产经营者回避、转移或者分散价格风险提供了良好的途径，这也是期货市场发展壮大的根本原因。而期货市场价格发现功能是指通过公开、公正、高效、竞争的运行机制，形成具有真实性、预期性、连续性和权威性价格的过程。在市场经济中，价格信号是调节资源配置的重要手段，在期货市场形成之前，价格信息只能从现货市场中收集，由于现货价格信号零乱、滞后等局限性，因此可预测能力差。而期货市场是一种高级的市场组织形式，规范性强，其特殊的运行机制从制度上形成了一个近似完全竞争的市场环境。因此期货价格能够比较准确地反映真实的供求状况及价格变动趋势。我国期货市场的避险功能和价格发现功能为国民经济的平稳运行发挥了积极作用，介绍期货市场的避险功能和价格发现功能为实体经济服务的真实案例，加深对期货市场功能理解的同时将期货市场的正能量教育融入专业知识点讲授中，使学生对我国期货市场的健康发展充满信任、增强信心。 （2）期货市场在宏观层面的作用：转移价格风险工具有助于宏观经济稳定；可靠的价格信息为政府制定宏观经济政策提供参考依据；促进本国经济的国际化；增强国际价格形成中的话语权；调节市场供求，减缓价格波动；促进市场经济体系的建立与完善。在微观层面的作用：期货交易可使企业锁定生产成本，实现预期利润目标；利用期货价格信号组织安排现货生产；期货市场拓展了企业的现货销售和采购渠道；促使企业关注产品质量问题。以上宏微观层面展现了期货市场的重要作用，尤其是中国期货市场在某些方面的作用更为突出，从而为促进宏观经济的平稳运行和实体经济健康发展发挥了积极作用。通过相关案例分析强调期货市场功能作用的正能量，纠正学生对期货市场功能定位的理解偏差，对我国期货市场发展的未来树立信心。	期货市场功能作用教学内容课件展示，每个功能作用都有相关案例配合说明，课堂上视教学进度适当地提供给学生；课堂时间有限，相关案例可在学生教学班微信群中推送。

四、教学效果分析

　　本课程的教学内容和课程设计符合经管类本科三年级学生的知识水平和认知规律，由多种教学手段，尤其是案例教学、小组讨论营造出的活跃的教学氛围，有效激发了学生的学习兴趣，充分调动了学生的学习积极性。课程思政元素的融入增强了学生的获得感，从多个维度实现了知识传授、价值观塑造、能力培养为一体的教学目标。通过我国期货市场发展的大量具体真实数据，使学生了解我国期货市场在起步晚于西方一百多年的被动局面下，经过短短30年时间基本赶上国际步伐，在国际市场影响力和话语权不断提升。这种"中国奇迹"使学生的民族自豪感油然而生。我国期货市场服务实体经济特别是助力"三农"产业基地发展的真实案例，充分体现了社会主义制度的优越性，使"四个自信"的思政教育以润物细无声的方式融入了学生心田。

商业政策

课程性质：专业课
课程类别：理论课
授课对象：贸易经济学专业本科生

"商业政策"（竞争政策）是保证市场主体能够自由交换（促进竞争和反垄断）、增进社会福利（消费者剩余）的经济政策。制定商业政策（竞争政策）的具体目标是促进市场竞争，提高资源配置效率，保护消费者权益，增进社会福利。由此，本课程的主要内容有：微观经济基本理论、商业政策（竞争政策）的目标与工具、市场秩序的建设与维护、市场势力与反垄断、反不正当竞争行为与优势地位滥用、商企之间控制与反控制行为监管、消费者权益保护等。课程教学将从增进社会福利，促进经济社会发展的视角出发，重点探讨企业与消费者、生产企业，以及企业之间交互行为的关系，分析政府在什么情况下应该采取和如何采取有效措施、制定相应政策和法规，以促进市场竞争和资源优化配置。

马克思主义经济学与课程分析方法

董烨然

一、课程在思政元素发掘

本课程在授课时可能包含以下思政元素。

元素 1 马克思交换理论对本课程建模抽象和假设的指导作用。

元素 2 马克思关于数学方法重要性论断对本课程的指导作用。

二、教案设计

（一）教学目标

使学生了解马克思主义经济学对本课程分析方法的作用。

（二）教学内容

马克思交换理论对本课程建模抽象和假设的指导作用，马克思关于数学方法重要性论断对本课程的指导作用。

三、教学过程

交换是马克思主义经济学的核心内容。从马克思的经济学巨著《资本论》中可以清晰地看出，分析交换及流通能否实现是马克思主义经济学的基本方法，也是分析商品经济能否实现的基本方法。马克思对交换的论述，在许多方面可以直接作为市场交换建模的理论依据。

（一）马克思交换理论对本课程建模抽象和假设的指导作用

1. 效用问题的假设

马克思指出："对别人是否有用，它的产品是否能满足别人的需要，只有在商品交换中才能得到证明。""一方只有符合另一方的意志，就是说每一方只有通过双方共同一致的意志行为，才能让渡自己的商品，占有别人的商品。"恩格斯在《反杜林论》中指出："什么是商品？这是一个或多或少互相分离的私人生产者的社会中所生产的产品，就是说，首先是私人产品。但是，只有这些私人产品不是为自己的消费，即为社会的消费而生产时，它们才成为商品；它们通过交换进入社会的消费。"这就告诉我们，不管是商品经济还是市场经济,尽管存在着排他现象,但作为本质特征来说,它们都是作为交换而生产的,首先要表现为满足社会需要的利他性。如果简单的商品交换是以利己为出发点,以利他为手段达到实现利己的目的,那么,在发达的商品交换阶段,必须一切为了交换,将利己融于利他之中,只有实现利他的过程,才能达到利己的目的。所以,在研究某一市场交换行为时,不仅需要考虑参与者追求自身利益和效用最大化问题,还必须考虑对方参与者的效用。

马克思认为,"物的有用性使物成为使用价值。"商品交换是商品所有者彼此让渡使用价值和实现价值的过程,"每个人为自己劳动,而他的产品并不是为他自己使用,所以他自然要进行交换"。商品通过多次买卖,从生产者手中到消费者手中,其实就是"通过和借助转让和让渡而实现占有""一切商品对它们的所有者是非使用价值,对它们的非所有者是使用价值。因此,商品必须全面转手,这种转手就形成商品交换,而商品交换使商品彼此作为价值发生关系并作为价值来实现"。即一切商品对它们的最初所有者不具有使用价值,所有者只是把使用价值作为交换的手段,用它们去换回自己需要的使用价值,作为商品的使用价值必须是通过交换来实现对别人、对社会的使用价值,而商品对它们的最初非所有者具有使用价值,根据这一道理,在讨论交换双方市场交换问题时,可以不失一般性地把持有商品的一方(卖方)的效用假设为 0,而持有货币的一方(买方)的效用假设为 1。

2. 市场交换理性假设

马克思早就指出:"人奋斗所争取的一切,都同他们的利益有关。"马克思在分析交换过程及其矛盾问题时,专门阐述了商品的交换过程是按照商品所有者的意志关系("自由、平等、所有权和边沁")建立起来的。"自由"指在商品交换中商品的买者和卖者"只取决于自己的自由意志",具体地说,一方只有符合另一方的意志,就是说,每一方只有通过共同一致的意志行为,才能让渡自己的商品,占有别人的商品。市场交换博弈双方达成协议的条件同样是建立在参与者双方上述意志关系上的。"商品是天生的平等派","平等"就是"用等物交换等物",包括 G-W 的交换,等价交换是商品经济必须遵循的基本原则。"所有权"指交换双方"他们必须彼此承认对方是私有者"。"边沁"指功利主义,即"完成着互惠互利、共同利益、全体有利的事业",这种意志关系"是一种反映着经济关系的意志关系""是由这种经济关系本身决定的"。"交换理性"或"市场交换理性"可用交换中的"自由、平等、所有权、边沁"来概括。马克思提及的关于"自由、平等、所有权、边沁"是反映商品经济关系意志的原理,也是研究市场交换的参与者之间关系意志的基本原理,即市场交换各方都应按照共同一致的自由意志进行商品交换，本着互惠互利的意志关系进行交换，否则就会达不成协议，市场交换谈判失败，双方什么也得不到。

3. 时间成本的假设

马克思关于流通（交换）费用的论述告诉我们，交换是需要付出成本的，是有代价（成本）的。"买卖所费的时间，就是他们劳动时间的一种扣除。"商品交换总是具体的交换，包括让渡的物、交换比例、交换数量、交换空间、交换时间等，其中"商品销售时间是流通时间中相对地位最有决定意义的部分"。在研究市场交换问题时，可以将交换费用（成本）抽象为时间成本。

4. "耐心"与"偏好"程度的假设

马克思揭示了商品流通的运动形式与经济实质，他在分析商品形态变化特征时指出："商品交换过程是在两个相互对立、互为补充的形态变化中完成的，从商品转化为货币，又从货币转换为商品""商品第一形态变化（W—G）对商品所有者来说是一个致命的问题，是商品的惊险地跳跃"，如果"这个跳跃不成功，摔坏的不是商品，但一定是商品所有者"。相对商品第一种形态变化，在买方市场下，第二种形态变化（G—W）则容易得多，即告诉我们，在研究市场交换问题时，可以引入"耐心"（或"偏好"）程度参数，以区别买卖双方实现交换的迫切程度。

商品的流通过程是由许多次商品买卖行为连接所构成的。一切买卖行为的买卖双方，其一边是商品供给，另一边是商品需求，二者之间存在着一种内在的有机联系，存在着一定量的相适应关系。马克思指出："商品供给也就是处在市场上的产品，或者能够提供给市场的产品。""它不仅是满足人类需要的使用价值，而且这种使用价值还以一定的量出现在市场上。"商品需求是"市场上出现的对商品的需要"。需求，作为存在着的某种数量的一定的社会需要，"从量的规定性来说，这种需要具有很大的伸缩性和变动性。它们的固定性是一种假象。如果生活资料便宜了或者货币工资提高了，工人就会购买更多的生活资料，对这些商品就会产生更大的社会需要。""消费商品 A 多了，而消费商品 B、C 少了时"，商品 A 的需求增大，价格提高，"B、C 的需求就会减少，它们的价格将下降"。所以，"如果从更广泛和更具体的意义上来理解需求和供给之间的关系，就要把生产和消费关系包括在内"。商品供求关系同其他事物一样，也是不停地运动，不断发展变化的，商品供求始终处于运动之中。供求矛盾运动中，不平衡和平衡相比较，不平衡是绝对的、普遍的，平衡则是暂时的、相对的。"因为各种各样的不平衡是有互相对立的性质，并且因为这些不平衡会彼此接连不断的发生，所以它们会由它们的相反的方向，由它们互相之间的矛盾而互相平衡。"可见，供求之间的不平衡，在各种相关因素作用下的供求矛盾，必然导致供求双方，或买卖双方对商品需求和持有的"耐心"或"偏好"程度的差异，这就要求在讨论和研究市场交换时，必须考虑买卖双方、或供求双方和"耐心""偏好"程度参数。

5. 市场交换参与者及其行为的抽象

马克思说："商品不能自己到市场去，不能自己去交换。因此，我们必须寻找他的监护人。"马克思指出，零售是"和直接消费有关的"。又指出："实业家和消费者之间的流通，即零售商业。"那么，在零售以外的商品流通领域内其他的一切买卖行为，即生产者之间、经营者之间、生产者和经营者之间的买卖行为，就经济性质而言为批发。商人是专门从事商品再售卖活动的自然人，是以市场存在为条件，以盈利为动机，以媒介商品交换为职业的一种经济行为。由于商品是一种物，它是没有生命的，要借助于它的"监护人""推动者"，借助于商人的购销活动，实现从生产领域向消费领域的转移，才能完成从商品到货币的跳跃，实现价值与使用价值的统一。没有商品，商人失去存在的条件；而没有商人，也就没有商品流通。商品正是借助商人的活动，不断扩大它的交换范围和交换规模，成为一连串的交换——商品流通。自然，在研究市场交换问题时，将生产者、商人（中间商）、消费者等最基本的交换主体进行抽象，并对其重点研究就显得十分必要。

马克思同时指出：商品总形态变化"由互相对立、互为补充的运动 W-G 和 G-W 组成"。存在着"两种对立的经济角色"，即"先当卖者，后当买者"。"一个商品的总形态变化，在其最简单的形式上，包含四个阶段和三个登场人物。"存在着既卖又买者、只买不卖者和只卖不买者三个登场人物，如果引入中间商，这就存在着变动中的生产者、商人（中间商）和消费者三者间的均衡，以及由此形成的直销与转销（指通过中间商销售）、经销与代销、产销一体与产销分离等不同方式，剖析上述不同交换方式与过程的特征也是市场交换的市场均衡问题研究的重点。

马克思还指出，商品通过多层买卖，从生产者手中到消费者手中，其实就是"通过和借助于转让和让渡而实行占有"。商品流通过程，"作为交换行为的系列，在交换中，在不同的交换时刻，所有者会改变"。在商品流通中，商品的所有者以卖者的身份出现，货币的所有者以买者的身份出现，"不论买和卖如何分散地偶然地并行发生，在实际流通中，买者对面总是站着卖者"。买者和卖者"这两种角色不是固定的，而是在商品流通中经常由人们交替扮演的"。所以，在建立有"中间商存在的市场中的市场交换模型"时，应不可回避地研究中间商在市场交换中买卖角色交替转换的表现。既要考虑买卖各方的均衡，还要考虑存在买卖角色转换（如"中间商"）时对市场均衡的影响。

马克思主义认为:"资本主义生产方式以大规模的生产为前提,同样也必须以大规模的出售为前提;因此是以出售给商人,而不是出售给消费者为前提。""在商品生产极不发达的情况下,小生产只在地方小市场上销售制品,有时甚至把制品直接销售给消费者。""批发商业能够在经济上把千百万小农联合起来,引起他们经营的兴趣,把他们联系起来,把他们引导到更高的阶段。"批发商业是生产部门之间、生产部门与零售企业之间的桥梁和纽带。中共十五大报告指出:"我国正处在社会主义初级阶段""是逐步摆脱不发达状态""由农业人口占很大比重、主要依靠手工劳动的农业国,逐步转变为非农业人口占多数,包含现代农业和现代服务业的工业化国家的历史阶段。"所以,在我国当前的经济运行中,不但存在着零售、批发等多重中间商,而且还存在着大量生产者与消费者、或零售商与消费者两两直接见面交换的情况;市场中不但会有固定定价方式,还会有市场交换方式,这就要求在研究市场交换、市场均衡时,应分别对多层中间商模型、固定定价与市场交换共存市场进行分析。

6. 市场交换与市场关系的抽象

商品流通反映了微观主体之间交互活动的总体,在此基础上构筑了整个社会的经济运行。马克思在论述交换与市场关系时指出,在市场上,互相对立的只是两个范畴:买者和卖者,需求和供给。"市场即流通领域"反映的是商品流通的全局,市场作为商品经济范畴,所反映的商品经济的关系,实质上是商品供求关系以及购买者和出卖者之间的关系。市场不仅是商品交换的场所、交换的组织、供求关系交互作用的地区,而且是某一产品的所有现实和潜在买主的总和,是买主、卖主力量的结合,是商品供求双方力量相互作用的总和,是"商品交换关系的总和"。而市场空间体系的完善表现为地方市场、全国市场与国际市场,市场体系的形成是由于交换和生产的扩大引起的,"资产阶级,由于开拓了世界市场,使一切国家的生产和消费都成为世界性的了。……过去那种地方的和民族的自给自足和闭关自守状态,被民族的各个方面的互相往来和各方面的互相依赖所代替了"。马克思在评述普鲁东关于私有财产占有的观点时指出:"实物是为人的存在,是人的事物存在,同时也就是认为他人的存在,是他对他人的人的关系,是人对人的社会关系。"表明交换看起来是物的交换,实质上是人与人的相互关系,人离不开对方的劳动,反映的是人的社会型的一面。所以,在研究市场时,必须以研究参与者双方行为的交互作用——市场交换为基础。

(二) 马克思关于数学方法重要性论断对本课程的指导作用

数学不但是一门具有高度抽象性的科学，也是一门能广泛地被其他学科运用的工具。运用数学方法，有助于对经济关系的质的认识的深化。正因为如此，马克思指出："一门科学，只有在它能够成功地运用数学方法时，才能真正称得上是一门科学。"而马克思主义经济学所揭示的原理和规律，不少都可以用数学语言来表达，用数学模型来表示。马克思自己就曾经想用数学方式说明经济危机的规律性，他写信给恩格斯说，"事情是这样的：你知道那些统计表，在表上，价格、贴现率等等在一年内变动是以上升和下降的曲线来表示的。为了分析危机，我不止一次地想计算出这些作为不规则曲线的升和降，并曾想用数学方式从中得出危机的主要规律。"马克思的这番话是在《资本论》第一卷出版后的第六年说的，他在信中还表示："而且现在我还认为，如有足够的经过检验的材料，这是可能的。"

四、教学效果分析

通过本节课程的学习，使学生认识到：

(1) 必须以马克思主义经济学重要思想和关于数学方法重要性的论断为指导，尽可能地运用数学工具，去研究市场交换，揭示经济生活中的本质。

(2) 重视和借鉴西方研究成果，较多地运用博弈论等经济学前沿分析研究方法，通过建立数理模型证明所得结论，探求客观规律。

(3) 既要避免单纯从概念到概念的分析方法，也要摒弃脱离实际，唯数学而数学的研究倾向，强调理论与实际相结合，尽可能地针对我国经济生活中的某些重大问题展开讨论，印证数理分析所得的结论，解释经济生活中的现象。

马克思主义经济学与课程学习的逻辑起点

董烨然

一、课程思政元素发掘

本课程在授课时可能包含以下思政元素。

元素1 马克思商品经济重要思想对确立本课程逻辑起点的指导作用。

元素2 马克思交换与生产、分配、消费关系理论对拓展研究视野的作用。

二、教案设计

（一）教学目标

使学生了解马克思经济学对本课程逻辑起点的作用和拓展研究视野的作用。

（二）教学内容

马克思商品经济重要思想与本课程的逻辑起点，马克思交换与生产、分配、消费关系理论对本课程视野拓展的作用。

三、教学过程

马克思在《资本论》中虽然没有直接就市场交换问题进行专题研究，但其著作中内含着许多关于市场交换的重要思想，这是指导本课程研究的理论基础。

在人类历史演进的长河中，交换是最基本、最普遍的经济活动和经济现象。早在农业部落与畜牧业部落之间便出现了物物交换。"游牧部落从其余的野蛮人群中分离出来""不仅比其余的野蛮人多，而且也不相同……他们不仅有数量多得多的牛乳、乳制品和肉类，而且有兽皮、绵羊皮、山羊毛和随着原料增多而且日益增加的纺织物"，为交换创造了物质基础。"随着生产分为农业和手工业两大主要部门，便出现了直接以交换为目的的生产，即商品生产。"货币的产生，使商品交换空前活跃，从规模上、数量上、地域上和频率上都更加扩大，客观上促使一部分人从生产中脱离出来，"创造了一个不从事生产而只从事产品交换的阶级——商人"。商业的产生，标志着商品交换关系发展到一个新的阶段。在商品经济条件下，生产的专业化，促进商品流通不断地扩大和发展。"不同种类劳动的相互独立，即它们的产品必须作为商品相互对立，并且通过交换，完成商品的形态变化，作为商品相互发生关系。"而商品流通是交换的整体，是一连串的交换。"不是个别地交换行为，而是川流不息的、或多或少发生在社会整个表面上的交换总和，交换总体，即交换行为的体系。"发达的商品流通反映了多重经济关系，包括生产者与生产者、生产者与中间商、中间商与消费者，以及中间商之间的经济联系。可见，从原始的产品交换→商品交换→商品流通，是商品经济发展的必然过程。交换的普遍性构成了交换过程中市场交换行为的普遍性。交换与流通是马克思主义经济学的核心内容，所以，马克思商品经济重要思想，马克思交换与流通理论，以及交换与生产、分配、消费关系的理论，对研究市场交换问题具有十分重要的指导作用。

（一）马克思商品经济重要思想对确立本课程逻辑起点的指导作用

马克思主义经济学认为，商品经济，就是直接以交换为目的的，具有商品生产、商品交换和货币流通的经济形式。"商品经济是商品生产和商品交换的总称，而商品生产是为了将产品拿到市场上交换而进行的生产，因此，从这种意义上说，可以认为发展商品经济的实质是发展商品的交换，也就是发展作为交换总体的商品流通。"然而，市场经济是发达的商品经济，如果说商品经济只反映买卖之间横向的、对等的、平面地交换关系，那么，市场经济所体现的是纵横交错、立体、多向的经济关系，是一种由不同的交换主体、不同的交易形式和不同的商品市场相互交叉互为条件而构成的一种交换体系。在市场经济中，交换由社会再生产环节的中间环节转变为先导，在小商品生产条件下，商业作为商品交换的媒介，作为简单的再售卖过程，只是生产与消费的中间环节，交换只能依赖生产，生产什么交换什么，生产多少交换多少，完全被生产所决定，成为生产的附属。随着商品生产的发展，产品是作为交换而产生的，没有商品交换，商品生产就失去意义。社会再生产的过程是生产过程和流通过程的统一，流通既是前一生产过程的终结，又是后一生产过程的起点，决定着生产。所以市场经济本质上就是交换经济或商品流通的经济。马克思指出："商品"是"用来交换，能满足人们某种需要的劳动产品"。交换是区别产品与商品的唯一特征，"产品只有在它进入流通场合才成为商品"。"要成为商品，产品必须通过交换，转到把它当作使用价值的人手里。"这就意味着交换过程必然会伴随利益冲突和利益分配的市场交换过程。也就是说，研究市场经济，不可能不研究交换；研究交换，就不可能回避市场交换。这一逻辑思路指明了本课程的切入点和逻辑起点,即必须抓住市场经济运行中这一最基本、最普遍的市场交换问题进行剖析和研究,才能求得市场经济中买与卖、生产与消费、供与求之间的内在规律。

(二) 马克思交换与生产、分配、消费关系理论对拓展本课程视野的作用

马克思主义关于社会再生产的原理告诉我们,任何社会再生产过程,都是由生产、分配、交换、消费四个环节有机构成的。"生产表现为起点,消费表现为终点,分配和交换表现为中间环节。""交换只是生产以及与生产决定的分配一方和消费一方之间的媒介要素。"交换处于再生产过程的中间环节,它受制于生产也影响生产,是一个相互联系,相互制约,互为条件的经济关系。

马克思关于"生产、分配、交换、消费"社会再生产过程四个环节的论述,揭示了在研究交换和研究市场交换过程时,不能就交换谈交换,就市场交换谈市场交换,必须把交换,即市场交换问题置于生产、分配、消费之中进行全面研究,只有这样,才能得出正确的结论。也就是说,必须以马克思关于交换与生产、分配、消费关系的理论为指导,确立本课程研究的逻辑视角。

一是马克思把社会再生产过程分为"生产、分配、交换和消费"四个环节,"并不是说,生产、分配、交换、消费是同一的东西,而是说,它们构成一个总体的各个环节,一个统一体内部的差别。……一定的生产决定一定的消费、分配、交换和这些不同要素间的一定关系。当然,生产就其单方面形式来说也决定其他要素。例如,当市场的扩大,即交换范围扩大时,生产的规模也就增大,生产也分得更细。随着分配的变动,例如资本的集聚,城乡人口的不同分配等等,生产也就发生变动。最后,消费的需要决定生产。不同要素之间存在着相互作用。每一个有机整体都是这样"。而"流通本身只是交换的一个要素,或者也是从交换总体上看的交换"。流通"只是表现为许多偶然并行发生或彼此连接的买卖的集合"。显然,研究流通、交换中的市场交换,不能单纯地讨论交换,还应考虑生产、分配、消费对交换的影响;不仅要研究参与者市场交换形成的价格均衡,还要分析交换与生产、消费之间相互促进的辩证关系,以及交换双方的利益分配所引起的社会福利的变化。

二是生产与交换之间有着密切的联系,"这两种职能在每一瞬间都相互制约,并且相互影响,以致它们可以叫作经济曲线的横坐标和纵坐标"。在发达的商品经济社会中,生产和交换之间互为前提,互为条件,互为影响,"在商品生产中,流通和生产本身一样必要,从而流通当事人也和生产当事人一样必要"。生产与交换的依存关系都是以对方的生存发展为条件的。以对方的存在而存在,依对方的发展而发展。失去一方,另一方也没有存在的必要。一

方面生产为交换提供物质对象，交换必须以劳动产品提供某种使用价值为前提，商品首先是劳动的产品，是生产的结晶，决定交换的物质内容，没有生产，没有物质对象，也就没有交换的内容，没有生产，没有物质对象，也就没有交换的内容；商业也就失去存在的条件。生产方式的性质决定交换的性质，"私有的交换以私有的生产为前提""产品的交换形式是和生产的形式相适应的"。生产的发展速度、规模和结构决定着商品交换的深度和广度，马克思说："交换的深度、广度和方式都是生产的发展和结构决定的。"生产发展越快，社会化、现代化程度越高，结构越合理，交换的速度也越快，流通规模也就越广泛，商业也就越发达。生产为提高交换手段的现代化提供物质基础，生产的发展，为现代商业的发展提供高技术的设备，加速流通现代化，为商品运输、储存、销售的科学管理，提高经营水平创造必要的条件。另一方面，交换（或流通）是生产必然的继续与前提，交换的扩大和结构改善，又是生产的结果。"商品生产以商品流通为前提"，商品交换是商品生产存在和发展的必要条件，商品生产是为交换而进行的生产，没有交换，没有商品流通，就失去商品生产的目的和意义，"人们在生产中不仅同自然界发生关系。他们如果不以一定方式结合起来，共同活动和互相交换其活动，便不能生产"。交换同样决定和影响着生产，交换（流通）是生产社会化条件下商品生产运行的基础，"商品流通先于生产，并且是商品生产产生的条件之一（但不是唯一的条件）"。"生产过程已经完全建立在流通的基础上。"所以，只有深入研究生产者与消费者之间（或市场参与者两两间）市场交换问题后，才有可能更深入地揭示生产与交换之间的内在关系；同时告诉我们，在求解参与者（不同主体，如买与卖、生产者与消费者双方）市场交换的均衡时，还可以从交换视角求解生产。

三是消费是交换的目的，是交换活动的终点，也是交换的动力。消费是社会存在的前提条件，是一个永恒的主题，任何一个社会其生产的最终目的都是为了消费。消费是社会存在和发展的基础条件和最终追求。"一个社会不能停止消费，同样，它也不能停止生产。"在社会再生产过程中，生产是起点，消费为终点，交换表现为中间环节，交换不仅通过生产影响着消费，而且自身的行为直接关系到消费的实现。它们之间存在着互相依赖、互相制约和互为条件的关系。任何一种生产归根到底是为了消费（不管是直接的还是间接的）。因此，消费不仅决定着生产的目的，也决定着交换的目的，"商品交换归根到底是满足质上不同的需求"。在物物交换阶段，表现为消费目的与交换目的的直接性，交换的目的就是消费的目的；在简单的商品流通中，表现为消费目的与交换目的的间接性，交换先取得价值，有了货币再进行交换，实现消费的目的。在发达的商品流通中,"商业的目的不是直接消费,而是谋取货币,谋取交换价值"。"商品交换的目的是直接占有已交换的商品,是消费这种商品(不论这种消费是把商品当作产品来直接满足需要,还是又把商品本身当作生产工具)。"按照人类行为效用最大化的假设,可以把人类经济行为看成是不断满足其需要,实现其利益的过程,则交换产生的原因在于它能够满足交换主体的需要,给交换主体带来经济利益。而交换利益最原本的含义是指产品进入消费,也就是取得使用价值,并以增值为目的。"因为商品的使用价值,只有在商品进入消费领域以后,才能实现,才能发挥作用。"由此,在分析市场交换问题时,必须把消费者作为重要的参与者一方来研究;在讨论市场交换参与者获得交换利益时,还必须考虑使用价值的获得所引起的效用的改变。

四是交换与分配在社会再生产中,均是连接生产与消费的中间环节。但它们又是两个不同的独立的经济过程,它们之间的关系既是互相制约、互相促进的关系,又有自身运行形式、特点和规律不同的经济行为。从经济职能看,分配主要确定社会各成员对社会产品占有的份额和比例。"分配被规定为从社会出发的要素,交换被规定为从个人出发的要素""在分配中,社会以一般的、占统治地位的规定的形式,担任生产和消费之间的媒介,在交换中,生产和消费由偶然的个人的规定形式作媒介。"沿着生产—交换—分配—交换—消费社会再生产循环看,交换的成功是分配的前提,分配最终要经过交换才能实现,交换方式决定了分配方式,反过来分配的数量和结构决定着交换的规模和结构,分配的方式制约着交换的方式。从单个再生产过程看,交换只是"依照个人需要把已分配的东西再分配"。从交换参与者双方的微观行为看,市场交换就是各方为所得分配的市场交换,通过市场交换的交换的集合便构成了社会资源的首次分配,形成了社会再分配的基础。所以,研究市场交换,应将参与者双方最终所得是如何分配的?分配的均衡结果又如何?所得又是怎样获得的?作为讨论的落脚点和归宿。

四、教学效果分析

通过本节课程的学习,使学生了解交换与流通是马克思主义经济学的核心内容,所以,马克思商品经济重要思想,马克思交换与流通理论,以及交换与生产、分配、消费关系的理论,对研究与市场交换有关的商业政策问题具有十分重要的指导作用。

现代商业技术

课程性质：专业课
课程类别：理论实践一体课
授课对象：贸易经济学专业本科生及相关选修学生

"现代商业技术"是贸易经济专业学生的专业基础课,在贸易经济学课程体系中具有重要的地位,是面向实践领域的具有应用导向性的课程,旨在帮助学生培养流通领域的实践认知及具体的工作技能。本课程是一门对贸易经济理论与实践的整合,在授课过程中采用理论讲授与实际操作相结合的方式,对于相关的学习内容需要学生自行操作,并通过项目方式进行考察。

现代商业技术阐述了当前主流的商业领域技术问题与主要的应用方向,在课程体系方面分为商品的信息化技术、商业数据库技术、仓储物流技术、商业管理信息系统技术,电子商务平台及商业数据分析技术几个模块,每个模块分别设置了理论与实践部分,并配合相关的案例与操作项目进行教学。

在课程思政建设方面,现代商业技术需要帮助学生树立正确的技术观,了解我国商业领域在技术应用方面的发展历程与路径特征;要正确认识我国商业企业技术应用的现状与后发优势,进而能够将技术准确应用于实践。

商业管理信息系统概念及演进和商业管理信息系统结构

宋丕丞

一、课程思政元素发掘

本课程在授课时可能包含以下思政元素。

元素1 以管理系统为视角，帮助学生树立正确的技术观，了解相关技术的发展规律、在国外的发展历程，以及同我国实践的结合。

元素2 在微观方面，了解系统的结构、模式、设计如何适应本国的环境与技术条件，结合案例向学生进行详细的讲解，并介绍我国自研领域的代表系统，如用友、金蝶等企业的产品。

二、教案设计

（一）教学目标

了解管理信息系统的定义，了解管理信息系统的分类，商业管理信息系统开发的原则；理解管理信息系统的影响、商业管理信息系统开发的目标；掌握商业管理信息系统的设计与开发原理，商业管理信息系统的主体业务流程模型，并能够在了解系统的基础上对商业管理信息系统进行各项操作。具体包括：

（1）了解并熟悉商业管理信息系统的发展历程及特点；

（2）了解并熟悉商业管理信息系统的结构与主要功能特征；

（3）了解我国代表性的商业管理信息系统（软件层面）。

（二）教学内容和教学重点与难点

1. 教学内容

商业管理信息系统的基本知识，商业管理信息系统在商业活动中的应用，商业管理信息系统的开发过程，零售企业管理信息系统的模块组成，零售企业管理信息系统的使用方法。

2. 教学重点与难点

商业管理信息系统的分类，商业管理信息系统的主要功能，商业管理信息系统的操作方法，商业管理信息系统的管理与维护方法。

难点部分主要涉及对于近似系统的了解及应用（实践层面）。

（三）教学手段与方法

在教学方法方面，本课程采用"理论＋实践＋思政"三位一体的模式，力求实现三者之间的协调与平衡。其一，在理论讲授方面，通过文字＋图片＋短视频的模式，教师对基本的理论内容及扩展内容进行讲解，信息展示需要全面、立体。其二，在实践演示方面，教师需要通过展台详细演示并讲解相关的操作内容及关键节点，并使学生同步进行相关操作。其三，在思政融入方面，需要将正确的技术观、立场等信息同前两者有机结合。

三、教学过程

案例一：商业管理信息系统的概念及演进。

教学意图	教学内容	环节设计
关键词导入	引例：1996年11月，瑞星与联华开始了共同研发单品管理系统的历程。在管理功能方面，完成了多品种归类统计、生鲜重、核算成本、盆菜和辅料计算等众多新课题，成功利用POS系统进行及时有效的单品管理。1997年5月，联华正式应用三类收款机，自此联华导入计算机信息网络管理系统，启动了全面的单品管理，从而提高了管理的质量及科技含量。 1998年以后，瑞星全力做好联华门店的信息技术支持，以配合联华的并购扩展。瑞星在有限的时间内优质高效地完成了被并购超市（如上海为民超市、东方超值超市等），系统更新的繁重工程。在联华门店系统中，增加客户管理功能及要货管理功能模块，并对联华上海的直营门店和部分合资门店POS/MIS系统原硬件的安装做了一次规范性的整理和改造，同时不断增强系统功能，如前台盘点、前台收货、电子消费等，使联华在现代科技力量推动下持续快速成长。	讲解＋自行阅读。 思政元素：民族企业之间在技术及商业层面的合作。 （3~5分钟）

续表

教学意图	教学内容	环节设计
管理信息系统的概念	管理信息系统（Management Information System, MIS）是一个以人为主导，利用计算机硬件、软件、网络通信设备以及其他办公设备，进行信息的收集、传输、加工、储存、更新、拓展和维护的系统。管理信息系统是一个不断发展的新型学科，MIS的定义随着计算机技术和通信技术的进步也在不断更新，在现阶段普遍认为管理信息系统是由人、计算机设备或其他信息处理手段组成并用于管理信息的系统集成。 扩展点：信息的采集、信息的传递、信息的储存、信息的加工、信息的维护和信息的使用。	讲解+自行阅读。 （5~10分钟）
管理信息系统的主要功能	（1）数据处理功能。包括对各类企业数据的输入、输出及存储。如物理数据的采集、基于数据库的存储，以及多种形式的数据输出。 （2）计划功能。根据现有条件和约束条件，为企业内各职能部门提供计划参考，并按照不同的管理层次提供相应的计划报告。如生产计划、财务计划、采购计划等。 （3）控制功能。根据各职能部门提供的数据，对计划执行情况进行监督、检查，比较执行查寻计划的差异、分析差异及产生差异的原因，辅助管理人员及时加以控制。如生产、库存管理中各关键节点的控制支持系统。 （4）预测功能。运用现代数学方法、统计方法或模拟方法，根据现有数据预测未来。如企业销售业绩、成本变化情况等。 （5）辅助决策功能。采用相应的数学模型，从大量数据中推导出有关问题的最优解和满意解，辅助管理人员进行决策，以期合理利用资源，获取较大的经济效益。如生产辅助决策、营销辅助决策等。	讲解+自行阅读； 结合补充案例。 （15~20分钟）

续表

教学意图	教学内容	环节设计
管理信息系统发展历程1	OPM 阶段。OPM 方法又称为订货点法，始于20世纪30年代，主要应用于企业采购管理活动中。订货点法指的是对于某种物料或产品，由于生产或销售的原因而逐渐减少，当库存量降低到某一预先设定的点时，即开始发出订货单（采购单或加工单）来补充库存。直至库存量降低到安全库存时，发出的订单所定购的物料或产品可以刚好到达仓库，补充前一时期的消耗，此订货的数值点即称为订货点。这种方法的特点是可以假定订货提前期，即市场供应与装运条件是不变的常量，每次订货的规模是相等的，订货时间是随着物资库存量降到订货点时间的不同而变化的。因此，在生产对物资的消耗速度不均衡的情况下，可以利用在订货点派人订货来适应物资消费速度的变化，保持物资储备的合理性。	讲解+案例；需要了解OPM方法的局限性。（10分钟）
管理信息系统发展历程2	MRP 阶段。MRP 阶段即物资需求计划（Material Requirement Planning, MRP）阶段，是指根据产品结构各层次物品的从属和数量关系，以每个物品为计划对象，以完工日期为时间基准倒排计划，按提前期长短区别各个物品下达计划时间的先后顺序，是一种工业制造企业内物资计划管理模式。MRP 是根据市场需求预测和顾客订单制定产品的生产计划，然后基于产品生成进度计划，组成产品的材料结构表和库存状况，通过计算机计算所需物资的需求量和需求时间，从而确定材料的加工进度和订货日程的一种实用技术。 应用 MRP 方法可以达到以下目标：及时取得生产所需的原材料及零部件，保证按时供应用户所需产品；维持尽可能低的库存水平；计划企业的生产活动与采购活动，使各部门生产的零部件、采购的外购件与装配的要求在时间和数量上精确衔接。需要指出，MRP 主要用于生产"组装"型产品的制造业。因此在实施 MRP 时，与市场需求相适应的销售计划是 MRP 成功的最基本的要素。同时 MRP 也存在局限，即资源仅仅局限于企业内部和决策结构化的领域。	讲解+案例。（10分钟）

续表

教学意图	教学内容	环节设计
管理信息系统发展历程2	扩展内容：MRP 的计算步骤 （1）计算物料的毛需求量； （2）净需求量计算； （3）批量计算； （4）安全库存量、废品率和损耗率等的计算； （5）下达计划订单。	讲解+案例。 （10 分钟）
管理信息系统发展历程3	ERP 阶段。ERP（Enterprise Resource Planning）即企业资源计划，是由美国计算机技术咨询和评估集团 Gartner Group Inc 提出的一种供应链的管理思想，是指建立在信息技术基础上，以系统化的管理思想为企业决策层及员工提供决策运行手段的管理平台。ERP 系统支持离散型、流程型等混合制造环境，应用范围从制造业扩散到零售业、服务业、银行业、电信业、政府机关和学校等事业部门，通过融合数据库技术、图形用户界面、第四代查询语言、客户服务器结构、计算机辅助开发工具、可移植的开放系统等对企业资源进行有效的集成。 ERP 汇合了离散型生产和流程型生产的特点，包罗了供应链上所有的主导和支持能力，协调企业各管理部门围绕市场导向，更加灵活或"柔性"地开展业务活动，实时地响应市场需求。为此，重新定义供应商、分销商和制造商相互之间的业务关系，重新构建企业的业务和信息流程及组织结构，使企业在市场竞争中有更大的能动性。 ERP 是一种主要面向制造行业进行物质资源、资金资源和信息资源集成一体化管理的企业信息管理系统。ERP 是一个以管理会计为核心可以提供跨地区、跨部门，甚至跨公司整合实时信息的企业管理软件，针对物资资源管理（物流）、人力资源管理（人流）、财务资源管理（资金流）、信息资源管理（信息流）集成一体化的企业管理软件。ERP 的提出与计算机技术的高度发展是分不开的，用户对系统有更大的主动性。	讲解+案例。 思政元素：我国企业在 ERP 应用方面的起步时间及特点。 （10 分钟）

教学意图	教学内容	环节设计
现代 MIS 系统	（1）基于组织职能进行划分。MIS 按组织职能可以划分为办公系统、决策系统、生产系统和信息系统。 （2）基于信息处理层次进行划分。MIS 基于信息处理层次可划分为面向数量的执行系统、面向价值的核算系统、报告监控系统、分析信息系统、规划决策系统，自底向上形成信息金字塔。 （3）基于历史发展进行划分。第一代 MIS 系统是由手工操作的，使用工具是文件柜、笔记本等。第二代 MIS 系统增加了机械辅助办公设备，如打字机、收款机、自动记账机等。第三代 MIS 系统使用了计算机、电传、电话、打印机等电子设备。 （4）基于地域进行划分。随着电信技术和计算机技术的飞速发展，现代 MIS 系统从地域上划分已逐渐由局域范围走向广域范围。 （5）MIS 系统的综合结构。MIS 系统可以划分为横向综合结构和纵向综合结构。横向综合结构指同一管理层次各种职能部门的综合，如劳资、人事部门等。纵向综合结构指具有某种职能的各管理层的业务组织在一起，如上下级的对口部门。	讲解+案例 （10 分钟）

案例二：商业管理信息系统的结构。

教学意图	教学内容	环节设计
信息系统的物理结构	按照信息系统硬件在空间上的拓扑结构，其物理结构一般分为集中式与分布式两大类。集中式结构指物理资源在空间上集中配置。早期的单机系统是最典型的集中式结构，它将软件、数据与主要外部设备集中在一套计算机系统之中。由分布在不同地点的多个用户通过终端共享资源的多用户系统，也属于集中式结构。集中式结构的优点是资源集中，便于管理，资源利用率较高。但是随着系统规	讲解+资料演示。 思政元素：了解我国企业应匹配何种模式。 （15 分钟）

续表

教学意图	教学内容	环节设计
信息系统的物理结构	模的扩大，以及系统的日趋复杂，集中式结构的维护与管理越来越困难，也不利于用户发挥在信息系统建设过程中的积极性与主动性。此外，资源过于集中会造成系统的脆弱性，一旦主机出现故障，就会使整个系统瘫痪。目前在信息系统建设中，一般很少使用集中式结构。随着数据库技术与网络技术的发展，出现了分布式结构的信息系统。分布式系统是指通过计算机网络把不同地点的计算机硬件、软件、数据等资源联系在一起，实现不同地点的资源共享。各地的计算机系统既可以在网络系统的统一管理下工作，也可以脱离网络环境利用本地资源独立运作。由于分布式结构适应了现代企业管理发展的趋势，即企业组织结构朝着扁平化、网络化方向发展，分布式结构已经成为信息系统的主流模式。见图1。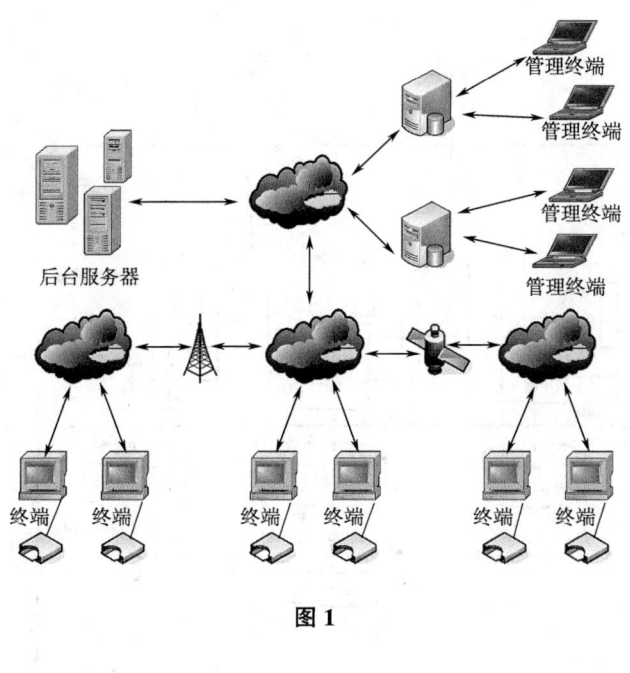 图1	讲解+资料演示。 思政元素：了解我国企业应匹配何种模式。 （15分钟）

续表

教学意图	教学内容	环节设计
信息系统的逻辑结构	信息系统的逻辑结构是其功能综合体和概念性框架。由于信息系统种类繁多、规模不一，功能上存在较大差异，其逻辑结构也不尽相同。对于一个服务生产的管理信息系统，从管理职能角度划分，包括供应、生产、销售、人事、财务等主要功能的信息管理系统。一个完整的信息管理系统支持组织的各种功能子系统，使每个子系统可以完成事务处理、操作管理、管理控制与战略规划等各个层次的功能。在每个子系统中可以有自己的专用文件，同时可以共用系统数据库中的数据，通过接口文件实现子系统之间的联系。与之相类似，每个子系统有各自的专用程序，也可以调用服务于各种功能的公共程序，以及系统模型库中的模型。对于以服务型业务为主的管理信息系统，如零售管理，在系统的业务逻辑方面主要依据用户角色差异，进而提供不同的服务功能与数据访问条件。见图2。 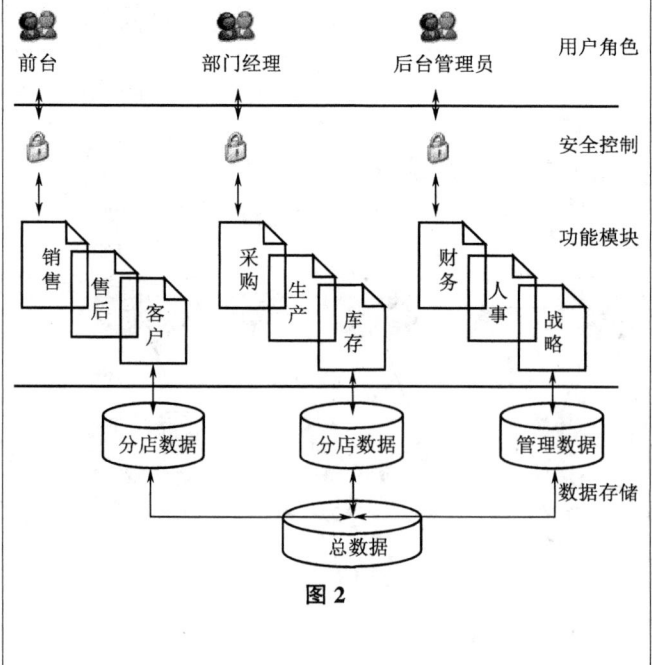 图2	讲解+资料演示。（15~20分钟）

续表

教学意图	教学内容	环节设计
信息系统的功能模块	可对信息系统从不同的角度进行分解。在信息系统设计的过程中，最常见的方法是将信息系统按职能划分成一个个职能子系统，即逻辑上的功能模块，然后逐个研制和开发。显然，即使每个子系统的性能均很好，并不能确保每个系统的优良性能，不可忽视对整个系统的全盘考虑，尤其要对各个子系统之间的相互关系做充分的考虑。因此，在信息系统开发中，要注意各子系统之间的协调一致性和整体性。要达到这个目的，就必须在构造信息系统时注意对各种子系统进行统一规划，并对各子系统进行综合。 （1）横向综合。将同一管理层次的各种职能综合在一起，例如，将运行控制层的人事和工资子系统综合在一起，使基层业务处理一体化。 （2）纵向综合。把某种职能的各个管理层次的业务组织在一起，这种综合沟通了上下级之间的联系，如Ｔ厂的会计系统和公司的会计系统综合在一起，它们有共同之处，能形成一体化的处理过程。 （3）纵横综合。主要是从信息模型和处理模型两个方面进行综合，做到信息集中共享，程序尽量模块化，注意提取通用部分，建立系统公用数据库和统一的信息处理系统。见图3。 系统维护：密码管理　用户权限　数据管理　系统升级　… 财务管理：账目格式　资产管理　现金管理　财务单据管理　… 仓库管理：库存明细　库存分类　调拨管理　存单管理　… 业务管理：销售管理　售后管理　门店现金流　门店进销单据　… 图3	讲解＋资料演示。 （15分钟）

续表

教学意图	教学内容	环节设计
信息系统的整合	许多企业的信息系统或由于资金原因，或由于需求原因，并非一次开发成型的。尤其是一些中小企业，其管理信息系统的建设通常是随着应用范围的拓展而逐步增加模块实现的，不同模块的开发主体、开发平台、应用环境、基础语言等存在差别。因此，在信息系统应用中应关注信息系统的整合，将各部分功能组件有机联系起来。管理信息系统在整合方面的关键是如何实现原有分离功能组件间数据的相互可识别与共享，以及工作流程的统一与协调。 管理信息系统的整合除了技术层面的工作外，管理层面也存在诸多挑战，即企业应构建什么样的管理机制以促进管理信息系统的应用。许多企业在推行信息系统时存在一段过渡时期，即新系统与传统方式并存，如果在机制方面缺乏足够的激励措施，很难调动全体员工投入到适应新系统的应用中，部分人员有可能还停留在传统工作方式与流程上，阻碍了企业计划的推进。诚然，员工的一些消极表现有多种原因，如某些员工缺少应用计算机的知识或对于新系统比较陌生；某些员工对新系统缺乏信任感，不知道传统手工工作能否完全依赖自动化的方式；某些员工的本职工作内容有可能被系统替代，存在抵触的情绪等。因此，一套设计完善的管理信息系统在应用中还需要结合"人"的因素，通过企业高管以及信息部门通力合作，对员工进行系统的培训及充分的沟通，才能逐步将系统与人有机结合，促进系统效能的发挥（见表1）。	讲解+资料演示+学生讨论。 （15~20分钟）

表1 构建管理信息系统的条件要素

编号	涉及领域	解释
1	规范与标准	信息系统最重要的资源是信息，而信息进行传输必须有统一的标准，除了国际上通行、国家规定和行业规定的标准、规范和协议外，企业内部也可以根据需求制定专属标准。

续表

教学意图	教学内容			环节设计
	续表			
	编号	涉及领域	解释	
信息系统的整合	2	数据库基础	许多企业原有应用软件以部门为单位开发,不同部门有可能选择不同厂商的数据库产品,如 ORACLE、SYBASE、SQL SERVER 等,并在应用系统中均占有一定的比例。对于原有数据库进行数据格式方面的统一,需要进行相关的数据格式分析、数据冗余分析,以及部分数据表的再设计等工作。	讲解+资料演示+学生讨论。 (15~20分钟)
	3	系统/应用的体系结构	在设计信息系统时,由于开发平台和硬件体系的不同,存在 C/S 和 B/S 等不同类型的系统体系结构。对于系统的整合来讲,要把不同体系结构的系统按不同的层次整合在一起,其方法和要求也不同,因而存在着不同程度的困难。	
	4	操作系统	操作系统是各种软件应用的平台,企业内的操作系统一般应采用同种技术规格与版本,但是也存在例外。如有些企业在内、外部采用有差别的系统,如 Windows 系列与 Unix 系列,其体系架构、文件格式、程序编码等方面均有差别。因此在整合方面需要通过一些中间件产品进行协调。	
	5	网络环境	在网络应用方面,企业不同系统的服务器,不同的应用平台,不同的数据传输通道,企业内部网络与广域网络之间会有所差异。为保证远程处理与内部处理在传输效率和数据安全方面的可靠性,造成了一些环节间存在隔离的状况。整合的过程中既要保障原有安全体系的设计,又要考虑整合效率的提升,因此在协调方面存在困难。	

239

续表

教学意图	教学内容	环节设计
操作演示及学生实践	系统登录：超市管理系统的登录包括前台与后台两个部分，系统的管理与维护应用主要通过后台系统实现；前台应用将在随后单独介绍。后台系统在登录时需要选择具体的数据库，即系统账套的名称。默认列表中包含演示账套、个人新建账套，以及联网使用的账套。对于初次使用该系统的人员，可以先通过演示账套了解系统的基本功能与操作特点（需要注意：演示账套某些操作可能无法实现）。个人新建账套用于管理用户自己的超市，在新建账套数据库选择方面提供了 Access 和 SQL Server 两种类型。一般在初建数据库时为了调试方便，可以使用 Access 进行构建（系统默认版本为 Access 2000，高于此版本的 Access 数据库均能够支持系统运行）。在基本数据库（表）建立完成后，可以转换为 SQL Server 数据库，或进行联网运行调试。 初次进入后台软件的界面时，系统会向用户显示一个操作向导，如下表所示。该向导告知用户基本的后台管理操作内容，涉及软件的开始、基本资料录入、设置账套信息、录入初始数据、启用账套、录入业务单据、进销存业务查询，以及相关的财务功能。该功能可作为用户的学习教程使用。 需主要掌握的功能面板（见表2）：	演示+学生操作。 思政元素：了解我国信息系统软件的使用情况。 (15~20分钟)

续表

教学意图	教学内容			环节设计
操作演示及学生实践	表2 功能面板			演示+学生操作。 思政元素：了解我国信息系统软件的使用情况。 (15~20分钟)
	编号	菜单项	主要功能说明	
	1	系统维护	（1）期初建账：包括"账套数据清理""期初商品库存""期初往来余额""期初科目余额""账套启用""账套选项"等功能。主要完成数据初始化工作。 （2）账套管理：包括"账套备份""账套恢复""数据接口""导入导出""年终结转""账套切换""账套升级"等功能。其中，"数据接口"功能是前后台之间实现数据交换的重要途径之一；"导入导出"功能可以将其他软件中有关客户、供货商、商品等基础资料导入到本系统中。 （3）操作员管理：包括"密码修改""用户切换"及对操作员进行授权的"权限设置"功能。 （4）设置：单据、报表打印格式设置，打印机设置等。	
	2	基础资料	该菜单包含了有关进销存及账务处理所涉及的一些基础信息，主要包括员工、仓库、往来单位、商品类别、商品细目、会计科目、结算方式等资料，这些基础资料将在以后登记业务单据和记账凭证时直接引用，因此需要预先设置。	

续表

教学意图	教学内容			环节设计
操作演示及学生实践	续表			演示+学生操作。思政元素：了解我国信息系统软件的使用情况。（15~20分钟）
	编号	菜单项	主要功能说明	
	3	业务管理	（1）采购业务：主要处理与采购相关的业务，比如，商品的订货、入库、退货等，可以通过登记相关的单据来实现。这些单据包括采购订货单、采购入库单及采购退货单等。 （2）销售业务：主要处理与销售有关的业务，比如，商品的订货、销售、退货等，可以通过登记相关销售单据来实现。这些单据包括销售订货单、销售出库单、销售退货单等。 （3）库存业务：主要处理与库存商品进出库相关的业务，比如，商品的调拨、报损、报溢、盘点、调价等，可以通过登记相应的单据来实现。这些单据包括调拨单、报损单、报溢单、盘点单、调价单等。 （4）应收应付：主要处理企业在经营过程中发生的往来业务账款，比如，因采购产生的应付账款、因销售产生的应收账款以及这些往来业务间的核销等，可以通过登记相应的单据来实现。这些单据包括收款单、付款单、往来账核销单等。 （5）现金银行：企业日常的现款收付业务较频繁时可以使用此功能进行处理，其中所包括的单据有其他收入单、费用支出单、取现单、存款单、转账单、待摊费用发生单、待摊费用摊销单等。	

续表

教学意图	教学内容			环节设计
	续表			
	编号	菜单项	主要功能说明	
操作演示及学生实践	4	业务报表	（1）采购报表：包括采购订单汇总表、采购订单明细表、采购开单汇总表、采购开单明细表、商品进价分析表、商品采购流水表等。 （2）销售报表：包括销售开单汇总表、销售开单明细表、商品销售流向表、滞销商品明细表、销售收款明细表、员工提成明细表、委托代销明细表、商品销售流水表等。 （3）库存报表：包括商品库存明细表、商品库存汇总表、商品库存报警表、商品库存分析表、商品进销存台账、商品收发汇总表等。 （4）应收应付报表：包括收款付款情况汇总表、收款付款情况明细表、应收应付账款明细表、超期应收账款明细表、超期应付账款明细表等。	演示＋学生操作。 思政元素：了解我国信息系统软件的使用情况。 （15~20分钟）
	5	账务管理	（1）对凭证进行处理的功能：包括登记记账凭证、编制记账凭证等。 （2）期末账务处理的功能：包括月末结转损益等。 （3）会计账簿及辅助报表的自动生成：包括记账凭证查找、会计账册、损益表、资产负债表、会计明细科目汇总表及会计科目试算平衡表等。	
	6	辅助功能	主要包括工资管理、会员管理、前台收银、前台交班、条形码打印、计算器及分析器等工具。	

续表

教学意图	教学内容	环节设计
操作演示及学生实践	B/S结构的商业管理信息系统在用户界面层面基本一致,如操作中的菜单、模块划分、具体的功能设置等,只是其工作在浏览器环境下。在使用前需要对浏览器进行相关的设置,如当前浏览器分为32位与64位,浏览器是否支持Java控件、Flash控件等,以及相关的cookie记录是否打开等。某些定制软件在使用中可能还需要安装插件,如一些支持在线支付功能的安全插件。 熟悉主流国产(B/S结构)软件的界面及操作流程。	演示+学生操作。 思政元素:了解我国信息系统软件的使用情况。 (15~20分钟)

四、教学效果分析

本课程所安排的教学内容符合课程体系要求,属于现代商业技术中较为重要的内容。本部分相关知识点数量与难度适中,符合贸易经济专业本科三年级专业课标准,学生在教师的引导下能够准确掌握相关知识内容,并能够在教师的适度启发下完成拓展内容的自学。在实践方面,通过演示管理系统软件的操作方法,学生能够参与实际操作,完成基本的系统管理内容。管理内容侧重流通、零售领域的应用。

本课程在融入课程思政元素后,可以在基本的理论教学活动中,向学生潜移默化地传递正确的技术观与价值观,使学生清晰地认识我国在技术应用领域所取得的成绩,以及应该着力赶超的领域。同时,需要使学生意识到,技术是手段、方法,而不是目的,技术的应用需要为经济发展服务,需要能够"接地气",一些外版的软件虽然技术先进,但容易存在"水土不服"的状况,而国产软件通常能够有效地解决这些问题。我国在管理信息系统方面涌现出了金蝶、用友等知名软件设计商,这些产品对于国内企业来说有较高的"性价比"。

零售学

课程性质：专业课
课程类别：理论实践一体课
授课对象：贸易经济学专业本科生

"零售学"是为贸易经济本科学生开设的专业课程,是一门理论性和实践性都比较强的专业课。通过本课程的学习,使学生了解零售业的基本概念、零售业态的种类、不同业态的空间布局以及零售企业的经营管理内容和特点等。在教学过程中,除介绍基本理论外,还将展示国内外典型零售企业的案例,进行示范分析以及学生分组讨论,使学生能够深刻理解并应用所学内容,为学生进一步学习相关课程打下基础。

通过本课程的学习,一是可以使学生全面了解中国零售业发生的重大变革以及变革之下零售企业的创新活动;二是使学生能够系统掌握国内外学者关于零售相关问题的最新理论成果;三是使学生全面了解国际零售业的最新动态以及跨国零售企业的最新管理技术。

零售竞争优势

张 弘

二、课程思政元素发掘

本课程在授课时可能包含以下思政元素。

元素 1 通过中国零售企业物美集团成功并购外资零售企业麦德龙的案例分析，展现中国文化的包容性，增强学生的文化自信和爱国主义情怀。

元素 2 以传统文化和习俗为切入点，在讲解菜百公司的发展历程中，通过增强传统文化和习俗在我国零售企业发展中的作用分析，增强学生的民族自信心和民族自豪感，科学看待西方文化，防止"崇洋媚外"的倾向。

元素 3 在讲解零售商经营管理实务的过程中，通过民族零售商的奋发图强，培养学生的爱国情怀。

元素 4 通过现代零售商经营技术发展过程的讲解，结合信息技术、智能技术和数字技术在零售业中的运用，培养学生的创新精神。

以上挖掘出来的思政元素，应当和本节课程的教学内容紧密结合与有机融合，从而更直观、更深入地体现出零售学课程的思政目标。

三、教案设计

（一）教学目标

1. 知识目标

通过本课程的学习，使学生能够掌握零售竞争优势的基本理论和基本方法。

2. 能力目标

通过本节课程的学习，使学生能够掌握零售企业所要求的信息搜集、分析和运用的方法，能够在未来零售企业运营管理中对相关理论和方法进行灵活运用。

3. 价值目标

通过本课程的学习，增强学生的文化自信和爱国主义情怀，将"爱国、敬业、诚信、友善"的高尚品质融入教学内容,从而实现价值塑造的育人目标。

(二) 教学内容和教学重点与难点

1. 教学内容

零售竞争优势的含义与来源,零售环境分析与如何确定竞争战略,成本领先战略的含义及其在零售经营中的运用,差异化战略的含义及其在零售经营中的运用,目标集聚战略的含义及其在零售经营中的运用。

2. 教学重点和难点

成本领先战略、差异化战略和目标集聚战略的含义与策略实施。

(三) 教学手段与方法

本课程以课堂教学为主,教学过程中主要采用理论讲解和案例分析相结合的教学方法。在讲授了零售竞争优势基本概念和原理基础上,通过中外零售企业竞争案例的进一步分析,让学生了解我国零售企业在和外资零售企业竞争的过程中,自身竞争力不断增强,从而增强学生的民族自豪感和爱国主义情怀。

同时,在教学过程中采取探店、参观相关零售企业等实践方式,引导学生把所学理论知识与实践紧密结合起来,培养学生的实际工作能力和分析能力,从而达到学以致用的教学要求与目的。

三、教学过程

教学意图	教学内容	环节设计
导言提出问题	通过"胖东来"案例的导入,说明零售商要想在竞争中获胜,必须先确立自己的竞争优势。 世界上成功的零售商都是通过建立并贯彻自己的竞争战略,在竞争中立于不败之地的。	让学生对所讲内容有初步认识。 零售商所取得的竞争优势,都是在选择了适合自己的竞争战略方向,并始终如一地坚持这个方向,不断超越竞争对手和自己取得的。 (2分钟)

续表

教学意图	教学内容	环节设计
本次课程的总体框架	引出本课程所讲内容，帮助学生搭建起整体框架。 （1）零售竞争优势的含义与来源。 （2）零售环境分析与如何确定竞争战略。 （3）成本领先战略的含义及其在零售经营中的运用。 （4）差异化战略的含义及其在零售经营中的运用。 （5）目标集聚战略的含义及其在零售经营中的运用。	让学生对所讲内容有整体认识。 （2分钟）
核心概念的讲解	（1）竞争优势的概念。竞争优势是指零售商拥有不同于竞争对手的独特能力，这一能力使其在某一零售市场上处于领先地位，能够超越竞争对手的某些方面而赢得消费者的信赖。 （2）竞争优势的来源： 商品：①商品范围更广，种类更多，更具有选择性，能满足一站式购物；②商品质量更可靠；③质量相近的基础上，商品的售价更低；⑤商品更新率高；⑥开发自有品牌。 服务：优质的服务能培养和保持顾客的忠诚。 店址：零售商成功的关键因素。 购物体验：零售商提供的一系列经营要素的组合，这些要素能激发或抑制顾客的购物兴趣。 低成本运作：为零售商带来两方面的竞争优势，一是对于那些价格比较敏感的消费者，零售企业低成本运作可以直接转化为商品价格优势，为消费者提供物有所值的商品；二是对价格不敏感的消费者，零售商可以通过提供更好的服务、更多的花色品种及视觉效果好的商品陈列。 信息管理系统：信息管理系统可以帮助零售商随时了解商品销售动态和消费者购买行为变化。 （3）长远竞争优势：企业的核心能力。	运用PPT课件演示，结合零售企业运营实例进行讲解。 （5分钟）

续表

教学意图	教学内容	环节设计
内外部环境分析与竞争战略的确定	（1）外部环境分析：社会与文化因素、人口因素、经济因素、竞争因素、技术因素、政策法律因素。 （2）内部环境分析：资金、人才、管理基础、声誉、与供应的商关系。 （3）市场定位：零售商通过一种零售活动组合的设计和贯彻，使顾客在比较自己与其他竞争对手时，能在心目中确立一种清晰的和有特色的商店形象。 （4）竞争战略选择：三种基本竞争战略。 （5）形成核心能力和竞争优势。	运用PPT课件演示，讲解零售企业确立竞争战略的过程，以及每个环节的具体内容。 （7分钟）
成本领先战略的含义及其在零售经营中的具体运用	（1）车轮理论生成机理：成本优势。 （2）案例分析：沃尔玛的成本控制。 沃尔玛成功的原因是什么？一些国外专家研究得出的结论是，沃尔玛的竞争优势就在于价格的优势，天天低价。不过，天天低价是价钱属性，不是产品、不是服务、不是环境，而是价格。 沃尔玛有五种竞争能力，最为核心的是成本控制能力，其他的是业态创新能力、快速扩张能力、财务运作能力和营销管理能力，都是围绕着成本控制能力运行的。这五种能力最终都在不同的方面节省了沃尔玛的整体运营成本，都是为运营成本和竞争优势服务的。 沃尔玛的成本控制能力最终来源于什么？应该来源于竞争资源，也就是说企业资源是围绕着控制成本运行的。同时，沃尔玛的低成本的业务流程是非常重要的。另外，沃尔玛有两种设备保证成本控制，一种设备是配送中心，还有一种是信息系统。另一方面就是沃尔玛自身的制度和其独特性。 （3）零售企业在实施成本领先战略时的盲区：过分强调成本优势而忽视其他战略；将成本领先看成是简单的价格竞争，从而步入低价竞争的风险之中。	运用PPT课件演示，在讲解成本领先战略含义的基础上，结合案例分析成本领先战略在零售经营中的具体运用及应避免的误区。 （8分钟）

续表

教学意图	教学内容	环节设计
差异化战略的含义及其在零售经营中的具体运用	（1）差异化战略与服务优势。 （2）案例分析：菜百公司的"黄金"特色经营。 　　北京菜市口百货股份有限公司简称菜百公司，位于北京市西城区广安门内大街306号，营业面积8 800平方米。主要经营足金、千足金饰品、摆件、金条、铂金、钻石、翡翠、白玉、珠宝、金银币章、K-gold及18K金、银饰品等大类商品，拥有中国金币特许零售商资格，是北京市规模最大、品种最全的黄金珠宝首饰专营公司。在多年的实践中，菜百公司逐步确立、形成、完善和发展了黄金珠宝特色经营。 　　菜百公司的发展离不开以下四个方面：一是品牌引领，菜百公司始终踏实做产品、扎实做品牌，不断厚积沉淀，立住企业的"精气神"，走在规范化、标准化、程序化、科学化的发展快行线上，真正让品牌深入人心；二是品质为基，面临激烈竞争依然占据绝对优势，就是因为坚持初心，以品质为本，视质量如同企业的自尊和生命，以"匠造以致其精"的工匠精神，把产品做到极致；三是创新驱动，无论是不断创新产品，还是不断创新商业模式、管理模式、特色经营模式等，菜百公司在创新求变上始终孜孜不倦；四是深挖珠宝玉器的文化资源，提炼丰厚的文化内涵，叫响品牌文化，形成文化自信，独有的温度和人文气息，成为品牌价值不断生长的根本动力。 （3）案例分析：红旗连锁"商品+服务"的差异化竞争优势。 （4）差异化服务战略的误区：任何企业都应该了解服务的主次之分和层次之分；任何企业都应该平衡服务内容与服务成本之间的关系。	运用PPT课件演示，在讲解差异化战略含义的基础上，结合两个案例分析差异化战略在零售经营中的具体运用及应避免的误区。 （8分钟）

续表

教学意图	教学内容	环节设计
目标集聚战略的含义及其在零售经营中的具体运用	（1）目标集聚战略有两种形式：成本集聚战略、差异化集聚战略。 （2）目标市场的选择：选择标准以及评价标准。 （3）目标集聚战略的具体实施。 （4）案例分析：盒马鲜生新零售模式。	运用 PPT 课件演示，在讲解目标集聚战略含义的基础上，结合案例分析目标集聚战略在零售经营中的具体运用。 （8 分钟）
课堂案例讨论	学生分组讨论物美收购麦德龙中国的案例，进一步加深对上述概念与原理的理解。	通过讨论物美收购麦德龙中国案例，引导学生了解内资零售企业在和外资零售企业的竞争过程中，竞争实力不断增强，从而增强民族自豪感。 （8 分钟）
本节课堂总结	对本节课所讲内容进行概括与总结。	对本讲内容进一步概括与归纳，从而使学生进一步记忆。 （2 分钟）

四、教学效果分析

本课程通过中国零售企业物美集团成功并购外资零售企业麦德龙的案例讲解，展现了中国文化的包容性，增强了学生的文化自信和爱国主义情怀。在讲解菜百公司的发展历程中，通过对传统文化和习俗在我国零售企业发展中的作用分析，增强了学生的民族自信心和民族自豪感，树立了科学看待西方文化的理念。

因此，通过对课程思政元素的不断挖掘，并与本次课程的教学内容无缝对接，将课程思政元素贯穿于本次课程的整个教学环节与过程中，在激发学生学习零售竞争优势相关知识的兴趣基础上，能够不断增强学生的民族自豪感和爱国主义情怀，激励学生刻苦钻研，勇于创新，为祖国的繁荣富强而努力奋斗。

品牌学

课程性质： 专业课
课程类别： 理论实践一体课
授课对象： 贸易经济专业本科生

"品牌学"是一门具有贸易经济特色的跨学科专业课程，主要目的在于使学生从思想上深刻理解习近平总书记提出的"三个转变"中"中国产品向中国品牌转变"的总要求；从知识上使学生掌握品牌创建与管理全流程中的基础专业知识、基础专业技能和关键品牌管理接触点；从能力上使学生能够做好市场竞争分析和消费者调查，完成一个品牌的整体架构。

　　本课程是衔接学校教育和社会实践的重要课程，从思想和方法论等层面对于学生更好地融合所学专业知识和更好地走向社会具有重要作用。

红色品牌的整体架构设计

关冠军

一、课程思政元素发掘

本课程在授课时可能包含以下思政元素。

元素1 通过介绍延安大生运动，了解南泥湾红色文化，体会自力更生、艰苦奋斗的精神。

元素2 习近平总书记多次强调"把红色资源利用好，把红色传统发扬好，把红色基因传承好"。红色资源和文化不仅具有重大政治价值、教育价值，而且具有重大的社会价值、经济价值和品牌价值。如何把宝贵的红色资源和文化进行品牌化，成为推动区域经济高质量发展的重要抓手，成为当下全社会面临的一个重大现实问题。本课程从高校教育的角度入手，呼应这个现实问题，在课堂上引导学生对某一类红色资源进行多角度的研究，根据品牌学专业知识完成某一个红色品牌的整体架构，在这个过程中，使学生从一个红色品牌的"旁观者"到"参与者"角色的转变，不仅掌握了品牌学专业知识，还对红色文化从认知到认可再到认同的递进式学习和体会，达到"思政育人细无声"的效果。

二、教案设计

（一）教学目标

1. 知识目标

品牌架构包括的核心内容：品牌精髓又称为品牌的核心价值，是指品牌所特有的本质，包括品牌定位、品牌个性、品牌组合等。

品牌可以按照品牌主体、生产经营所属环节、创始地不同、自主性不同、品牌广度不同、品牌定位不同等分类。

品牌的功能性作用和情感性联系。

2. 能力目标

使学生掌握品牌架构的核心内容和相关基础知识，能够根据给定某一个品牌的相关资源，架构一个品牌的基础体系。

3. 价值目标

引导学生对品牌学相关知识进行深度学习，对南泥湾红色品牌从红色资源和红色精神的认知到现代南泥湾开发区的建设，南泥湾精神与延安精神，南泥湾品牌与延安市城市品牌的关系等进行更深入的理解，使学生深度参与和认知认可，使课堂成为传承红色基因的阵地。

（二）教学重点与难点

1. 教学重点

知识层面的教学重点在于让学生在较短的时间内理解一个品牌架构的组成部分和每个部分之间的联系；红色资源层面的重点在于准备好南泥湾历史和现代开发区建设等相关材料，让学生有一个历史和现实的对比。

2. 教学难点

难点在于有深厚红色历史背景和红色遗址资源的区域，如何从品牌的视角切入，发挥红色的底色作用，带动绿色相关产业发展，成为广受欢迎的一个区域红色品牌。这需要带领学生在课堂这个试验田上集思广益，让学生的自主性建议成为具有一定专业性的方案。

（三）教学手段与方法

除了多媒体教学、案例教学等手段之外，让丰富的红色资源进入课堂，进入教学环节，进入专业知识学习，通过沉浸式、主体式、方案化的学习，让学生实现专业知识学习和思想境界提升的双重效果。

三、教学过程

教学意图	教学内容	环节设计
课前小调查	（1）提到南泥湾你想到的五个关键词是什么？ （2）你认为南泥湾是个品牌吗？	提前准备好 A4 白纸，调查学生对红色文化的原有认知。 （5分钟）
专业知识讲授	（1）品牌架构包括的核心内容：品牌精髓、品牌定位、品牌个性、品牌关系等； （2）品牌的分类； （3）品牌的功能性作用和情感性联系。	通过讲解，让学生掌握基本的专业知识。 （10分钟）

续表

教学意图	教学内容	环节设计
红色资源导入	（1）南泥湾自然资源和地理特点； （2）延安大生产运动的历史； （3）南泥湾"自己动手，丰衣足食"的红色精神； （4）南泥湾红色旅游景区； （5）南泥湾开发区的成立。	让学生对南泥湾精神有深刻的了解，对南泥湾开发区成为延安市新名片有新的认知。 （10分钟）
南泥湾品牌基础	（1）南泥湾有着独特的地理位置和生态条件，历史上南泥湾大生产创新性地为中国共产党和新政权提供了坚强的物质基础和保障，形成了以"自力更生，艰苦奋斗"为基本内涵的南泥湾精神和延安精神。 （2）在南泥湾红色精神的引领下，通过绿色生态产业融合，赋能南泥湾开发区高质量发展，向全社会传递南泥湾的红色文化精神、绿色发展道路和金品质价值观。	引导学生从一个开发区（城市品牌）的概念入手思考南泥湾的未来。 （5分钟）
南泥湾品牌整体构成	（1）南泥湾整体品牌由"一主+六副"的组合模式构成。 （2）南泥湾三个字是主品牌，可以用"红色、绿色、金色"六个字代表其基本内涵。 （3）红色是南泥湾的底色，红色革命遗址遗迹及其纪念馆陈列馆、红色研学、红色旅游、红色标志物等都是其具体表现。 （4）绿色代表新时代下南泥湾的基本发展路径，保护生态环境，通过一、二、三次产业融合，实现南泥湾高质量发展。 （5）金色不仅代表收获，也意味着高品质，代表着南泥湾发展的价值观，也是南泥湾走向全国和全世界的依托。	引导学生利用系统思维，对现代南泥湾品牌的整体构成进行深入了解，并理解其内涵。 （5分钟）

续表

教学意图	教学内容	环节设计
南泥湾开发区红色品牌、城市品牌和产业品牌的构成	（1）南泥湾红色品牌。南泥湾红色品牌是基础和核心，要在此方面下足功夫。品牌定位为：成为弘扬延安精神的金名片、全国红色旅游目的地、全国红色研学首选地和全国红色活动承办地。通过南泥湾红色品牌展现乐观、奋斗、团结和创新的红色文化精髓。 （2）南泥湾城市品牌。城市品牌建设是南泥湾开发区发展的方向。"红色南泥湾、陕北好江南"一直是南泥湾开发区的标志性宣传语，加上"延安城市新增长极"则定位更清楚、更具有指向性和导向性。开发区建设要体现生态、精致，更注重吸引新兴群体，体现出活力和年轻。 （3）南泥湾产业品牌。通过一、二、三产业的特色化发展，形成具有共性特征的产业品牌。定位为：军民融合样板和生态发展试验田。	引导学生分别对南泥湾红色品牌的内涵和定位进行分析；对南泥湾品牌的定位进行分析；并明确南泥湾特色产业品牌定位。 （5分钟）
南泥湾开发区产品品牌、服务品牌和活动品牌的构成	（1）南泥湾产品品牌。产品品牌包括两个层面：一是现有的延安特色产品的品牌化；二是旅游伴手礼的开发（南泥湾礼物系列），成为延安旅游伴手礼的首选。 （2）南泥湾服务品牌。在存量资源方面，南泥湾首先要把延安市的很多溢出性需求承接起来。打造延安民宿的第一目的地。在增量方面，通过赋予南泥湾金品质的内涵，成为南泥湾品牌标准的发源地。 （3）南泥湾活动品牌。活动品牌能够不断地为南泥湾品牌增加曝光率，还能够持续地吸引投资和消费。	引导学生分别对南泥湾产品品牌的内涵和定位进行分析；对南泥湾服务品牌的定位进行分析；并明确南泥湾活动品牌定位。 （5分钟）
课后小调查	调查学生对品牌架构的能力；对红色文化的认知、认可和认同的程度。	调查学生对南泥湾红色文化的现有认知。

四、教学效果分析

　　学生在品牌学专业知识的掌握和专业能力上有了较大的提升,学生对南泥湾大生产运动的历史、南泥湾红色精神有了较为深入的认知,通过亲自参与设计南泥湾红色品牌的未来,让年轻一代的大学生主动接触红色文化、主动思考红色城市的未来、主动参与红色品牌设计,树立跟党走中国特色社会主义道路的自信。实现习近平总书记的"把红色资源利用好,把红色传统发扬好,把红色基因传承好"的总要求。

商品学

课程性质：专业课
课程类别：理论课
授课对象：贸易经济专业本科生

"商品学"广泛汲取了国内外商品学研究的新成果,以商品的使用价值为中心,以商品质量为重点,探讨商品的使用价值规律、商品分类、商品的编码和代码、商品品种、商品质量及质量管理、商品包装、商品标准及检验等理论和现实应用问题,并从实践角度阐述了各大类商品的组成、性能以及鉴别与选购等操作性的知识与技能。能够深入浅出地结合现实生活,并运用基础知识理论,让学生了解并掌握基础知识系统,培养学生理论联系实际的应用能力,更加突出实践性和应用性。

通过教学使学生树立正确的商品价值观,较为系统地学习并了解商品使用价值的基本理论,同时将理论运用于实践当中,进而全面掌握商品使用价值的实现方法与实现路径。为学生毕业后根据实际工作的需求和需要,提升中国特色社会主义市场经济中企业的质量管理水平,进一步研究和掌握商品使用价值奠定基础。

商品质量管理

李春梅

一、课程思政元素发掘

本课程在授课时可能包含以下思政元素。

元素1 课程更注重培养和提高学生在发现问题、分析问题及解决问题方面的动手能力，同时也为学生学好其他的专业课程，以及毕业后从事相关的国内外贸易工作奠定良好基础。

元素2 做到学以致用，树立爱国主义价值观，正确分析国外企业质量管理的经验、教训及启示，为中国企业商品质量管理的加强和完善奠定现实基础。

二、教案设计

(一) 教学目标和教学重点与难点

1. 教学目标

通过系统学习可以达到培养学生应用能力、了解并掌握基础知识的目的，为社会主义现代化建设中企业的高质量发展奠定理论基础。为学生毕业后根据工作需要，提升中国特色社会主义市场经济中企业的质量管理水平，以及进一步研究和掌握有关商品在使用价值方面的知识奠定坚实的基础。通过本课程的学习，力图达到以下几方面的目标。

目标1：了解商品质量管理的发展历程，理解全面质量管理的主要思想和演变历程，认识常用的商品质量管理方法、ISO 9000族国际标准的构成及其在商品质量管理中的重要性。

目标2：能够掌握质量管理的基本概念，全面质量管理中"全面"的含义与内容，全面质量管理的主要方法——PDCA循环管理方法的内容。了解ISO 9000：2000标准的质量管理原则与质量管理体系模式构成。

目标3：树立爱国主义价值观，正确分析国外企业商品质量管理的经验教训。

目标4：学以致用，与时俱进，能够准确分析经济全球化进程中中国企业质量管理问题。

2. 教学重点

质量管理及其发展历程，全面质量管理的概念及代表性学者的观点，质量管理体系。

3. 教学难点

全面质量管理的基本方法及其在现实生活中的应用。

（二）教学手段与方法

由于课程具有比较强的现实应用性，在教学过程中要求做到理论紧密联系实际，能够采用多实物教学。要求学生结合日常生活中对商品的购物实践，理解并掌握对商品品质鉴别的方法，进而逐渐形成认识和鉴别商品的专业能力。课程重在培养和提高学生发现问题、分析问题并能够解决问题的能力，进一步掌握并运用商品使用价值规律，为以后学好专业课知识及工作后从事国内外相关的贸易工作打下坚实基础，同时为逐步实现转变中国商品在国际上的"中国制造"到"中国智造"的地位奠定基础。

商品学与政治经济学、商业经济学、管理学等课程有着密切的联系，学生需要有商业理论和产品开发等方面的知识储备。同时，在学习过程中要理论联系实际，结合中国改革开放后市场经济的发展历程，将商品学的相关理论（如商品质量管理）与实践相结合。因此本课程安排一定的案例讨论，要求学生观察实践中的商品学相关现象并进行理论分析。

三、教学过程

本课程的教学实施计划分为四个部分，时间 100 分钟，考虑到课堂时间有限，需要学生对基础知识进行预习，并提前熟悉案例内容。

教学意图		教学内容	环节设计
理论基础	前述回顾及新课程导入	对商品质量的理解和认识	教材与 PPT 展示，教师讲授及问答。（30 分钟）
	本课程理论部分	（1）商品质量管理的发展； （2）商品质量管理的概念； （3）全面质量管理的方法	
案例应用	导入案例：丰田汽车召回门	（1）丰田公司介绍； （2）召回门事件的过程； （3）对中国企业质量管理的启示和经验教训。	教材与 PPT 展示，教师讲授及问答。（30 分钟）

教学意图		教学内容	环节设计
课堂讨论	案例分析：海尔集团的全面质量管理	（1）树立质量观念； （2）质量零缺陷管理方法； （3）高标准、严要求。	教材、案例资料，教师引导，学生分组讨论。 （30分钟）
总结与课程作业	课程总结	知识点、案例分析总结及要点说明。	PPT展示，教师讲解。 （10分钟）
	作业布置	参照课堂案例，自选代表性企业的质量管理案例进行分析。	

第一部分：理论知识讲解。

前述回顾及新课程导入。回顾商品质量的概念界定及其演变，复习克劳斯比、朱兰、田口玄一、费根鲍姆、国际标准化组织及中国发布的质量标准（GB/T19000—2008 和 ISO 9000：2005）对商品质量的不同界定，并比较界定的重点；学习克劳斯比、朱兰、戴明关于质量管理的方法，即零缺陷管理、质量管理三部曲、质量统计方法等，了解其管理思想的差异与共性，并掌握全面质量管理方法。

课程的主要理论内容[①]：

（1）质量管理及其发展历程。国际标准化组织《ISO 9000：2000》指出，所谓质量管理是指"指导和控制组织与质量有关的相互协调的活动"。质量管理的内容一般包括制定质量方针，以确定质量目标，以及之后的质量策划、质量控制、质量保证与质量改进等一系列活动。

质量管理的发展历程。20 世纪二三十年代质量检验阶段，以检验员的质量管理为主，是一种事后检验；之后进入 20 世纪四五十年代的统计质量管理阶段，主要是使用数理统计方法，预防生产过程中产生废品，并检验产品的质量，这时候出现了专业质量控制工程师，这种管理是一种事前预防；20 世纪 60 年代至今，一直处于全面质量管理阶段，全面质量管理立足系统的观念，重视人的能动性。

费根鲍姆在其著作《全面质量管理》中写道：全面质量管理是指为了能够在最经济的水平上，充分考虑在满足用户要求的条件下进行生产和提供服

---

① 该部分参照万融和陈红丽，《商品学概论》（第七版），中国人民大学出版社，2019 年版中第 5 章商品质量管理的主要内容。

务，把企业内各部门的研制质量、维持质量和提高质量的活动构成一个有效的体系。

（2）全面质量管理。基本概念界定："一个组织以质量为中心，以全员参与为基础，目的在于通过让顾客满意和本组织所有成员及社会受益而达到长期成功的管理途径。"截至目前，全面质量管理被称为质量管理领域的最高境界。全面质量管理的质量观，把传统的质量管理，即符合性标准，转变成以顾客满意为中心，认为实施全面质量管理是企业的一项长期的、动态的战略工程。

（3）全面质量管理的基本方法。PDCA 循环是全面质量管理的基本方法，由美国质量管理专家戴明首先提出，因此又被称为"戴明环"。PDCA 循环是指质量管理可以分为计划（plan）、执行（do）、检查（check）以及处理（action）四个阶段，又可以进一步分成八个步骤，每个步骤中可以采用多种统计方法。

（4）质量管理体系和 ISO 9000。现代社会的科技进步和企业激烈的市场竞争，为 ISO 9000 标准的产生创造了客观条件，也促成了 ISO 9000 族标准的产生和发展；各国及企业积极推行质量管理的经验也为 ISO 9000 族标准的产生奠定了具体的实践基础。

第二部分：实际应用介绍——丰田汽车召回门事件[①]。

导致丰田汽车召回门事件的原因：

（1）企业规模的过度快速扩张。企业在人才管理、产品质量管理、产品的生产与设计，以及技术研发等方面的发展速度不能与企业的扩张速度完全同步。

（2）企业在竞争中的过度低成本战略。尽管追求低成本是企业始终追求的目标，但是过度地追求低成本必然会牺牲产品质量。

（3）老化的品牌经营战略。企业如果一味追求品牌价值的数字化，必然会缺失品牌经营的根本所在，最终受到市场的严重惩罚。

（4）公关反应能力比较迟缓。企业不重视公关战略，没有及时关注危机时公关的重要性，如果任由事情的发展和蔓延必然会损坏企业的品牌形象。

（5）企业文化的缺失。

丰田汽车召回门事件对中国汽车生产制造商的经验教训与启示："最大"与"最好"永远不应该相互矛盾。企业规模的过度扩张，对降低成本的持续追求，如果以质量打折为代价，最终只能事与愿违，使得品牌和实际盈利大

---

① 此案例借鉴了方华：《丰田是文化出了偏差》，《企业文化》，2010 年第 5 期的内容。

打折扣。中国的企业，尤其是制造业，在此过程中应该学习和吸取这次经验和教训，相比于国外企业的生产技术，国内企业的技术水平和管理水平还存在非常大的差距。在经济全球化阶段，中国企业在技术以及管理上仍然处于追赶时期，如何保证产品生产的质量，做好质量管理工作，对中国企业来讲任重而道远。要实现"中国制造"到"中国智造"，不仅需要企业的持续努力，也需要消费者、社会及政府等多方的支持。

第三部分：课堂分组讨论。

海尔集团——全面质量管理的典型案例[①]。

海尔集团在国际市场上能够处于领先水平，主要得益于其科学的质量管理方法。在进行质量管理过程中，海尔集团主要通过三个步骤实现产品品质的国际认可。

第一步：树立产品的高质量观念。关键节点："砸冰箱"事件。砸冰箱事件给内部员工及外部社会消费者内心的震动是非常大的，人们对"有缺陷的产品就是废品"这样的概念有了更本质和更深刻的理解与认识。

第二步：质量管理的核心——质量零缺陷，即将下一道工序视为客户的观念。把错误减至最少的传统观点本身是不正确的。"零缺陷"的最终目标是第一次就把事情完全做好，这才是企业应该努力的目标所在。如果出现问题而事后进行补救，那么浪费的时间、金钱和精力等成本是非常大的。如果实现了质量零缺陷管理，那么就可以完全避免事后的补救工作，企业的生产成本相应地会大大地降低。

第三步：高标准，严要求。海尔集团在质保体系、产品国际认证方面率先向国际标准看齐。在国际市场上，海尔集团制定的总体方针是："想要在国际市场上取胜，第一是质量，第二是质量，第三还是质量。"通过三个方面力图达到国际标准：企业质量保证体系方面取得 ISO 9001 的认证；在产品国际认证上取得德国 VDE、GS、TUV 认证，美国 UL 认证，以及加拿大 CSA 等认证；企业的产品检测水平力图达到国际认可，如加拿大 EEV、CSA 等的能效认证标准，美国 UL 用户测试数据认可等。

第四部分：课程总结与作业布置。

四、教学效果分析

本课程的教学内容符合贸易经济类本科学生的知识水平和专业基础要求。通过对理论知识的学习与案例的讨论，能够使学生较好地掌握商品质量管理

---

① 此案例借鉴《海尔全面质量管理——百度文库》的内容，http：//wenku.baidu.c-2012。

的理论知识,并应用于实际企业的生产及经营中。

　　本课程通过对国外代表性企业的质量管理问题的分析,及对中国当前经济运行中代表性民族企业海尔集团的案例学习,能够更加准确地认识到,在中国现阶段社会主义市场经济的发展运行过程中,发展民族经济及提升中国民族企业质量管理水平的重要性。同时树立"中国制造"向"中国智造"迈进的观念,发展本国工业企业及民族品牌,维护国家在全球范围内的经济利益,拥有正确的爱国主义情怀,为增强中国企业和商品在国际市场中的竞争力而不断努力学习。

商业伦理学

课程性质：专业课
课程类别：理论实践一体课
授课对象：贸易经济专业本科学生

"商业伦理学"是一门跨学科专业课程，主要目的在于使学生掌握商业伦理原则，识别商业伦理问题，进行商业伦理分析，做出正确的商业伦理决策。学生在学完本课程后，在思想上能够正确树立商业行为中善恶、是非的观念；在知识上能够掌握商业伦理的基本概念、基本原则，能够从制度伦理、公司伦理和个人伦理的不同层面对商业中的伦理问题进行合理分析；在能力上能够正确识别伦理分析、进行合理的道德思考分析、做出合理伦理决策。本课程是衔接学校教育和社会实践的重要课程，从思想和方法论等层面对于学生更好地融合所学专业知识和更好地走向社会具有重要作用。

伦理经营是企业最佳的长期战略

关冠军

一、课程思政元素发掘

本课程在授课时可能包含以下思政元素。

元素 1 公司从事经营活动，必须遵守法律、行政法规，遵守社会公德、商业道德，诚实守信，接受政府和社会的监督，承担社会责任。从长期看，伦理经营是企业最佳的发展战略。

元素 2 促进市场竞争和反垄断。国家保护各种所有制经济产权和合法利益，坚持权利平等、机会平等、规则平等，废除对非公有制经济各种形式的不合理规定，消除各种隐性壁垒，激发非公有制经济的活力和创造力。党的十九大把"两个毫不动摇"作为新时代坚持和发展中国特色社会主义的基本方略。

二、教案设计

（一）教学目标

1. 知识目标

伦理经营给企业带来的长期价值有哪些，伦理经营给企业带来的短期价值和风险有哪些。

2. 能力目标

使学生掌握从长期看伦理经营的必要性。

3. 价值目标

树立长期主义价值导向，克服追求短期价值的各种弊端。

（二）教学重点和难点

如何使学生理解遵守伦理在企业经营中的重要作用，理解并认可"伦理经营是企业最佳的长期发展战略"这一论断。

（三）教学手段与方法

通过案例分析，与学生进行交流讨论，通过正面企业发展案例和反面企业发展教训，深化对该知识点和案例的认同。

三、教学过程

（一）概念引入与分析（教学时长 5 分钟）

在传统"经济人"的假设下，企业将追求自身的"利润最大化"作为天经地义、合乎伦理的终极目标。后来人类文明程度的进步内在地要求公司伦理水平的提高，公司行为对人性的假设也逐渐由"经济人"过渡到"社会人"，进而发展到"文化人"。一个充满信任的有效且合乎伦理的企业组织是经济有效运行的关键，这种合乎伦理的企业组织与社会的文明进步互为作用，共同反映着这个社会的文明进步程度。

反之，不合伦理的企业经营行为有损于社会的文明与进步，企业的伦理行为在社会文明进步程度中的催化作用不可低估。从 20 世纪 80 年代开始，地球环境资源问题日益成为企业必须加以认真处理的课题。全球面临着粮食短缺、饥荒严重，人类淡水资源过度消耗，各国渔业资源日趋枯竭，高空酸雨与大气污染严重，海洋与森林珍稀物种濒临灭绝以及能源枯竭人口过快增长等全球性问题。这些全球性问题，大多数与企业经营战略、企业伦理道德密切相关，企业伦理水平的高低直接关系着人类生存的前途与社会发展的命运。

（二）案例引入和交流（教学时长 10 分钟）

在过去的 2020 年，由于受到新冠疫情的影响，世界很多国家的经济和人们的正常生活被按下了暂停键。受此影响在经济发展中本来就存在的问题提前或被放大出现，比如，企业财务造假、欺诈消费者、原材料以次充好、产品创新不足甚至有些企业在强大资本的胁迫下狂奔而猝死等。

比如：2021 年 4 月 13 日，证监会官网公布了乐视财务造假案的细节。乐视网 10 年共虚增收入 18.7 亿元，共虚增利润 17.3 亿元。自 2007 年起，乐视网就虚增收入和利润，且虚增数额逐年递增。2010 年上市后，乐视继续造假，2015 年，乐视虚增利润占当期披露利润总额的 516.32%。参与造假的乐视创始人贾跃亭、时任乐视网财务总监杨丽杰被终身禁入证券市场，乐视高管刘弘、吴孟 10 年禁入证券市场，贾跃民 8 年禁入证券市场。曾经的乐视投资人、债权人、供应商、股民因乐视留下的创伤难以痊愈。

出现的这些问题让我们必须深入思考企业如何才能更好地发展？企业不能变成一台冷冰冰的赚钱的机器，而应该是一个有个性、有温度、有尊严，更有道德的经济组织。

（三）知识导入与教学（教学时长 20 分钟）

我国《公司法》第五条明确规定："公司从事经营活动，必须遵守法律、行政法规，遵守社会公德、商业道德，诚实守信，接受政府和社会公众的监督，承担社会责任。"习近平总书记也曾深刻指出："培育和弘扬社会主义核心价值观，要突出道德价值的作用。国无德不兴，人无德不立。一个民族、一个人能不能把握自己，很大程度上取决于道德价值。"在社会主义市场经济中，作为市场经济主体的企业要在激烈的市场竞争中立于不败之地，就要在经营管理过程中做到诚实守信，遵守社会公德和商业道德，要进行有伦理的经营活动。企业有伦理的经营行为与创品牌的长远发展目标二者不谋而合，有伦理的经营也是企业最佳的长期品牌战略。

1. 有伦理的经营要求企业要珍惜品牌声誉

盈利是企业经营的主要目的，但非唯一目的。企业经营过程中要做到诚实守信，遵守社会公德和商业道德，在获利的同时也要获得消费者的认可和社会的尊重。现阶段，有不少企业认为讲伦理就是从盈利中分出一部分回馈社会，做公益慈善、保护环境等项目。这种观点把有伦理的经营看成是企业的一种"负担"，使企业的经济功能与社会功能相对立。我们认为事实并非如此，企业有伦理的经营不是"负担"，而可以避免经营中的各种风险，还可以作为提高企业多方面成长发展的核心，从而成为企业长期可持续发展的驱动力。企业在运营的过程中离不开资本，但是有些情况下资本无序扩张会导致消费者的利益被收割，品牌声誉出现坍塌。企业运营中资本的力量要受到商业道德的约束。

2. 有伦理的经营要求企业提供的产品和服务能够不断满足消费者的需求

有伦理的经营要求以满足目标顾客需求、增加目标顾客价值为经营出发点，在企业运营过程中，一切围绕顾客的消费能力、消费偏好以及消费行为展开，重视新产品开发和营销手段的创新，以动态地适应顾客需求。品牌一定意味着差异化，不同的品牌为消费者带来不同的产品和不同的体验。即便是同品类产品，不同的品牌也意味着给消费者带来不同的利益点。仿名牌、抄袭模仿等不良市场行为都被秉持品牌发展理念的人和企业所不齿。当企业诚信经营获得良好口碑、捐赠或公益慈善行为引起广泛关注和报道的时候，不仅呼应了社会民意，更是在顾客心中树立了企业正面积极的形象。在环境保护、社会公平、公民意识觉醒的今天，人们越来越关注企业是否诚信、产品是否环保、能否优待员工、是否支持社会公益等话题。有伦理的经营可以促进品牌建设，赢得顾客信任。

3. 有伦理的经营能够不断提高企业的创新力

企业的运营和品牌的培育与推广都是在竞争的市场环境下进行的，这也就意味着企业需要不断地进行创新，才有可能长期赢得消费者的认可。创新包括技术创新、产品创新、品牌元素创新、渠道创新、管理创新等。以伦理经营为宗旨，能为企业产品研发及服务革新带来一种新的思路。把责任融入企业战略、产品研发和服务时，企业能以不同的视角看待和思考企业运营和产品研发中的方方面面，不断改进更新现有流程、模式及产品服务，这种视角的转变和不断改进将推动企业的创新。

4. 有伦理的经营就是要将遵守法律作为企业运营的底线

现代企业运营要善于建立自己的知识产权保护体系。企业创品牌意味着围绕以品牌名称为主商标，包括防御性商标和其他知识产权在内的品牌保护体系的建设。品牌是企业重要的无形资产，商标就是为这些重要资产砌上的围墙。品牌建设商标先行，商标等系列知识产权的成功建立是品牌的基本法律特征，这也为后续品牌无形资产发挥评估、融资、授权、保护、转让等有形作用打下了基础。

5. 有伦理的经营能够提升员工使命感、幸福度及满意度

已有研究显示，近 3/4 的新人在挑选雇主时，会把企业社会责任列为重要标准。员工如果对雇主在这些议题上的表现感到满意，就会乐于在该公司工作。因此，致力于企业社会责任的公司，能够更容易雇用并留住出色而有责任感的人才。现在不少公司鼓励员工居家办公，一方面优待员工；另一方面减少通勤的时间与花费，并节约能源。研究发现，定期以电子通勤的方式居家办公，生产力可增加 10%~20%，而工作满意度更会提高约 25%。例如，IBM 的 32 万名员工中，25% 的员工是电子通勤族，除了每年可省下约 7 亿美元的不动产成本外，工作满意度及员工幸福感亦有明显提高。此外，优待企业员工，为员工打造幸福环境也是企业社会责任的一部分。据调查，通过尊重员工价值并提高员工投入度，企业绩效能提升 20%，员工幸福度及满意度提升 32%，跳槽的概率则能减少 87%。企业是带着性格、品质、人文关怀的组织，如果能具有强烈的社会责任感，那么它就更容易受到员工的拥戴和认可。

6. 有伦理的经营体现了战略目标和管理行为的一致性

品牌管理不是一种单纯品牌宣传上的战术管理，而应该是一种以品牌理念（品牌精髓）为核心的战略管理。设计、研发、生产、服务及人力资源、财务管理、后勤管理等部门的职能都要体现对品牌战略的支撑作用。得到广泛认同的品牌理念（品牌精髓）就和黏合剂一样，能够把企业的各种品牌管理行为统一起来，发挥合力的作用。

（四）难点分析与讨论（教学时长 10 分钟）

有伦理的经营会面临很多挑战。企业需要在短期利益和长远可持续发展

之间找到一种平衡，而这种平衡必然以企业守法经营、遵守商业道德为前提。从企业品牌战略的角度综合考虑，有伦理的经营可以使企业优化与所有相关利益者的关系，更全面综合地指导企业发展，为转型中的企业带来发展和前进的动力。

四、教学效果分析

企业经营需要遵守社会公德和商业道德。这是社会主义公平与正义的表现之一。伦理经营是企业最佳的发展战略。通过讲授和学习，使学生深刻地认识和理解这一理念。

投入产出技术

课程性质: 专业课
课程类别: 理论课
授课对象: 经济学专业本科生

"投入产出技术"是经济学专业的专业选修课。投入产出技术作为计量经济学的一个分支，提供了一种重要且实用的数量经济分析工具，该技术在社会经济问题的诸多方面均有广泛的应用。投入产出模型以多生产部门一般均衡理论为基础，整理一个系统内进行各项活动的消耗过程和生产分配结果，得到投入产出表，从中挖掘各项活动投入与产出的数量规律，并以此分析、研究、预测国民经济各部门间的经济联动关系。

本课程旨在使学生掌握投入产出模型的工作原理，并结合实证案例熟练使用模型进行分析研究；掌握产业关联和产业转移的测度方法，分析中国各行业在国内生产网络和国际生产网络中的位置和角色演变。

构建以国内大循环为主体、国内国际双循环相互促进的新发展格局

——基于产业关联和产业转移测度的解读

李鑫茹

一、课程思政元素发掘

本课程在授课时可能包含以下思政元素。

元素 1 鼓励各地区发挥优势和特色，形成区域协同发展的积极局势。区域共同发展是一种全方位、多层次、多视角的发展，包括纵向角度实现区域自身的发展，也包括横向角度实现区域间和区域内的共同发展。我国区域经济协调发展的方向是按照市场经济规律、经济内在联系、地理自然特点突破行政区划界限，在已有经济布局的基础上以中心城市和交通要道为依托，逐步形成7个跨省区市的经济区域，即长江三角洲及沿江地区、环渤海地区、东南沿海地区、西南和华南部分省区、东北地区、中部五省区和西北地区。地区间的产业关联和潜在的产业转移可能性能有效支撑在区域内和区域间构建相互依赖、相互支持、相互合作、相互促进的协调发展新格局。

元素 2 结合全球价值链、全球收入链理解建设"一带一路"、构建人类命运共同体的价值和意义。2012年11月中共十八大明确提出"人类命运共同体"的概念，旨在追求本国利益时兼顾他国合理关切，在谋求本国发展中促进各国的共同发展。当今世界面临着百年未有之大变局，政治多极化、经济全球化、文化多样化和社会信息化潮流不可逆转，各国间的联系和依存日益加深，但也面临诸多共同挑战，如粮食安全、资源短缺、气候变化、重大疾病等问题。单从经济收益来看，在全球生产分工背景下，一种商品的生产往往需要多个国家和地区的多种生产要素共同参与，由此形成体现经济收益分配格局的全球价值链、全球收入链。对全球生产网络对应的收益分配格局进行定量测算，能够直观展示各国利益休戚相关的事实，进而揭示在外交外贸等领域倡导人类命运共同体的重要意义。

元素 3 理解国内国际"双循环"发展战略。2020年5月14日，中共中央政治局常委会会议首次提出"深化供给侧结构性改革，充分发挥我国超大

规模市场优势和内需潜力,构建国内国际双循环相互促进的新发展格局",之后新发展格局在多次重要会议中被提及。2020年"两会"期间,习近平总书记强调要"逐步形成以国内大循环为主体、国内国际双循环相互促进的新发展格局",此后该内容被纳入《中共中央关于制定国民经济和社会发展第十四个五年规划和二〇三五年远景目标的建议》。在国内外环境发生显著变化的大背景下,构建基于"双循环"的新发展格局成为推动我国开放型经济向更高层次发展的重大战略部署。构建"双循环"离不开企业积极参与国内和国际生产网络,同时"双循环"也将支撑中国企业提升国际竞争力和谋求价值链攀升。

二、教案设计

(一) 教学目标

1. 知识目标

通过本课程的学习,能够掌握投入产出模型和若干重要系数的定义,进而掌握产业关联和最终需求完全拉动效应的测算方法,在此基础上理解基于最终需求测算产业转移的模型方法。

2. 能力目标

通过本课程的学习,能够运用投入产出模型量化和分析部门间、地区间产业关联,初步了解产业转移的测算思路和测算方法。

3. 价值目标

理解区域发展规律,树立协同发展理念;认识中国在全球价值链中的地位和表现,培养学生对祖国的认同感和荣誉感;认识价值链攀升和产业升级的意义,树立起以科技创新解决卡脖子问题的意识和决心。

(二) 教学内容和教学重点与难点

1. 教学内容

投入产出模型及重要系数;后向产业关联和前向产业关联测度;影响力系数和感应度系数;最终需求的完全拉动效应。

2. 教学重点

Leontief 逆矩阵和 Ghosh 逆矩阵,影响力系数和感应度系数,最终需求完全拉动效应测算。

3. 教学难点

理解 Leontief 逆矩阵和 Ghosh 逆矩阵的含义,掌握产业关联测度方法。

(三) 教学手段与方法

1. 教学方法

(1) 知识讲解。投入产出技术是经济学、数学、统计学相结合的计量经济学的一个重要分支，其内容涉及相对枯燥的模型推导，导致学生对其学习兴趣不高。鉴于此，在课堂中要加重多媒体演示、视频、板书等教学方式所占的比重，通过动态的多媒体演示、生动的案例教学法和严密的思考逻辑链，吸引学生的注意力，帮助学生较为容易地掌握投入产出模型的理论方法。

（2）案例分析。为增加学生的学习积极性，培养他们建立理论联系实际的思维模式，课堂上始终贯穿实际案例，这些案例围绕着国内和国际经济学领域备受关注的话题，容易引起学生的共鸣和思考。包括但不限于如何从国内地区、产业关联中窥探区域协同发展机遇和产业转移特征？中国的"世界工厂"角色如何理解和测度？中国对外贸易平衡的真相是什么？中美贸易摩擦对双方和全球经济有何影响？对外贸易是否有利于提高能源环境效率？

（3）引导学生现学现用。新时代青年学生注重知识的学术价值和实践意义，尤其关心所学知识能否在未来的学习生活中发挥作用。因此，本课程有意识地培养学生运用投入产出技术思考经贸领域热点问题的能力，让学生具备分析宏观经济问题的视野和思维模式。

2. 教学手段

（1）多媒体演示。运用多媒体将全部课程内容以文字、图表、公式等呈现出来，同时演示国家、地区、企业、国际投入产出表的表式和下载方式等，结合投入产出表解释投入产出核算所记录的生产联系和均衡关系。

（2）板书。在对投入产出模型和相关系数进行说明时，单纯地依靠多媒体演示无法让学生跟上课堂节奏，需要结合板书推导公式，让学生跟上教师的节奏，参与完成模型推导从而加深记忆。

（四）教学过程

（1）以产业链、区域协同发展、经济全球化、中美贸易摩擦等热点话题引出本课程的主题，阐述产业关联分析的必要性和意义，请学生思考如何测度产业关联，为理论内容讲解做好铺垫。

课程思政体现：基于产业关联关系打造区域协同发展新格局，深刻体会我国在积极参与和融入全球生产网络的过程中所取得的瞩目成就以及当前面临的机遇和挑战。

（2）按照提出问题、分析问题、解决问题的思路完成投入产出模型教学单元的课程内容，使学生对投入产出表、投入产出模型这一全新的知识点形成总体认识，能够主动思考该模型的应用场景和分析话题。

课程思政体现：从投入产出表展示的部门、地区联系中理解区域协同发展、"一带一路"建设、价值链攀升的意义。

（3）定义重要系数，描述均衡关系，帮助学生运用投入产出模型分析和预测重大事件对经济的冲击，并引申投入产出模型在能源环境、就业、国民收入等领域中的广泛应用。

课程思政体现：引导学生正确认识国际责任，明确构建人类命运共同体的使命与担当。

根据教学要求和教学计划系统设置教学进程，按照提出问题、分析问题、解决问题的总体思路设计教学进度并开展教学。结合投入产出模型特点，以问题为导向，以分析预测为重点，以实证应用为目的，强化学生的学习效果。教学进程安排如下：

教学意图	教学内容	环节设计
导言	投入产出分析研究经济活动的投入和产出之间的数量关系，特别是研究和分析国民经济各部门在产品的生产和消耗之间的数量依附关系的一种方法。由美国经济学家列昂惕夫于1936年提出，他凭此获得1973年诺贝尔经济科学奖。	多媒体、讲解。（2分钟）
问题的引入	第二次世界大战后美国劳动统计局与空军合作编制1947年投入产出表——官方编制的第一个大型投入产出表，有500多个生产部门。以后又编制了美国1958年、1963年、1966年、1972年投入产出表。20世纪50年代，经济学方面，美国政府在投入产出表方面花钱最多。 预测第二次世界大战结束后美国的就业状况。 预测战后对钢和铜等的需求量。	讲解、多媒体演示。（6分钟）
本节课程总体框架	（1）投入产出表：价值型与实物型； （2）直接/完全消耗/分配系数、直接/完全增加值系数； （3）最终需求的完全拉动效应； （4）基于最终需求的产业转移测度方法。	使学生了解本节课涉及的主要内容。（2分钟）
	投入产出表：价值型与实物型	

续表

教学意图	教学内容	环节设计
价值型投入产出表表式	表式：价值型/实物型；A/B/C/D 型。 构件：中间品流量矩阵、最终需求矩阵、增加值（最初投入）矩阵、二次分配矩阵。 应用：经济、贸易、环境、能源、就业、人口等。	讲解、多媒体演示。 （10分钟）
重要系数的定义	直接/完全消耗/分配系数、直接/完全增加值系数 (1) 直接消耗系数； (2) 直接分配系数； (3) 直接增加值系数； (4) 完全消耗系数； (5) 完全分配系数； (6) 完全增加值系数。	讲解、多媒体演示、板书。 （20分钟）
最终需求的完全拉动效应	最终需求完全拉动效应 (1) 最终需求完全拉动效应测算模型； (2) 实例分析； (3) 国际投入产出表中的应用。	讲解、多媒体演示、案例分析、互动教学。 （20分钟）
产业转移测度方法	基于最终需求的产业转移测度方法 (1) 产业转移测度模型； (2) 基于地区间投入产出表的实证分析。	讲解、多媒体演示、板书、互动教学。 （20分钟）

四、教学效果分析

本课程的教学内容和课程设计符合经济学本科三年级学生的知识水平和认知能力，利用多媒体、板书、论文等多种教学手段，加强理论知识掌握，提高学生分析问题、解决问题的能力。本课程关注宏观经济热点话题，以案例教学营造积极参与的课堂氛围，激发学生对新知识的学习兴趣和思考意愿，重点启发学生对当前经贸形势的关注和研讨，客观认识中国国内产业关联、产业转移趋势以及中国参与经济全球化过程中的获益能力和双边多边关系，达到学以致用、经世济民的目的。

  本课程始终贯穿对产业关联关系的度量,通过本课程的学习,有助于学生更好地理解以产业转移推动区域协调发展、构建"一带一路"和建设人类命运共同体、维护公平自由的国际秩序、构建国内国际"双循环"发展格局等热点话题,体会中国在产业发展、产业优化、产业转移过程中取得的瞩目成就,从而形成认同感和荣誉感,促进学生培养科技创新精神,为祖国的高质量发展做出贡献。

消费经济学

课程性质：专业课
课程类别：理论课
授课对象：贸易经济等专业本科生

"消费经济学"作为给本科生开设的研究消费问题的主干课程，对于发挥产业经济学专业的建设和应用经济人才的培养起到重要的作用。"消费经济学"课程本身就具有工具性和实践性的特点，与社会主义核心价值观、国内市场发展以及宏观经济增长等内容有密切的联系，因此，具备思想政治教育的功能。首先，在经济学体系内，古典经济学就有效用等消费经济学的内容，可以通过历史、热点等方面的知识，让学生树立正确的消费观、世界观和价值观，从专业的视角来认识世界。其次，消费经济学中宏观消费经济问题研究消费在一国经济增长中的作用，这与我国宏观经济发展政策以及加快构建以国内大循环为主体、国内国际双循环相互促进的新发展格局等新的经济发展形式密切相关，有助于培养学生的爱国主义情怀和利用专业优势建设社会主义市场经济的意识，树立文化自信，践行社会主义核心价值观。最后，消费经济学问题的研究中关于收入、社会保障、财富分配、小康社会等问题的讲解，能够培养学生的爱国意识、民族精神以及时代精神。

"双循环"背景下内需与经济增长的关系

汪 洋

一、课程思政元素发掘

本课程在授课时可能包含以下思政元素。

元素1 引导学生在思想上牢固树立"四个自信",即"中国特色社会主义道路自信、理论自信、制度自信、文化自信"。特别是新的经济形势下,加快构建以国内大循环为主体、国内国际双循环相互促进的新发展格局,需要坚持扩大内需,全面促进消费需求,增强消费对经济发展的基础性作用。

元素2 培养学生的"高质量发展观"。深化供给侧结构性改革,通过有效供给创造需求;深化体制机制改革、破除制约促进消费的体制机制障碍;全面促进消费需求,实现高质量发展。

元素3 将政治引领、价值塑造、知识传授与能力培养融为一体,加强学生对于宏观经济的正确认识,体现出素质教育倡导的立德树人的理念,增强学生社会主义核心价值观的塑造。

元素4 明确政府与市场在扩大消费需求和促进消费升级中的角色与定位。发挥国内超大消费市场潜力,对冲外需紧缩对消费的负面影响。

元素5 消费模式与价值观、道德观密切相关,在本课程中结合社会主义核心价值观的内容,树立学生正确的消费理念,以及正确的人生观、价值观和世界观。

二、教案设计

(一)教学目标

1. 知识目标

理解消费和投资如何拉动经济增长。

2. 能力目标

剖析在经济增长的不同阶段以及不同的国家消费对经济增长的贡献。

3. 价值目标

从高质量发展、可持续发展的视角分析绿色消费的内涵和意义。分析一个社会的消费水平如何形成;从小康社会的视角理解共同富裕,推进对习近平新时代中国特色社会主义思想的深入探讨。

(二) 教学内容和教学重点与难点

1. 教学内容

社会总需求的构成,消费需求与经济增长,消费水平。

2. 教学重点

从消费函数视角,理解消费如何拉动经济增长,可持续消费和消费水平。

3. 教学难点

理解以国内大循环为主体、国内国际双循环相互促进的新发展格局,需要坚持扩大内需这个战略基点,全面促进消费需求,增强消费对经济发展的基础性作用。

(三) 教学手段与方法

消费经济学与思政课程有着相似的教育对象以及与实践紧密结合的课程性质,天然地与思政内容高度契合,能够与专业建设、办学理念相互促进,协同效应强。因此,将课程思政融入消费经济学教学过程中是可行的。课程思政教育理念的提出,让消费经济学的思想政治教育渠道得以拓宽,课程设置内容能够不断优化,教学设计不断完善,深入挖掘思想政治教育元素,从而更好地实现政治教育与知识体系的统一。在这种背景下,挖掘消费经济学课程的思想政治教育功能可以潜移默化地影响学生,培养学生正确的人生观、价值观和世界观,完成高等教育的人才培养目标,这是课程思政融入消费经济学课程的意义所在。宏观消费经济学中有关消费结构、消费水平、消费布局和消费政策以及消费与经济增长的关系等内容,与我国的经济政策密切相关。因此,本课程将利用消费经济学研究的特色,讨论经济热点,引导学生进行思考和深入研究,根据学生的讨论情况了解学生的思想动态以及兴趣点,及时调整教学的内容。发挥本科生活跃探讨的优势,创建课后学习环境,营造消费经济学课程思政学习的氛围,组织具有思政主题和消费经济结合的演讲展示,引导学生将消费热点与经济发展结合,既锻炼学生的理论思辨能力,又提高他们的思想政治理论素养,达到思政育人的目的。

(四) 教学过程

1. 教学思路设计

(1) 思政案例引入:"双循环" 发展理念的提出。宏观消费经济学是站在国家或区域管理者角度,分析全社会的消费活动、总消费支出的变化、社会消费结构和消费方式的变化及其对社会的影响,即宏观消费经济问题。消费+投资+出口是拉动经济增长的三驾马车。其中,消费是促进市场经济健康发展的关键；消费是国民经济循环的先导性因素，是国民经济发展的动力。

（2）结合我国目前加快构建以国内大循环为主体、国内国际双循环相互促进的新发展格局进行理论阐释并引导学生进一步研究在影响消费的因素中，收入、民生、社会保障等问题，培育学生正确的价值观和世界观。

2. 教学过程安排

根据教学要求和教学计划，对教学过程进行系统安排。教学过程围绕课程思政所要求的"价值塑造、能力培养、知识传授"三位一体的教学目标突出教学过程中的思政元素，引导学生形成"四个正确认识"，以培养学生正确的世界观、价值观和人生观。

教学意图	教学内容	环节设计
案例导入	立足扩大内需的"双循环"发展战略。 推动形成以国内大循环为主体、国内国际双循环相互促进的新发展格局，是2020年以来习近平总书记反复强调的问题，对此国际社会和国内各方面都给予了很高的关注。2020年5月23日，习近平看望参加全国政协十三届三次会议经济界委员并参加联组会。他深刻分析了国内国际形势，指出面向未来，我们要把满足国内需求作为发展的出发点和落脚点，逐步形成以国内大循环为主体、国内国际双循环相互促进的新发展格局。7月21日，在企业家座谈会上，习近平进一步阐释了提出构建这一新发展格局的主要考虑，并强调了"大循环"与"双循环"的内在逻辑关系。8月20日，在安徽主持召开扎实推进长三角一体化发展座谈会、21日听取安徽省委和省政府工作汇报时，他又对加快形成新发展格局提出极具针对性的具体要求。8月24日，在经济社会领域专家座谈会上，习近平从谋划"十四五"时期经济社会发展的高度对构建新发展格局和相关的一系列重大问题进行了系统阐述。9月1日，习近平主持召开	学生发表意见：理解提出立足内需的"双循环"发展战略的时代背景与意义。引导学生要用辩证和发展的眼光看待消费在不同历史时期的作用。 （5分钟）

续表

教学意图	教学内容	环节设计
案例导入	中央全面深化改革委员会第十五次会议，又从改革的角度提出要求，强调为构建新发展格局提供强大动力。此外，在习近平主持的中央政治局常委会会议、中央政治局会议、党外人士座谈会等重要会议上，新发展格局也是极为重要的内容。在这一系列重要讲话中，习近平深刻分析了构建新发展格局的背景、优势、短板、重点等，从创新、开放、改革等方面提出要求，并着重强调了一些需要特别注意和把握的问题，具有很强的思想性、战略性和指导性。 　　推动形成以国内大循环为主体、国内国际双循环相互促进的新发展格局是以习近平同志为核心的党中央根据我国发展阶段、环境、条件变化做出的战略决策，是事关全局的系统性深层次变革。	学生发表意见：理解提出立足内需的"双循环"发展战略的时代背景与意义。引导学生要用辩证和发展的眼光看待消费在不同历史时期的作用。 （5分钟）
本课程总体框架	（1）社会总需求的构成； （2）消费需求与经济增长； （3）消费水平。	学生讨论目前我国进出口的变化以及国内需求的变化，体现学生对于宏观经济消费问题的知识积累。 （1分钟）
核心内容1	（1）消费和投资如何拉动总需求增长； （2）国民收入的决定——从消费函数视角探讨国民收入的决定因素。	提问学生在宏观经济学中学习的消费函数并讲解理论沿袭，锻炼学生的总结归纳和思辨能力。 （5分钟）

续表

教学意图	教学内容	环节设计
核心内容2	剖析在经济增长的不同阶段以及不同的国家消费对经济增长的贡献。 | 消费比例	各国经济增长过程
---	---
高消费比例	• 传统社会
低消费比例	• 为起飞创造条件的阶段 • 起飞阶段 • 向成熟推进阶段
高消费比例	• 高额群众消费阶段 • 追求生活质量阶段		教师对消费对经济增长的作用和机理进行介绍，结合发达国家经济发展历史分析消费在不同经济发展阶段所发挥的作用。 引导学生进行兴趣学习和培养学生自主学习的习惯。 （5分钟）
核心内容3	可持续增长和可持续消费。 可持续消费是指为适应可持续增长而进行的消费。 第一，它是一种符合代际公正原则又符合代内公正原则的消费。 第二，它是一个动态的概念。 第三，它要求人们适度消费、合理消费和文明消费；倡导人们的消费观念、消费结构、消费行为和消费模式有利于环境保护、有利于生态平衡。	教师：讲解高质量发展与可持续消费。 学生：运用教师讲解的知识进行绿色消费的案例讨论。 引导学生利用身边的案例分析绿色消费的意义和形式，培养学生延伸思考的能力。 （10分钟）
核心内容4	消费水平的衡量——小康社会全面建成的标准： （1）人均国内生产总值超过3 000美元/年，这是建成全面小康社会的根本标志。 （2）城镇居民人均可支配收入1.8万元/年。 （3）农村居民家庭人均纯收入8 000元/年。 （4）恩格尔系数低于40%。 （5）城镇人均住房建筑面积30平方米。 （6）城镇化率达到50%。 （7）居民家庭计算机普及率20%。 （8）大学入学率20%。 （9）每千人医生数2.8人。 （10）城镇居民最低生活保障率95%以上。	教师讲解消费水平的衡量指标，如恩格尔系数。 利用所学理论分析基尼系数与共同富裕的关系。帮助学生树立正确的价值观。 （15分钟）

续表

教学意图	教学内容	环节设计
知识拓展	案例分析：双碳目标下的绿色消费。 习近平总书记指出："生态文明建设同每个人息息相关，每个人都应该做践行者、推动者。要加强生态文明宣传教育，强化公民环境意识，推动形成节约适度、绿色低碳、文明健康的生活方式和消费模式，形成全社会共同参与的良好风尚。" 围绕案例讨论以下问题： （1）绿色消费如何成为经济转型新动力？ （2）如何从身边做起，倡导绿色消费？	学生讨论绿色消费理念。强化资源稀缺意识和节约意识，以不对生态环境构成危害的消费理念指导消费行为，实现从过度消费向适度消费转变，从环境损害型消费向环境友好型消费转变，把消费限制在环境的承受能力之内。 （2分钟）
课程总结知识回顾	对本次课程的主要内容、教学重点、难点进行概括式的总结和回顾。	结合板书和PPT，对课程的主要内容、教学重点、难点进行总结，加深学生的印象。 （1分钟）
课后作业知识巩固	共同富裕是一项系统工程和一连串事件，要坚持以人民为中心的发展思想，正确处理效率和公平的关系，促进社会公平正义，促进人的全面发展，在高质量发展中促进共同富裕。必须立足新发展阶段，贯彻落实新发展理念，紧盯全面建设社会主义现代化国家的前进方向，坚持和完善社会主义基本经济制度，牢牢把握"两个毫不动摇"，加快完善社会主义市场经济体制，提高发展的平衡性、协调性、包容性，调动方方面面创新发展的积极性、主动性，加快构建目标明确、方向一致、相融相济、科学合理的体制机制和政策体系，构建初次分配、再分配、三次分配协调配套的基础性制度安排，加大税收、社保、转移支付等调节力度并提高精准性，形成中间大、两头小的橄榄型分配结构，使全体人民朝着共同富裕的目标扎实迈进。 根据以上材料搜集相关资料分析我国目前消费水平如何，共同富裕的路径和基础是什么，撰写报告上交。	通过课后作业及思考，增强学生从材料中提炼有用信息的能力，帮助学生对课堂知识进行温习和强化；同时增强学生搜集整理资料、进行案例分析的能力。 （1分钟）

三、教学效果分析

　　学生是课程思政最直接的学习者、感受者、获益者，评价高校课程思政应基于供给侧、投入端考查，更应该在需求侧、产出端考查。立足于学生、以第一视角充分检验人才培养的效果，必须在"三全育人"的总体工作格局中直接反馈高校课程建设的有效性。基于学生侧的专业与价值观改造，注重课程思政教学入脑入心、见行见效的有效性评价，不仅关注学生在理论层面的提升，也关注具有可持续性的实践层面的思想升华。消费经济学课程的思想政治教育功能可以潜移默化地影响学生，培养学生正确的人生观、价值观和世界观，完成高等教育的人才培养目标。课堂教学中以案例分析为载体的，主要聚焦大学生关注的扩大内需、绿色消费、小康社会等实际案例，强调立足自身的发展观和世界观，深化学生对宏观经济发展规律的把握。塑造学生品格、品行、品位，努力培养担当民族复兴大任的合格建设者和可靠接班人。

中国商业史

课程性质：专业课
课程类别：理论课
授课对象：贸易经济学专业本科学生

"中国商业史"是为贸易经济专业学生开设的专业课。其任务在于按照历史顺序,分别叙述我国从先秦开始,直到清代鸦片战争以前各个历史时期的市场和商业,阐明我国商品交换和商业的起源,各个历史时期我国市场和商品流通状况,以及商业思想及商业政策等。

通过本课程的学习,培养学生的宏观视野,以及从历史角度观察问题、分析问题的能力,提高学生的专业素质。学生在完成本课程的学习后,应初步了解我国商业发展的基本规律,并能具备一定的理论研究能力。同时,学生应该掌握下列几个方面的基本知识:①系统了解中国商业史中的基本概念、基本知识和基本理论;②在掌握基本原理的基础上,能够对中国商业史中的一些主要现象、历史演变和发展趋势有一个总体的认识和理解;③对中国商业史上的事件、政策、思想、人物和典籍有一个大致的了解,并学会运用历史知识综合分析、解决现实中的问题。

中国历史上的商业、商人及治理

苏 威

一、课程思政元素发掘

本课程在授课时可能包含以下思政元素。

元素1 知古识今、树立信心。习近平总书记多次提到历史研究是一切社会科学的基础，要注重对历史知识的学习和历史思维的培养，尤其是对青少年的历史教育，要用历史的眼光启示青年。

元素2 培养思维、掌握方法。经济史以历史资料为基础，重现经济发展历程，佐证经济理论演进。以知识结构而言，经济史相关知识是经济理论的重要组成部分；以研究方法而言，历史研究有其专门的逻辑与分析方法，掌握并运用这种方法，是研究经济理论的前提与基础。通过对中国商业史的学习与研究，可有效地帮助学生开阔学术视野，加深对经济理论的全面理解，并初步建立"史论结合"的研究方法。

二、教案设计

（一）教学目标

1. 知识目标

通过本课程的学习，能够了解中国商业发展的基本脉络；理解中国商业发展的条件、特点；掌握中国商人群体的总体特征以及相关治理的措施及逻辑。

2. 能力目标

认识和掌握中国商业发展的基本特征和规律、提高观察社会经济活动、研究经济理论的能力；锻炼资料分析及逻辑思维的能力。

3. 价值目标

明晰中国商业治理的思想及逻辑，了解历史上中国对待商业及商人的政策与西方有什么本质区别，从历史的角度看待、分析今天的一些经济现象，理解中国治理逻辑的合理之处。

(二) 教学重点和难点

1. 教学重点

中国商业发展的特点、基本规律；中国商人的基本特征以及造成这种特征的原因；相关治理政策的逻辑及背景。

2. 教学难点

对商业的不同理论的认知。明确"抑商"并不是自古有之，中国对商业及商人的治理在相当程度上是意识到了对其完全放任自流的负面后果。

(三) 教学手段与方法

1. 史论结合、论从史出

历史讲述的基础是依据历史资料还原历史场景，但就本科教育而言，不仅要让学生了解相关知识，更要训练学生的专业思维，提升学生分析问题的能力。因此，仅仅重现历史本来面貌的讲授方式难以满足上述要求，在掌握历史资料的基础之上，还必须运用理论对历史资料进行分析，所运用的理论，也应是从历史资料的提取分析中获得的。在课堂教学中，以史料为基础，运用马列主义的理论，将历史唯物主义与辩证唯物主义的分析方式贯穿于史料的讲解与分析中，不仅能使学生掌握相关知识，更重要的是使学生在潜移默化中学习马克思主义的相关理论观点和方法，提高分析事物、总结规律的能力，避免生硬灌输所带来的一系列问题。

2. 点面结合、立体呈现

有关商业史的分析不可避免地包含大量统计数据之类的原始资料，这是进行经济历史研究的基础。但就课堂教学尤其是本科课堂教学而言，仅对资料进行讲述分析提炼会显得异常枯燥，难以长久保持学生的注意力。因此，在课堂教学过程中，将资料分析与重点人物、事件相结合，以人物—场景—事件不同维度，立体分析相关资料，既能使学生从宏观视角提炼规律，又可让学生以微观角度代入体验，从而增强学生的好奇心与关注度。

3. 讲授为主、激励学习

语言（文字）讲授是最传统的教学方式。这种教学方式的缺点是形式单一，不够直观。但语言（文字）讲授在信息传递效率、逻辑推理分析，尤其在激发学生兴趣、想象力等方面的作用是其他教学方式难以取代的。雄绝的漠北之战被司马迁以区区两百余文字写成了千古绝唱，无法"增损一字"，令无数文人墨客"神驰而目眩"。后人更以此"歌出塞、赋从戎"，无论是"月黑雁飞高"还是"胡沙猎猎吹人面"皆本如此。试问还有哪种信息传播方式能达到如此效果？

4. 启发交互、培养能力

传统讲授方式并不意味着"满堂灌"。在课堂讲授中，应以问题设置引导课堂教学，适当互动，启发学生思考，避免直接将结论灌输给学生，从而有利于学生相关能力的培养。

三、教学过程

（一）商业发展特点

1. 从属地位

地大物博，农业体量巨大，对外依存度不高。（与西方对比）

2. 城乡二元

除贡赋外，大部分时间商品流通只在城、乡各自体系内运行，城市经济（商业）对农村辐射作用有限。（萌芽时期改观）

3. 不平衡

（1）表现：时间上几起几落；空间上自西向东，由北向南。

（2）原因：地理环境、京杭大运河、发展过程中断。

内部：农民起义—兼并、地方割据—中央地方实力不均；外部：北方游牧民族入侵、海上（1840年以后）西方列强入侵。

（二）商人

1. 四位一体

商人、地主、高利贷者、官员。

2. 理论：以末求富，以本守之。

（三）治理（商业政策）——抑商

1. 基本特点

干预：重点干预商业活动，防范商人参与政治。

（1）对经济活动的干预。对市场交易、商品、价格的管理；盐铁、粮食的专卖。实质是排挤商人势力，调剂市场。

（2）对商人的干预：不能参与科举考试（宋朝除外）。

2. 治理思想

（1）儒家：义利之辨。压制商人的地位，但其政策（经济不干涉主义——驰山泽之禁、不与"民"争利）客观上有利于商人财富的积累，历史上商人政治上受打压，但财富积累不受影响。

（2）法家：限制商人的利润来源——对商人利益的实质性打击。

（3）司马迁：与儒家观点相反（反对压制商人地位，不同意义利说），但其结论与儒家一致——经济不干涉主义。所谓"天下熙熙，皆为利来；天下攘攘，皆为利往"。

（4）桑弘羊（贾谊）：干弱枝强（盐铁之争）——国家干预（从现实角度出发，盐铁政策的背景是中央财政虚弱，经过吴楚七国之乱，地方仍存割据势力；与匈奴作战）。

3. 抑商原因
(1) 农业的基础地位。
(2) 商人特点与商人作为。

4. 鼓励商人时期
(1) 春秋战国；
(2) 宋朝；
(3) 元朝；
(4) 明朝资本主义萌芽时期。

五、教学效果分析

从长期教学实践过程来看，本课教学效果良好，有效地激发了学生的学习兴趣，帮助学生掌握相关知识，训练学生的专业思维能力，并使学生产生对马列主义历史观的兴趣，学生普遍反映受益匪浅。

博弈论

课程性质：专业课
课程类别：理论课
授课对象：经济学专业本科生

"博弈论"是经济学的标准分析工具之一，着重研究个体之间的相互依存性，是日常生活中一种极其重要的思维方式，在经济学课程建设中占有核心地位。产业组织理论中的新产业组织学派，信息经济学中的海萨尼转化，宏观经济学中的博弈方法，区域经济学中的空间博弈问题，制度变迁理论中的演化博弈分析，公共经济学中的委托代理问题和公共选择问题等都与博弈论有关。因此，博弈论也是获得诺贝尔经济学奖的五大领域中获奖人数最多的领域。本课程通过案例、举例、学生发言、课堂讨论、情景模拟、课堂实验等方式，使学生在课堂上积极参与，并能将课堂所学运用于观察和分析现实社会。

公共物品过度使用

王 俏

一、课程思政元素发掘

本课程在授课时可能包含以下思政元素。
元素1 树立生态环保的科学理念。
元素2 正确理解资金的时间价值理论。

二、教案设计

（一）教学目标

1. 知识目标

（1）公共物品使用的纳什均衡解，以及公共物品使用的帕累托最优解，了解为什么公共物品会出现过度使用的问题。

（2）树立生态环保的科学理念，正确对待人与自然和谐的关系。

2. 思政育人目标

（1）引导学生树立敬畏自然、人与自然和谐共生的理念。

（2）培养学生以人为本，尊重规律，和谐相处的人文情怀。

（二）教学内容

1. 课程导入

新冠疫情肆虐全国，全社会众志成城抗击疫情的同时，人类究竟如何与自然和谐相处再次成为人们关注和思考的重要问题。公共物品过度使用早已敲响了人类将因为破坏环境而受到大自然惩罚的警示之钟。开篇从新冠疫情导入课程，引出公共物品博弈模型，从而引出人与自然的关系，顺势切入敬畏自然的育人主题。

2. 课程内容分析

完全信息静态博弈又称为策略型博弈。完全信息是指局中人对自己与其他局中人的所有与博弈有关的事前信息（策略空间、支付函数等）有充分的了解（局中人的支付函数是共同知识）。静态博弈是指在博弈中，局中人同时采取行动，或者局中人的行动有先有后，但后行动者不知道先行动者的行动选择。

提出严格劣势策略的基本思想：如果一个局中人在任何情况下从某种策略中得到的支付均小于从另一种策略中得到的支付，那么显然对他而言，前一种策略劣于后一种策略。从个人利益出发，被剔除的策略不会被局中人采用，从而可以利用剔除严格劣势策略的概念来简化博弈局势，可能会得到博弈的解。

根据理性的局中人不会选择严格劣势策略这一原则，可以通过重复剔除严格劣势策略的方法对博弈进行求解。其方法是：对每个局中人寻找严格劣势策略，由于它不会被局中人选择实施，所以找到一种后就可以将其从博弈局势中剔除，从而得到一种新的缩减后的博弈局势，对这种新局势重复上述过程，直到无法找到新的严格劣势策略为止。每一步剔除需要局中人之间相互了解的更进一步假定，如果我们把这一过程应用到任意多步，需要假定"局中人是理性的"。这一方法对博弈结果的预测经常是不准确的。

纳什均衡是关于博弈结局的一致性预测，如果所有局中人预测一个特定的纳什均衡会出现，那么这种均衡就会出现。只有纳什均衡才能使每个局中人均认可这种结局，而且他们均知道其他局中人也认可这种结局。博弈的纳什均衡是这样一种最优策略组合，是一种你好、我好、大家都好的理性结局，其中每一个局中人均不能也不想单方面改变自己的策略而增加收益，每个局中人选择的策略是对其他局中人所选策略的最佳反应。

纳什均衡存在的问题：一是一局博弈可能有不止一个纳什均衡，事实上，有些博弈可能有无数个纳什均衡，究竟哪个纳什均衡实际上会发生？不知道。二是纳什均衡并不一定导致帕累托最优。例如"囚徒困境"意味着纳什均衡并不导致帕累托最优，而显示了个人理性与集体理性的矛盾。对于这样的问题，纳什均衡没有给出解决的办法。三是纳什均衡假定：每个人将别人的策略视为给定，选择对自己最有利的策略，即如果其他局中人不改变策略，任何单个局中人不能通过单方面改变策略来提高他的效用或收益。这种完全信息的假定不符合实际情况。四是在纳什均衡中，局中人在选择自己的策略时，把其他局中人的策略当作给定的，不考虑自己的选择如何影响对手的策略。这个假设在研究静态博弈时是成立的，因为在静态博弈下，所有局中人同时行动，无暇反应。但对动态博弈而言，这个假设就有问题了。当一个人行动在先，另一个人行动在后时，后者自然会根据前者的选择而调整自己的选择，前者自然会理性地预期到这一点，所以不可能不考虑自己的选择对其对手的选择的影响。五是与第 4 个问题相联系，由于不考虑自己选择对别人选择的影响，纳什均衡允许不可置信威胁的存在。

提问1：公共物品使用的纳什均衡如何求解？

提问2：公共物品使用的帕累托最优如何求解？

提问3：公共物品使用的纳什均衡与帕累托最优一致吗？

提问4：怎么看待"人与自然的关系"？

提问5：改造自然与顺应自然之间是什么关系？人类能够停止一切过度使用的行为吗？

小组讨论：我们普通人能为保护环境做些什么？提问1，2，3是为了让学生更深入地了解本章节的内容，厘清均衡解之间的逻辑关系。提问4，5起到延伸拓展的作用，让学生深刻理解人与自然的关系。切入思政育人点：树立正确的生态观念，体会人与自然是相互依存、相互联系的整体。小组讨论是为了让学生联系实际，从我做起，对大自然有正确的认知践行方式。切入思政育人点：培养以人为本，尊重规律，和谐相处的人文情怀。

三、教学过程

（一）实施过程

2020年初，一场突如其来的新冠肺炎疫情肆虐全国，打破了春节的喜庆气氛，经过专家们基因测序，认为病毒可能来源于野生动物并通过人畜传染给人类。全社会众志成城抗击疫情的同时，人类究竟如何与自然和谐相处再次成为人们关注和思考的重要问题。早在20世纪60年代，公共物品的过度使用，就已敲响了人类将因为破坏环境而受到大自然惩罚的警示之钟。

（二）课程内容分析

提问1："大自然在反抗"体现在哪些方面？导致"大自然反抗"的原因是什么？

教师明确：公共资源过度使用过程中，人类忽视了自然的"自我"控制的能力，削弱了环境本身固有的、阻止昆虫发展的天然防线。

提问2：怎么看待"人与自然的关系"？

教师明确：人与自然是生命共同体，人类必须尊重自然、顺应自然、保护自然。人与自然是相互依存、相互联系的整体，对自然不能只讲索取、不讲投入，只讲利用、不讲建设。

提问3：改造自然与顺应自然之间是什么关系？人类能够停止一切改造自然的行为吗？

教师明确：过度使用自然资源只能是改造大自然的局部状况，而不是改变大自然固有的规律；顺应自然指的是顺应大自然本身的规律，而不是面对自然灾害束手无策。二者并不绝对不相容。合理而有限地改造自然需要依靠科学，积极地顺应自然也需要依靠科学，因为只有科学才能揭示大自然的规律，而"改造"和"顺应"都必须尊重自然规律。

小组讨论：我们普通人能为保护环境做些什么？

（1）你能做到不向垃圾桶以外的地方扔一只塑料袋吗？不管是不是自己付费。

（2）你能做到不浪费水资源吗？

（3）对破坏环境、浪费资源的现象你感到痛心吗？在合适的时候你是否敢于提出批评？

（三）课程总结。

黑格尔曾说："当人类欢呼对自然的胜利之时，也是自然对人类惩罚的开始。"当今时代，我国正着力开展生态文明建设，郑重提出"人与自然是生命共同体"。这次疫情，为人类再度敲响警钟，有必要重新审视人与自然的关系以及人的行为方式。同学们，让我们敬畏自然、善待自然，承担起爱护自然、保护自然的生态责任，让人与自然和谐共生的理念成为我们的自觉行动，从而实现自然的宁静、和谐、美丽，实现人的幸福安宁和自由全面发展。人与自然之间不应该是征服与被征服的关系，二者是能够和谐、融洽共处的。人本来就是自然的一部分，应与自然同呼吸、共命运。

四、教学效果分析

结合时代背景和中国当代现实，引导学生理解"绿水青山就是金山银山"。现代工业文明的浪潮席卷了全世界，没有哪个国家、民族能够置身其外。20世纪30年代，中国一批作家就已经在为工业化带来的环境问题而产生隐隐的忧虑。改革开放以来，中国的工业化文明进程加速推进，与此同时，中国有些地区的自然生态危机也越来越严重。目前，不少作家笔下的青山绿水在一些地方已经难觅踪迹。工业污染、过度开发造成了一些地区生态环境的急剧恶化；工业化带来的精神危机也同样严重。从这个意义上说，"绿水青山就是金山银山"是属于走向生态文明的未来的，因为它勇敢担当起拯救世界的责任，复魅了神性大地之美。通过本课程的学习，激发起学生思考建设社会主义生态文明的必要性。

声誉模型

王 俏

一、课程思政元素发掘

本课程在授课时可能包含以下思政元素。

元素1 树立生态环保的科学理念。

元素2 正确理解资金的时间价值理论。

二、教案设计

（一）教学目标

1. 知识目标

（1）理解声誉模型并能够求解无限次重复博弈中的贝叶斯完美纳什均衡解。

（2）深刻理解资金时间价值对于不断满足人们日益增长的物质文化需要和推进人类自身再生产的重要意义，准确把握资金时间价值理论的深刻背景，准确把握资金时间价值的前提，增强自觉运用资金时间价值理论指导实践的能动性。

2. 思政育人目标

深刻领会、全面把握资金时间价值的背景、前提，深刻理解我国改革开放基本国策的重大意义，理解资本分配的理论依据，增强改革开放基本国策的理论自信、行为自觉。

（二）教学内容

动态贝叶斯博弈即不完全信息动态博弈，其含义是：自然首先选择局中人的类型，局中人自己知道，其他局中人不知道；自然选择之后，局中人开始行动，局中人的行动有先有后，后行动者能够观察到先行动者的行动，但不能观察到先行动者的类型。但是每个局中人的行动是类型依存的，每个局中人的行动都传递着有关自己类型的某种信息，后行动者就可以通过观察到的先行动者的行动来推断其类型或修正对其类型的先验信念（概率分布），然后选择自己的最优行动。先行动者预测到自己的行动将被后行动者所利用，就会设法选择传递对自己最有利的信息,避免传递对自己不利的信息。动态贝叶斯博弈的博弈过程不仅是局中人选择行动的过程,而且是局中人不断修正信念的过程。动态贝叶斯博弈的完美贝叶斯纳什均衡是泽尔腾的完全信息动态博弈中子博弈完美纳什均衡和海萨尼的不完全信息静态博弈中贝叶斯纳什均衡的结合。给定有关其他局中人的类型的信念,局中人的策略在每一个信息集开始的"后续博弈"(即从本信息集开始的博弈剩余部分)上构成贝叶斯纳什均衡;并且,在所有可能的情况下,局中人使用贝叶斯法则修正有关其他局中人的类型的信念。

米尔格罗姆—罗伯茨(Milgrom-Roberts,1982)垄断限价模型现象:垄断企业规定的产品价格一般低于微观经济学定义的最优垄断价格(即边际收益等于边际成本的价格)。对此的传统解释是:如果价格等于垄断价格,其他企业看到有利可图,就会进入;相反,如果价格低一些,其他企业看到无利可图,就不会进入,垄断企业就可以继续保持其垄断地位。这种解释有其缺陷:价格作为一种承诺是不可置信的,因为无论垄断者现在采取什么价格,一旦其他企业进入,垄断者就会改变价格,因此,靠低价格是不可能阻止其进入的。米尔格罗姆—罗伯茨提出的解释是:垄断限价可能反映了这样一个事实,即其他企业不知道垄断者的生产成本,垄断者试图用低价格告诉其他企业自己是低成本,进入是无利可图的。

问题:什么因素决定企业的资本结构?

罗斯(Ross,1977)模型:资本结构的信号传递理论。如果内部经理和外部投资者之间存在信息不对称,资本结构就可以通过传递内部信息对企业的市场价值发生影响。经理使用企业的负债比例(负债占总资产的比重)向投资者传递企业利润分布的信息,投资者把较高的负债率看作是企业高质量的表现,因为低质量的企业不敢用过度举债的办法模仿高质量的企业。越是好的企业,负债率越高。

引言:在完全信息下,无论博弈重复多少次,只要重复的次数是有限的,唯一的子博弈完美纳什均衡是每个局中人在每次阶段博弈中选择静态均衡策略(假定静态博弈的纳什均衡是唯一的),即有限次重复博弈不可能导致局中人的合作行为。特别地,在有限次重复囚徒博弈中,每次都选择"坦白"是每个囚徒的最优策略。这一结果似乎与人们的直观感觉不一致。阿克塞尔罗德(Axelrod,1981)的实验结果表明:即使在有限次重复博弈中,合作行为也频繁出现。史盛听等(Kreps、Milgrom、Roberts & Wilson,1982)的声誉模型通过将不完全信息引入重复博弈解开了这个悖论。其含义是:局中人对其他局中人支付函数或策略空间的不完全信息对均衡结果有重要影响,只要博弈重复的次数足够长（没有必要是无限的），合作行为在有限次重复博弈中就会出现。例如，"坏人"可能在相当长的一段时期内表现得像"好人"一样。博弈顺序：①自然首先选择囚徒1的类型，囚徒1知道自己的类型，囚徒2只知道囚徒1属于理性的概率是$1-p$，非理性的概率是p。②两个囚徒进行第一阶段的博弈。③观察到第一阶段博弈结果后，进行第二阶段博弈；观察到第二阶段博弈结果后，进行第三阶段博弈，如此等等。④理性囚徒1和囚徒2的支付是阶段博弈的支付的贴现值之和（假定贴现因子$\delta=1$）。在T阶段重复囚徒博弈，如果每个囚徒都有$p>0$的概率是非理性的（即只选择"针锋相对"或"冷酷策略"），如果T足够大，那么存在一个$T_0<T$，使得下列策略组合构成一个完美贝叶斯纳什均衡：所有理性囚徒在$t<T_0$阶段一直选择合作（不坦白），在$t>T_0$阶段选择不合作（坦白）；并且非合作阶段的数量（$T-T_0$）只与p有关而与T无关。尽管每一个囚徒选择合作时冒着被其他囚徒出卖的风险（从而可能得到一个较低的现阶段支付），但如果他选择不合作，就暴露了他是非合作型的，从而失去了获得长期合作收益的可能（如果对方是合作型的）。如果博弈重复的次数足够多，未来收益的损失就超过短期被出卖的损失，因此在博弈的开始，每个局中人都想树立一种合作形象（使对方认为自己是喜欢合作的），即使他在本性上并不是合作型的；只有在博弈快结束的时候，局中人才会一次性地把自己过去建立的声誉利用尽，合作才会停止（因为此时，短期收益很大而未来损失很小）。大智若愚确实是智者追求自己利益的最佳方式。智者即囚徒博弈中的理性囚徒（非合作型），愚者即囚徒博弈中的非理性囚徒（合作型）。一个人干好事还是干坏事常常不取决于他是好人还是坏人，而取决于别人认为他是好人还是坏人，因为坏人也有兴趣建立一种好人的形象以谋取长远利益。

（三）教学手段与方法

提问1：什么是资金的时间价值？

提问2：为什么资金会有时间价值？

提问3：改革开放的基本国策是什么？

提问4：不适应生产力发展的生产关系是什么？

提问5：我国进行了哪些体制机制创新？

提问6：如何理解我国"全民创新，万众创业"？

三、教学过程

（1）了解不完全信息动态博弈。

（2）求解不完全信息下囚徒困境博弈重复有限次的贝叶斯完美纳什均

衡解。

（3）系统掌握资金时间价值理论的背景及重大意义。深刻认识资金的时间价值是客观存在的，是社会生产再生产规律的客观反映。人类自身的再生产也依赖于资金的时间价值。

（4）以辩证唯物主义观点认识资金的时间价值理论，全面、深刻地把握资金时间价值的背景、本源和实现条件。

（5）深刻理解改革开放的基本国策。通过改革梳理不适应生产力发展的生产关系，按照"三个有利于"的标准，大胆进行体制机制创新。比如，改革单一的劳动分配制度为"按劳分配为主、多种分配形式并存"，在理论和政策上承认资本的贡献，引导更多的资本投入。通过开放，引进外资，弥补我国社会主义建设的资本不足，为做大做强国民经济总量的盘子、提高综合国力提供资本支撑。

四、教学效果分析

深刻理解我国"全民创新，万众创业"。创新创业是支撑经济高质量发展的逻辑前提，积极投身"双创"是对国家经济建设、社会发展的有效贡献，有志于担当社会责任的青年一代，应该积极投身"双创"。